U0710996

交易大师之路

——黄金、白银等贵金属交易战法

王和美　姚建敏　朱　婧　著

上海财经大学出版社

图书在版编目 (CIP) 数据

交易大师之路：黄金、白银等贵金属交易战法 / 王和美，姚建敏，朱婧著. 一上海：财经大学出版社，2012.8
ISBN 978-7-5642-1411-1/F·1411

Ⅰ.①交… Ⅱ.①王… ②姚… ③朱… Ⅲ.①贵金属-投资
Ⅳ.①F830.94

中国版本图书馆 CIP 数据核字（2012）第 162723 号

责任编辑　吴晓群
封面设计　张克瑶

JIAOYI DASHI ZHILU
交易大师之路
——黄金、白银等贵金属交易战法
王和美　姚建敏　朱　婧　著

上海财经大学出版社出版发行
（上海市武东路 321 号乙　邮编 200434）
网　　址：http://www.sufep.com
电子邮箱：webmaster @ sufep.com
全国新华书店经销
上海叶大印务发展有限公司印刷装订
2012 年 8 月第 1 版　2013 年 5 月第 2 次印刷

787mm×960mm　1/16　15 印张(插页:1)　284 千字
印数:3 001-5 000　定价:36.00 元

前言

百万分之一的高手也会在接近真理的那一瞬间倒下，
所以真正修成正果的人真是少之又少。

记得有位朋友在不经意之间说过，现在国内通过商业银行系统、各级代理经纪公司以及境外经纪公司做贵金属交易的人已经有近千万，可以想像参与者必将大众化。一个人的参与将涉及全家财产的安全与保值增值。交易平台的差异性、外盘与内盘的可选择性、交易机会的多样性反过来也带来了极大的隐患，现在到了该替他们写些什么的时候了。

贵金属市场是一个标杆，"死"了很多人：因急而困，因管不住自己而伤，因贪而去，因恐而离，因无准备而别，因过度交易而亡，因时常重仓而终，因小伤至大怒而全军覆灭。"死者"无数！自上海贵金属市场开放以来，统计结果告之：约90%的人是站着进来，躺着出去的。你凭何而来，是超群的智慧吗？因何而来，只是趋利罢了。如是，现在就是你退出这个市场的时候，真的不晚！

此书写给特定的一群人：如果有智慧但没有金钱；如果有能力但苦于没有机会；如果富有激情但无人慧眼识金；如果有吞吐天下之志但时不我遇；如果有冲天的豪情但岁月无多；如果有用不完的力量却无处施展；如果能力超群因而目空一切让人非议；如果精神上孑然一身却情感丰饶；如果地处一隅，偏安一方，却视野有限；如果极目楚天舒却深知入错了行，那么你就来吧。

此书也是写给另一群人的：如果你恨他，让他来吧；如果你爱他，也让他来吧。在一个绝大多数人带着人生最美好的梦想接踵而来却快速爆仓的世界里，可以检验人性的光辉。古来征战几人还！记得有人说"期货是我们的战争"。可以不客气地说，在那个杠杆只放大几倍的"战争"中，生存极为容易。如果在达到100倍以上浮动杠杆的贵金属市场中可以活下去，则殊为不易。

对于后两类人，我想说的是：来吧！不论你是谁，从哪里来，到何方去；不论你的过去、现在，还是不可知的未来；也不论你的背景；随时都有机会。对于追求财富自由的人们来说，它是一个生门，也是一个死穴！生存还是毁灭，这是一个哲学命题！贵为黄金，贱如草芥！这里才是你最好的舞台。

提笔已妄言：庸人坚持一周；俗人坚持一月；心比天高、命比纸薄的人坚持半年；志大才疏的人坚持一年；勇者坚持五年；高手坚持十年，终成正果；吞吐天下之人坚持一生。在那些看不到希望的日子里，用鲜血与生命去捍卫自己的理想！可以数一数已经几年了？！

全书力求从贵金属市场几个大的角度去进行综合性的研究，尤其侧重实战所需要的知识和技法。其一，基本面；其二，技术面；其三，交易模式的确立；其四，程式化交易模式的运用。目标群：投资人与投机者均可，但偏重投机者。时间类别：全球 24 小时连续或不连续交易。盘别：外盘与内盘均可。去除浮华，只为存真！

时常怀有一颗感恩的心，感谢至亲家人，感谢朋友们，是你们让我惦记、牵挂，让我识而后知不足，让我著而后知力所不怠。了了随笔，书不尽言，时间十分有限，水平更加有限，书中难免疏漏，请诸位见谅！如能对他人有所启发，目的已经达到！

王和美
公元 2012 年 7 月
于中国江苏省镇江市北固山下

目　录

第一部分

交易之术

——不愤不启　不悱不发

一、我们生活的时代

以前与一位企业家有过交流,他说如果再有机会选择的话,绝对不再从事实体经济。其环节(土地、人员、建厂、设计、设备、生产、销售等)之多,成本(含税负)之高,管理之难,竞争之激烈,时间消耗之多,精神压力之大无出其右。即使所有的环节都运行正常,回款也是一件令人头痛的事情。内外部环境的改变也常常使人猝不及防:环保部门的压力,替代品的出现,产品被淘汰,等等。在有利润的情况下,利润率也薄得像刀片。他常自嘲:"不做等死,做是找死,早做早死,反正是死!"

与实体经济相比,全世界的金融市场可以说是风光无限,大量金融工具推陈出新,新的金融衍生产品层出不穷。黄金、白银等贵金属市场就是其中的一朵奇葩。可以这样说:"对于拥有 T+0 交易、高杠杆、双向交易机制、保证金制度、24 小时连续交易的贵金属市场而言,这里永远是明媚的春天。"不怕没有机会,这里永远有机会。波动是市场的本质特点,只要有波动,就有机会。不怕赚不到钱,这里遍地是金子。对于每一位生活在这个时代的人们来说,他们拥有比以往任何时代更多、更好的机会。

二、贵金属市场存在的理由及生命周期

由于全球黄金、白银等贵金属交易市场的存在与发展对于世界政治、经济(货币)、社会的平稳发展有着重大意义,对于生产商、经销商成本及利润的控制(套保)有着极其重要的作用,所以这一市场的存在有其现实的可能性与必然性。

只要全球黄金市场的交易、投资、融资功能不消失;只要贵金属的生产、消费、流通不停止,且与此相应的大宗商品的价格还与之相关联,这一市场就将继续存在,而且还将以令人称奇的速度进一步扩大。在可预见的未来,这一市场或将变成为全球第一大交易市场。

三、贵金属市场对投资人与投机者的非凡意义

如果你是一个投资人,在全球所有商品与服务通胀的今天,可以抵挡通胀的手段是极少的。中国不可能,也不能够例外:房地产行业的暴利时代已经终结,投资房地产在可以预见的未来是不明智的;基金业的不作为,亏损但不需要承担任何风险,工资与管理费用一分钱也不会少的机制让人无法容忍;国内的股票市场只怕是一言难尽。多年来积累的问题不是一个人甚至也不是一群人可以解决的。制度建设的重要性有人

意识到了,但问题早已积重难返。期货市场对于一般投资人是没有太大意义的,因为极小的杠杆率即使在长期获胜的状态下也赢利无多,且占用大量的时间;收藏品市场更是乱得一塌糊涂——看一篇短文《钱多人傻:一场全民收藏的闹剧》,其中提及:近日被称为"收藏界深喉"的学者吴树谈到收藏时表示,90%的人用90%的钱买了90%的赝品。古玩不打假,拍卖不保真,收藏界"黑嘴"为金缕玉衣从银行骗贷10亿元,古玩形成制假卖假的利益链等黑幕被一一曝出,闹剧层出不穷,但丝毫不影响收藏的火热。

看到这,你全都明白了!但问题是:你可以回避吗?可以,贵金属市场提供了一条极好的途径。本书对于你而言,指出了一条路:银行(不是金店,因为其价格中含有工艺的价值等)提供了这样的机会——成色(99.99%),不用杠杆或者说只用极低的杠杆买成实物黄金、白银等贵金属,长期持有,足以抵挡任何通胀。作为一般投资者,没有高深的金融学背景,不知环比、拐点,也不知M2,更不知央行、美联储、欧共体的银行存款准备金率、联邦储备金率、基准利率等相关因素的现在、过去与将来,但可以告诉你,你必定战胜绝大多数专业投资者。不客气地说:"大多数专业投资者在亏损方面显得极为'专业',而在赚钱方面比一般人好不到哪里去!"

如果你是一位投机者,面前有两种结局在等着你:一种是基于赌徒式的交易模式,最后以爆仓为终点。前段时间,杭州有一位客户带了30万元人民币的现金在一个交易日之内就爆仓了。另外一种是安全、稳健、长期的赢利模式。为了寻找此类交易模式,你可以掏干整个大海的水。市场如同一条鲜活的生命,有着自己的呼吸。直到有一天,你发现自己可以看清苍蝇腿上的毫毛,慧眼如炬!你的鼻息已然与整个市场的节奏和谐一致:可以轻松地把握着她的进退,感受着她的柔美,玩味着她的宁静与安详。你会对自己说:"市场已在掌握之中。"

可行性:贵金属T+0交易,理论上全天可以进行无限次交易,提高了资金的周转率;极大的杠杆效应,提高了资金的利用率;全天候24小时交易,可以让勤奋的人得以施展自己的才华。如果真的喜欢交易,只要努力,找到一种基于安全模式下的交易方法就可以实现安全、长期、稳健的获利。如果将这个市场完全看成一个投资市场,而不是一个赌场,那么你的人生将发生一次质变,也可以能有所作为。

西方有一句名言:失败仅仅说明成功的航班被推迟了,而不是取消整个航线。"自知者英,自胜者雄"。古往今来,凡傲视群雄者,皆是能够顺应时代的发展和环境的变迁、对未来的竞争有所思考和准备、能够不断超越自我的人。

必须做:贵金属现货市场作为"股市、期货、贵金属现货和外汇"四驾马车之一,是不可能被市场所唾弃的,它们互相关联。有很多这样的情况:国际大型对冲基金明着在一个市场中亏钱,暗地里却在另一个市场中赚钱,而且是前者的十倍、百倍。

人的一生但凡需要做些事情,现金就不可或缺。对于大多数人来说,黄金、白银等贵金属现货即期交易提供了唯一在本金不多的情况下一年获利百万的可能性。有理想的人生永远不老! 再苦再累也会坚持。

信心篇:只要全身心地投入并研究市场,且有"万"折不回的心理准备,从中找出涨跌的原因,就一定可以战胜市场,涨跌自有规律! 当然,其间必定有一个十分艰苦的历程,是一条"天路",只有极少数人可以沐浴到真理的光辉。终有一天,你会深刻地领悟到控盘方的做盘细节,成为一名真正的交易大师。

锻炼篇:大师相信天赋能力,但相信更高的能力一定建立在每天坚持不懈的训练基础之上,千锤百炼! 海量模拟盘的训练,不断地修正从入局到出局的所有环节,达到与市场契合的最高境界。

笔者的以下心路历程或许是大多数成功者的必经之路。整个过程历时整整 10 个月,消耗了 100 条烟,喝光了 100 箱百事可乐,体重减了 10 斤。

(1)不知自己无知。

(2)知道自己无知。

(3)面对市场无从入手(前路茫茫,情绪低沉)。

(4)潜伏下去,从最基本的东西入手,从皮毛入手。

(5)知道了一些零碎的东西。

(6)知道了很多零碎的东西。

(7)知道要整合,整合后清晰许多,形成了一条线(一种交易系统初成,此时十分兴奋)。

(8)随之而来又有了大量的其他想法,新奇,但又乱了(因为几种交易系统混在一起,此时的想法是,花了大量的时间却一无所获。天上地下、五味杂陈:早上——天下第一,下午——啥也不是,同时头晕眼花、茶饭不思)。

(9)无意识地向前走,现在看当时是在不断地升华,其实就是理顺的过程(此时处于无意识的状态,向前走,深知已经努力过也不过如此;不向前走,心有不甘,无人指点迷津,半个月没有写一个字,一天十几个小时坐在电脑前昏昏欲睡,极度难受!)。

(10)睡够了! 突然有一天知道赔钱的原因是交易方法的混用,知道有许多路只可以独立挣钱,混用方法追求极致,反倒成了"四不像"。比如,在贵金属市场中趋势与震荡操作法的参与者在同一个点位的立场永远相反。

(11)选择一条符合自身个性的交易方式(混用必乱,贪欲所致,这是导致交易高手赔钱的原因)。

（12）最后终身仅用一种交易方式，只挣属于自身交易系统的那一份钱（仅一种交易方式的反复使用、全程使用才是高手的标志）。从此，笑看风云淡，不再迷茫，不再困惑。"红灯停，绿灯行"，赚钱原本是一件十分简单的事。

进入黄金、白银等贵金属交易市场的人们，可以比对自己处于何种阶段：

第一阶段：初生牛犊——标志是胆大、话多，天量交易，交易痛快，大盈大亏时期

（1）每次进场的单量巨大，希望毕其功于一役。

（2）话多，爱与人交流（天下第一的感觉，没有高手——他就是高手）。

（3）不管技术指标，也不管基本面。

（4）无特定的方法，随性交易。

（5）上午开户，等不到下午就进场交易。

第二阶段：草木皆兵——标志是胆小、话多，无法交易，交易痛苦，小盈小亏时期

（1）每次进场的单量是最小量，草木皆兵。

（2）话多，爱与人交流（存在"天底下就自己最差，所有人都比自己强的感觉"）。

（3）满脑子全是技术指标、基本面的情况与分析。

（4）无特定方法，无法进行交易，进场就分析出不利因素，出场就分析出持仓的因素。

（5）在他看来，全天几乎没有机会，全周全月都没有任何机会，涨跌都后悔。

第三阶段：半人半鬼——标志是一惊一乍，无本人观点，无交易计划（前三类人占99%）

（1）对这个市场没有本质的认识（知识是零星、不连续的）。

（2）做过少量的模拟盘（并认为实盘与模拟盘差别很大，不屑于从模拟盘入手）。

（3）没有连续5天获利的情况出现（无职业化的想法）。

（4）非程式化交易（交易随性，错误的盘感。盈利像苍蝇的小腿一样细，亏损却似大象倒下一样沉重）。

（5）只能进行小级别机会的交易，没有中、大级别交易机会的概念（市场就是赌场）。

（6）将止盈、止损视作法宝。进场——止盈止损，再进场——再次止盈止损。一个交易日下来，手续费是盈利（如果有盈利的话）的1 000倍。

第四阶段：小有所成——标志是喜欢发表观点，爱指点他人，有交易计划

（1）对这个市场有了一些基本的认识（知识是连续的，形成了一张网络，但没有深入）。

（2）做过少量的模拟盘（并认为实盘与模拟盘差别很大，不屑于深入研究模拟盘）。

（3）没有连续6个月获利的情况出现（非职业化的表现）。

（4）非程式化交易（交易有一定的方式方法，借助于盘感可以使自己的赢利跑赢亏损）。

（5）视野仅在小、中级别的交易机会。可以进行中级别交易，但大级别的交易机会做不了，抓住了也拿不住，可以严格止损，不过实现不了让赢利增长、将交易进行到底的目标。

第五阶段：闲云野鹤——标志是孤独，常常寡言少语，交易计划仅一张 A4 纸

（1）对这个市场有了本质的认识（一般常识与重要常识）。

（2）做过大量的模拟盘（并不是每天进行海量模拟交易，吃过大亏，知道纪律的重要性）。

（3）连续 6 个月完成"周获利"指标（职业化的前提），不过心态上对此没有要求。

（4）程式化交易（交易并不随意轻松，反而十分严谨，只吃属于自己的那碗饭）。

（5）只进行中、大级别交易机会的交易，坚信"截断亏损（严格止损）、让赢利增长"的格言。

第六阶段：随心所欲——标志是孤独，常常一言不发，交易计划仅几句话

（1）对这个市场有了本质的认识（一般常识与重要常识）。

（2）做过大量的模拟盘（每天仍在进行海量模拟交易，吃过大亏，知道自律的重要性）。

（3）连续 6 个月完成"天获利"指标（大师级的水准且不论行情如何发展）。

（4）程式化交易（随意下单，轻松愉快，快乐交易，交易可短、可中、可长，错了也不怕）。

（5）所有交易机会均在视线内（小、中、大级别的交易机会照单全收，每天海量交易，胜率总体达 100%）。

可以看一下进入市场的人士中，有几个人是从最基本的内容入手，在没有任何哪怕一丁点外部力量帮助的情况下，从点滴入手，走了很大的弯路，最后修成正果的？真是少之又少！前面四类人占了几乎 100%，后两类人少之又少。不过后两类人一年的纯收入抵得上一家运行良好的中、小型企业的纯利，却只要一个人、一根网线、两台电脑就可以实现。

四、有无幕后推手（谁是幕后推手）

可能很多人对此并不关心，甚至表现出漠然的态度。西方的道德标准在笔者看来是纯粹的双重标准，可笑之极。年少不更事时，对于西方关心国内的人权、民主、民生，关心世界范围内的诸多事情感到有其合理性的一面，不过，现在再看看西方的某些嘴脸，想起了一些往事：

当他们殖民全球的时候,他国人权在哪里? 那个"民主的"英帝国曾经殖民 1/4 个地球!

当他们向中国输入鸦片的时候,中国人的人权在哪里?

当中国买什么、什么就涨的时候,中国人的人权在哪里?

当他们为了对付中国,军事基地遍布全球,却说中国寻求霸权的时候,中国人的人权在哪里?

当他们杀戮印地安人的时候,印地安人的人权在哪里?

当他们将黑人当成奴隶的时候,黑人的人权在哪里?

当他们将军舰、飞机开到别国领海、领空的时候,别国国民的人权在哪里?

当他们结成军事同盟而不允许别国彼此有安全协定的时候,别国国民的人权在哪里?

当他们口是心非、插手别国内政、分裂其他国家的时候,其他国家国民的人权在哪里?

当他们为了对付苏联而长期压低油价时,苏联人民的人权在哪里?

当整个阿拉伯世界受到不公正对待的时候,他们作为以色列太过明显的偏袒方,阿拉伯国民的人权在哪里?

……

有人可能会问,笔者上述观点与贵金属交易有关吗? 当然,而且是交易系统生成的关键!

国际大宗商品,比如原油、贵金属等商品的定价权集中在西方,还有许多大宗战略物资及商品的流通、高端的设计也被西方所垄断。这就是我们所必须面对的现实!

大家先看看以下两篇文章:

美股再跌回吐今年全部涨幅 奥巴马对大跌调查[①]

● 奥巴马称正对纽约股市大跌进行调查

美国总统奥巴马 7 日表示,美国政府正对 6 日纽约股市"非正常"波动事件进行调查,并将采取行动保护投资者利益。

奥巴马当天在白宫对记者发表讲话时说,美国政府监管部门正密切监测相关情况,他们将在得出结论后对外公布真相,并提供避免类似情况再次发生的建议。

受希腊债务危机冲击,纽约股市 6 日大跌,其中道—琼斯指数盘中一度下跌近 1 000

[①] 资料来源: 刘洪、刘丽娜撰稿, 东方网, http://finance. eastday. com/m/20100508/ula5192386. html, 2010 年 5 月 8 日。

点,是历史上单日下跌点数最多的一次。但据美国媒体报道,交易员错误操作以及交易系统的技术问题可能是导致 6 日纽约股市盘中暴跌的主要原因。

● 罗杰斯评美股暴跌千点:应有人把纽交所绞死

据国外媒体报道,著名金融大鳄吉姆·罗杰斯 7 日表示,如果纽约证交所要保住其世界顶尖金融中心的声誉,那么应该解决导致华尔街加速抛售的故障问题,不过,无论如何,市场都到了该抛售的时候。

道—琼斯工业指数 6 日收于 10 520.32 点,下跌 347.80 点,盘中一度下跌近 1 000 点,创下有史以来最高盘中跌幅。

据监管机构官员表示,纽约时间 6 日下午 2:45 分左右,曾发生"一次大规模、异常和原因不详的卖盘激增情况",基于计算机算法刺激交易,因而扩大了跌幅。

罗杰斯表示:"应该有人把这个纽约证交所绞死。它们号称是全球资本体系、全球金融市场的中心,你大概会认为它们在 2010 年可以解决像电子设备这样简单的事情。"

不过,罗杰斯指出,股市崩盘整件事情不能仅仅归咎于故障问题。他说,市场是时候进行调整了,调整发生之时总是会有原因的。市场已经连续 13 个月上涨,此次调整本来应该更早就开始。

● 可怕的程式交易

很难想象,由数十万名职业交易员组成的投资市场上,如果由人脑做决定,会出现如此统一一致的集体性运动。

记者采访的几位市场人士意见相当一致地说:"应是目前最热门的程序化交易模型造成的错误。"

华尔街一家著名投行的风险管理执行总监侯晓雷指出,华尔街从事数量化交易的机构投资者,以及对冲基金极为兴旺发达。

据不完全统计,在美国从事证券投资交易的金融机构多达 2 万家,其中有 40 家左右主要以程式交易为主,但产生的交易量则占到整个市场股票交易量的 75%。

在美国的对冲基金中,有大约 10% 的资产用来做程式交易。据不完全估计,证券业的 300 余家金融机构 2008 年用程式交易获得的利润估计为 210 亿美元。

"超过正常价格波动范围内的一些市场状况,就可能引发电脑交易程序发出买进和卖出的指令。"郭胜北,华尔街一位著名的量化交易员,之前在接受记者采访时这样介绍基于统计分析系统的量化交易程序。

所以,当市况发生异动时,数千个内在交量策略相当一致的电脑量化交易模型,作出的交易决策,很可能是极其相似的。

只是,在不同的公司和不同的市场情况下,这些量化交易的模型的参数设计有所不同。在 2009 年的金融危机情况下,就有大量的量化交易程序分析模型不再有效,交易指令也纷纷出错,造成很多基金大幅亏损。

据侯晓雷所搜集的相关资料,2007 年当次贷危机爆发时,复兴科技一个主要基金 8 月份一个月的市值就损失了 8.7%。高盛的一个程序化交易基金一个星期曾损失了 30% 的市值。摩根士丹利的穆勒操作的项目则在 7~9 月间损失了 5 亿美元。整个危机高潮期间,美国大约 6 000 家对冲基金中有 1/3 关门大吉,其中不乏专门从事程式交易者。

而一个业内为人所知的统计数据是,电脑程序交易所占的纽约各大交易所的全天成交量,已经接近 70%。

在今天的奇异市况下,记者采访的数位量化交易员指出,一位交易员粗心大意的手工交易指令,引发了整个道—琼斯指数的异动。而指数的异动,则极有可能带动华尔街数以千计的量化交易程序自动"启动"交易程序,大量开始抛售股票,造成整个美国股市全线的"自由落体"运动。

随即,一些量化交易员们纷纷发现异动,开始介入自动交易程序,数以千计的电脑程序又在市况稳定以后,发现了"令人惊讶"的"买入"价格,因此整个市场又开始了一场轰轰烈烈的反向运动。

"今天的事件,充分显示了数量化交易程序的可怕之处——量化交易会造成整个市场的大幅度波动,市场的快速下滑和快速上升,都是极其令人难以想象的。"美国 T3 LIVE 投资咨询机构的分析师 Brandon Rowley 指出。

● 纽约股市回吐 2010 年全部涨幅

由于投资者在股市暴跌后采取谨慎入场的态度,7 日纽约股市继续大幅下滑,截至收盘,三大股指均已经回吐 2010 年全年涨幅。

在人为技术性操作失误的偶然因素影响和欧洲债务危机的重压下,纽约股市在前一交易日经历了历史上少见的惨痛暴跌。道—琼斯指数盘中最多时下跌近 1 000 点,是历史上单日下跌点数最多的一次。

在经过股市的剧烈震荡后,投资者的心态受到了明显的影响,尽管当天公布的非农就业数据出现了 4 年来的最大增幅,但市场仍被欧洲债务危机问题所困扰,买家普遍采取谨慎观望的态度,不轻易入市交易。

同时,当天市场的成交量巨大。在开盘后 1 小时的时间内,纽约证券交易所的成交量已经达到相当于平常交易日午盘时的水平,且其中绝大多数为卖盘。受此影响,道—琼斯指数早间最多下跌近 300 点,之后虽然有所回升,但仍然以下跌三位数报收。

到纽约股市收盘时,道—琼斯 30 种工业股票平均价格指数比前一个交易日下跌

139.89 点,收于 10 380.43 点,跌幅为 1.33%。标准普尔 500 种股票指数下跌 17.27 点,收于 1 110.88 点,跌幅为 1.53%。纳斯达克综合指数下跌 54.00 点,收于 2 265.64 点,跌幅为 2.33%。

至此,纽约股市三大股指均已回吐了 2010 年的全部涨幅。道—琼斯指数在一周内下跌了约 6%,标准普尔指数全周跌幅近 6.5%,而纳斯达克全周跌幅接近 8%。

● **伦敦股市继续下跌**

伦敦股市 7 日下跌,《金融时报》100 种股票平均价格指数报收 5 123.02 点,比前一交易日下跌了 137.97 点,跌幅为 2.62%。

英国大选结果显示,没有一个政党在议会赢得半数以上的议席,从而形成自 1974 年以来第一个"无多数议会",未来政府经济政策的不确定性使得投资者充满了疑虑。此外,虽然德国联邦议会 7 日通过了稳定欧洲货币联盟法案,以便向希腊提供 224 亿欧元的紧急财政援助,但南欧债务危机阴云仍未消退。

受英镑兑欧元和美元汇率下跌的影响,除汇丰控股小幅上扬 0.19% 外,其他银行股集体下跌,巴克莱银行、莱斯银行以及皇家苏格兰银行的跌幅在 5.66% ~ 5.97%。

建材生产商沃斯利股价下跌了 8.14% 成为市场最大的输家,英国电信的跌幅为 6.31%,英国航空也损失了 6.06%。

能源股由于油价下跌遭到拖累,英国石油、英国燃气和凯恩能源的跌幅在 2.31% ~ 3.16%。

在市场上为数不多的亮点中,矿业股占了主要地位,施特拉塔以 1.48% 的涨幅领跑整个股市,兰德黄金资源和力拓的涨幅分别为 0.99% 和 0.68%。

当天,欧洲其他两大主要股指也大幅下跌。法国巴黎股市 CAC40 指数以 3 417.51 点报收,比前一交易日下跌了 163.52 点,跌幅为 4.60%。德国法兰克福股市 DAX 指数报收于 5 715.09 点,比前一交易日减少了 193.17 点,跌幅为 3.27%。

● **国际油价 7 日延续跌势**

受到全球股市下滑等因素影响,国际油价 7 日继续下挫。

由于投资者担心欧洲主权债务危机可能从希腊蔓延至其他南欧国家并影响世界经济复苏,全球股市 7 日全面下挫,能源价格也随之下跌。

当天,美国公布的数据显示美国的就业岗位回升,个人信贷增加,但是这些数据无法缓解投资者对欧洲债务危机的担忧。欧元兑美元汇率跌至 14 个月的最低点,也使以美元计价的能源价格全面回调。

到收盘时,纽约商品交易所 6 月份交货的轻质原油期货价格下跌 2 美元,收于每桶 75.11 美元。伦敦市场北海布伦特原油期货价格下跌 1.56 美元,收于每桶 78.27

美元。

● 纽约黄金期货价格继续上涨

受避险买盘推动,纽约商品交易所 7 日黄金期货继续上涨,其中 6 月合约每盎司上涨 13.10 美元,收于 1 210.40 美元,涨幅为 1.1%,盘中触及 1 214.90 美元的 5 个月来新高点。

尽管当天德国议会通过了对希腊的救助方案,但投资者对欧洲主权债务危机的忧虑仍挥之不去,市场担心希腊的主权债务危机有可能继续蔓延至欧元区经济形势较为疲弱的葡萄牙、西班牙等国家,从而影响全球经济复苏。为此,投资者买入贵金属的避险需求依然旺盛。

美国劳工部 7 日公布的数据显示,美国 4 月份的非农就业人口增加 29 万人,创下 2006 年 3 月以来的最大增幅,远超分析师预期的 20 万人。不过,4 月份的失业率由上月的 9.7% 上升至 9.9%,略高于市场预期。这也让市场对经济复苏的步伐心存疑虑。

此外,7 月份交货的白银期货价格每盎司大涨 93.6 美分,收于 18.451 美元。

银行成黄金现货市场绝对主力 高端客户需求最大①

随着国际金价创历史新高,各大商业银行再次显示了在现货市场中的主力地位。在上海黄金交易所最新一期周报(5 月 31 日～6 月 4 日)中,黄金交易总量前 10 名中,银行会员占据了 9 席。

现货交易量巨大的商业银行,避险需求十分强烈。参与黄金期货交易被认为是银行对冲现货头寸风险的重要渠道之一。

然而,一年来商业银行在黄金期货市场的表现乏善可陈,利用期货市场进行套期保值、平衡风险的作用并没有实现。而对于以极大热情投入现货市场的商业银行来讲,风险正在不断增加。

● 放量现货市场

上海黄金交易所(以下简称"金交所")2009 年中国黄金市场报告显示,商业银行的交易量为 2 242.07 吨,占当年金交所黄金交易总量的 47.6%,较 2008 年增长了 7.28 个百分点,其中自营交易占黄金交易总量的 34.51%。

2010 年 5 月,金交所交易量前 10 名中的银行会员已由 6 家增加到 8 家,前 10 名总交易量也从 1 年前的月 151 030 千克增加到 350 391 千克。

---

① 资料来源:《中国经营报》,2010 年 6 月 19 日。

　　长期在金交所交易总量排名第一的中国银行(601988.SH),月买卖交易量从2009年5月的36 559千克剧增至2010年5月的88 274千克。

　　此外,已经在2009年4月28日获得上海期货交易所(以下简称"上期所")黄金期货自营牌照的工商银行(601398.SH)、交通银行(601328.SH)、兴业银行(601166.SH)和民生银行(600016.SH)四家银行在现货市场也没有出现丝毫缩量迹象。

　　工行黄金交易量2009年5月为15 334千克,2010年5月自营交易量为24 963千克、个人代理交易量为20 821千克;兴业银行的黄金交易量由24 728千克上升到39 356千克,个人代理交易量达到64 976千克;民生银行的个人代理交易量由9 986千克上升到27 542千克。

　　"自金融危机爆发以来,黄金的避险功能就受到市场追捧,无论是银行代理经纪业务的客户还是银行本身,黄金投资都是非常有吸引力的。"广东发展银行高级理财师张青说。

　　2010年前3个月,国际金价一直在每盎司1 060～1 160美元区震荡。4月,随着欧元区债务危机不断升级、朝鲜半岛局势紧张,金价终于突破上行,再度回到每盎司1 200美元上方。5月14日,国际金价达到每盎司1 249美元的历史高位。进入6月,居于高位的金价虽有所回落,仍稳稳支撑在每盎司1 220美元以上。

　　"如果把金交所交易量前10名看作一个代表群体,其从3月起购买总量开始超过卖出总量。银行在最近几个月或者说最近一年热衷现货市场的态势十分明显。"张青告诉记者。

　　"目前,国内黄金市场上银行的主体地位已非常明确。除了价格上涨带动现在银行交易量上涨的原因外,金交所的综合类会员单位向银行转移客户并与银行合作开发客户也是促成银行交易量激增的原因。黄金目前毫无疑问已成为银行中间业务收入的新的亮点。"高赛尔首席分析师王瑞雷说。

　　●"单线"市场已现隐忧

　　与银行自营业务在现货市场的态势一样,各家银行的黄金代理业务和挂钩黄金的理财产品也快速增长,业务量逐渐增大。民生银行理财经理张雷表示,从2009年开始银行贵金属投资的群体就呈现出增多趋势,相比房地产市场和股市的萎靡不振,黄金投资已经开始吸引大量客户资金回流,"其中高端客户的投资需求最突出"。

　　与此同时,银行防范黄金价格波动风险的需求日益强烈。而黄金期货作为风险管理工具,将有助于银行管理黄金价格风险,进一步促进其黄金业务发展。不过在现货市场上一路突飞猛进的银行,却在黄金期货市场上格外低调。

　　中期期货分析师何晓东认为,银行在黄金市场上还在走"单线","还没有能很好地利用期货市场进行充分的双轨对冲"。

"目前繁荣的黄金理财产品与银行风险控制手段并没有完全一致,导致银行并没有大面积参与黄金期货市场。"王瑞雷分析,"另一方面,在国内做黄金期货,不管哪一家银行进驻黄金期货,其持仓头寸都是公开透明的;而美国黄金市场的头寸则是按照操作目的划分,即头寸分为非商业持仓和商业持仓,非商业视为投机头寸,商业则视为套期保值头寸。因此,在国内期货市场上,银行持仓头寸很容易暴露给市场,银行无论是套期保值、挂钩理财产品还是平抑内外价差的套利操作都暴露给了市场,这容易让银行的操作处于被动,在一定程度上影响了银行参与期货交易的热情。"

由于担心银行对期货市场价格产生明显影响,银行的自营业务受到了上期所的严格限制。首先是黄金期货市场品种不到金交所的1/8,此外按照上期所规定,自营会员交割月限量500手,每手1千克。虽然银行一般为了保值和对冲,极少实际发生交割,但这仍然限制了银行进入期货渠道。而各家银行每日在现货市场的交割量一般都超过5吨。二者相比,期货市场似乎无法对现货市场产生明显影响。

"银行在黄金期货市场的发展远没有在现货市场上那么抢眼。"冠通期货总经理刘小红表示,目前银行在黄金期货市场的参与度和影响力尚不算高。到目前为止,虽然偶有银行跻身上期所黄金持仓前20名,但是银行在黄金期货上的交易一直没有对市场产生实质性影响。

目前,国际金价仍盘旋在每盎司1 200美元左右高位。"近期欧洲所爆发出来的危机毫无疑问会推高黄金价格走势,但即使危机消除也并不代表黄金牛市结束,现今经济周期主导下的货币周期对黄金价格走高仍是利好,而当前全球所处的经济周期并不是短期可以扭转的。"王瑞雷说。

而炒作题材一旦消失,持续高位的金价就会面临巨大的下行风险。这对于没有对冲机制的银行来说,不仅自有资金受到威胁,损失和风险也会传导到通过银行进入市场的个人投资者。

对于以上两篇文章的作者,笔者认为基本上属"外行",因为他们将贵金属价格的短期剧烈波动归结为"交易员的手指头"和"供求关系";还有一种可能,只是他们不便道明罢了。如果贵金属市场是无人控盘市场或弱控盘市场,市场价格的波动形式从数学的角度看应当是"一致连续"的,即在正常的"允许"波动范围内具有平滑性的特点,在相等时间段内波动的极差应当大体一致,价格的走向具有极明确的方向感。

再看看下面几幅图（见图 1-1～图 1-4）：

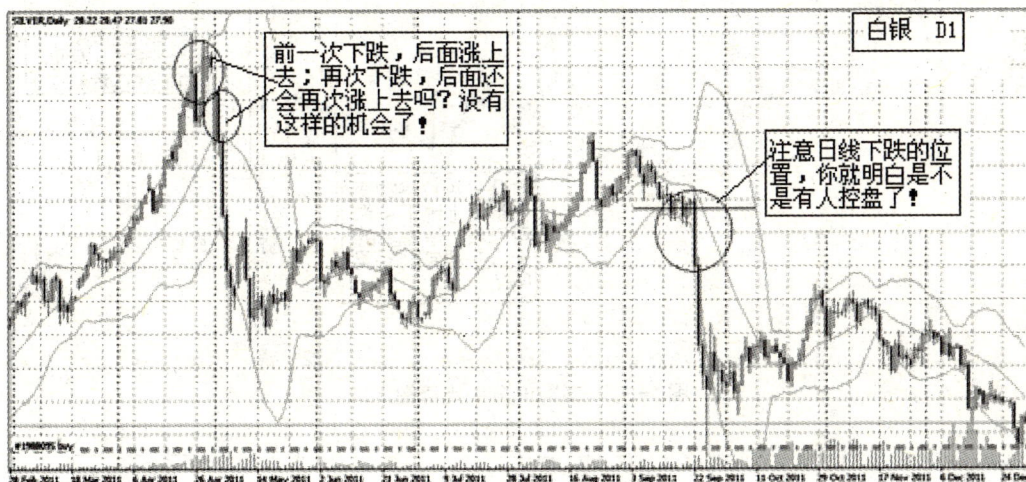

图 1-1　白银日线走势图

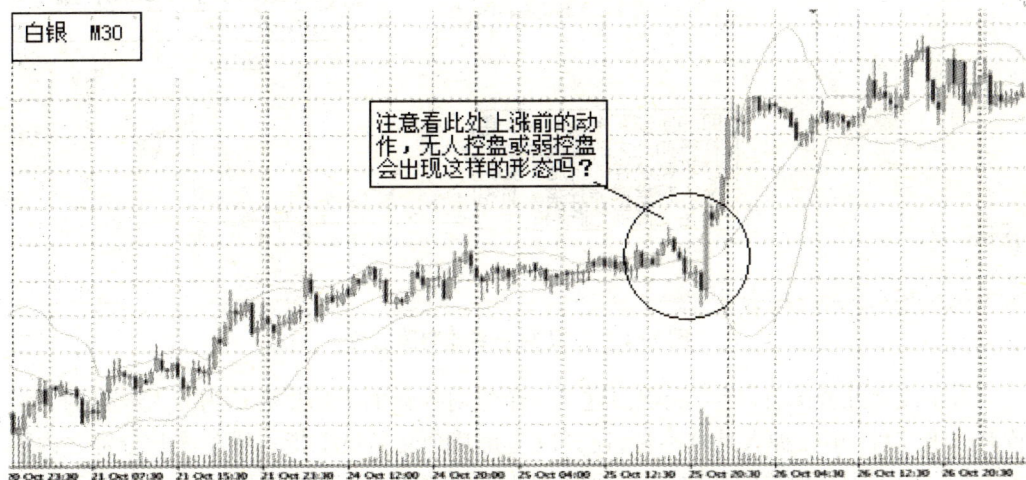

图 1-2　白银 30 分钟走势图之一

图1-3　白银30分钟走势图之二

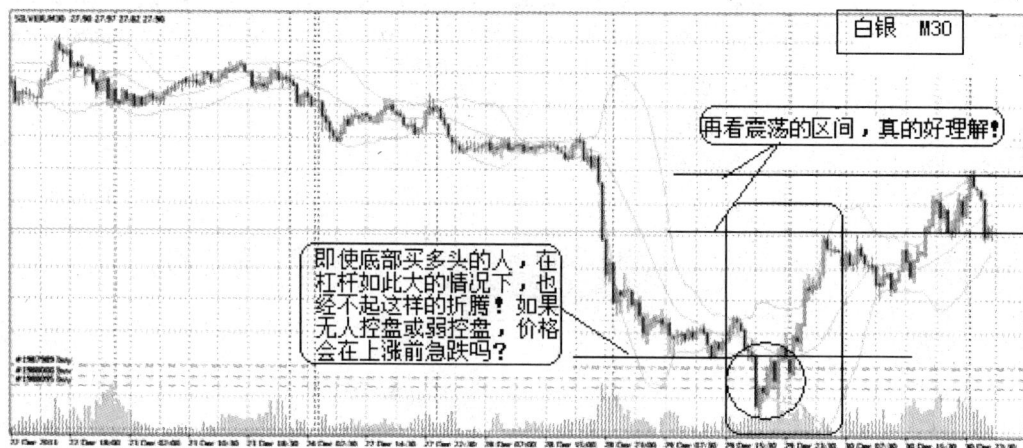

图1-4　白银30分钟走势图之三

看了以上几幅图,读者可能明白这是一个绝对控盘的市场!而认为无人控盘的人大致有以下几种:第一种人是真不懂,还真以为是某个交易员手指点错了或几分钟之内供求关系发生了天翻地覆的变化;第二种人是似懂非懂,做了几年也不知原因何在,不赔钱反而是奇怪的;第三种人是"揣着明白装糊涂",其中有的人是交易平台的提供商,让人来做交易以收取手续费用的;第四种人就是华尔街的那群唯利是图、控盘的"妖怪"——国际上的金融大鳄,超大型的对冲基金!

在贵金属市场上,几乎每次大的下跌都与基金公司借入短期黄金在即期黄金市场抛售和在纽约商品交易所黄金期货交易方面所构筑大量的空仓有关。一些规模庞大的对冲基金利用与各国政治、工商和金融界千丝万缕的联系往往先捕捉到经济基本面的变化,利用其管理的庞大资金进行买空和卖空,从而加速贵金属市场价格的变化,从中渔利。

在笔者看来,如果将以华尔街为代表的行径上升到西方的国家战略层面,就可以将贵金属(含其他大宗战略商品)的价格走势定性为西方国家集团意志的体现,为其掌控全球性的政治与经济服务。

五、市场参与者的定位及各方盈利模式(谁在赔钱)

归纳起来,各方的盈利模式主要有以下几种:

第一种:国家或国家集团——赚的是社会政治、经济的平稳发展和相应的税收。居于最有利的地位。

第二种:坐市商,相当于交易所公司——构建一个平台进行交易。没有任何风险,从中收取报价差额的收益。

第三种:商业银行——作为生产者与投资者之间的经纪人,仅为投资或投机人代行买卖与结算,也完全没有风险。通过其提供的服务,从中收取手续费用。

第四种:经纪公司——作为服务的提供商,也完全没有风险。比如,部分的市场参与人员通过他们所提供的平台进行交易,从中收取手续费用的分成。

第五种:代理公司——相当于银行或经纪公司的二级或更低级的代理。从中收取佣金,也完全没有风险。

第六种:生产商——目的在于套期保值。并不特别关心在现货市场的收益情况,只重点关心生产出来的产品的价值必须得以保值(保全),大多数交易行为只是对冲交易行为。赚取的是对于成本的控制,对未来预期的保障。如果有亏损,那么此类商品就面临通胀风险。

第七种:间接服务的提供商——比如网络交易通道的提供商,如电信、联通、移动等。收取网络费用在此市场中也处于相当有利的无风险地位。

第八种:投资人——对于投资者而言,如果站在投资的角度,完全不用杠杆或者说用极低的杠杆,那么可以几乎肯定地说,赔钱是不可能的。这是市场参与方与市场共赢行为中为数不多的几种方式之一。

第九种:投机者——再分两种:一种是特殊投机者,另一种是一般投机者。

特殊投机者为全球庞大的对冲基金,游走于全球各类市场,寻找各种猎杀的机会。

一般投机者，即为市场提供流动性及风险的承担者，是一群最不幸的人，不过人数众多，完全靠消息与技术取胜。大多数一般投机者最后都以亏损或巨额亏损为代价，也就是说只有极少数的一般投机者最后可以战胜市场，唯一的优势就在于船小好调头，以及运用借力打力的太极交易思想。零和（或负和）市场的游戏规则就在于互为狩猎对象。

一只小小的特立独行的虾米是没有人会顾及的，市场不可能为了狩猎它而改变方向。这就是笔者的"独行虾必可生存理论"，此"虾"最后注定成长为一只体形庞大的孤隼——"游击隼"。

很多踏入贵金属交易战场的人们至"死"都没有明白一个最简单的道理：如果你持有多头的头寸，那么对手盘的空头头寸是何人持有的呢（否则合约就无法生成）？如果群体都持有多头头寸达到了一定的程度，那么行情会向何处延伸呢？这个最质朴的道理却是市场（至少是短期与中期）方向的本质。当然，市场还有一些其他因素，还有更深奥的一些机理需要人们潜下身去加以研究！

此书是着重写给那些"一般投机者"看的，也就是那群可怜又可爱的人们。起码可以让他们知道输在何处？今后的路在何方？可以向哪里去？可以肯定地说，如果达不到如前所述的"闲云野鹤"的水平（对于较小的资金量而言，一年30%的利润率是基本的要求），那么这个市场带给交易者的永远只能是痛苦的回忆。所有的交易者都将面对以下几种成本：

一是直接成本，包括交易的手续费（点差）、佣金、按天收取的多头与空头的双向仓息（利息、过夜费）。当然，香港与内地的成本标准有所不同，即使在同一个金融管制区域内的不同经纪公司的成本标准也会有所差异。

二是间接成本。间接成本常常包括以下内容：

（1）现有资金收益率与银行利息之间的利差——如果你已经是成功的一般投机者，就可以在这个市场上赚钱。如果长期看一年稳定的利润率达不到银行一年定存利息的3倍，那么这一风险市场对你而言也是"赔"的。风险与收益完全不成比例，小赚也是赔。

（2）网络年费、电脑折旧等。

（3）时间成本：全球24小时连续或间断式交易，对于进入此类交易的人来说，相当于触及了一种时间鸦片，一旦接触，就无法摆脱。

（4）其他成本：此类交易将占用大量的精力。也许，投资或投机者无法再将主要精力投入到其他项目之中。若干年后，它几乎将是你生活的全部内容。

（5）巨大的精神压力：绝非一般的人可以排遣。尤其是对于尚不富裕的国内人士来说，这是一种"是生存还是毁灭"的压力。投资或投机者对此要做好充分的心理准备。

在前文所述的几种刚性成本面前,交易者还能够轻松获利吗?的确,市场只有两个方向,不是涨就是跌。问题在于:现在是涨还是跌?何时涨?何时跌?以何种级别、何种形式上涨下跌?可以预知吗?记得杭州市的一位"高人"(经纪公司的一位工作人员)要笔者预测一天后贵金属的价格在何处。笔者说不知道,也无法预知!如果此位仁兄可以预知一分钟后的价格走势,那么他将富可敌国,更不用说一天后的价格走势。不预测就是我的预测,没有观点便是我的观点。

笔者并不具备证券咨询业的从业资格,只是一位从事数学研究的工作者。数学的伟大并不在于能够提供一条必胜的交易思路,却可以用数学的严谨与逻辑性的思维特质将你带出一个混沌的世界,找出涨跌的大致原委。数学的直觉告诉我:可以在不确定性中找确定性;在大概率事件中寻找未来可能的走势与形态,并由此确立投资或投机者的交易原则。这才是正道,对此我深信不疑。虽然前文说"闲云野鹤"的水平可以一年稳定有 30% 的收益,但"随心所欲"的水平才是追求的境界。如果你认同,并立志于交易,那么笔者将带你进入一个未知的世界,一个充满新奇、刺激、心跳加速、有着最大诱惑的全新世界!

人生不是梦,但前路并不好走。真的做好准备了吗?下面就从最基本的概念入手,通盘了解黄金、白银等贵金属交易市场,并由此确立一般投机者在此市场的交易思路。

六、贵金属市场的一般常识

(一)全球黄金、白银贵金属市场概述

黄金市场是集中进行黄金和以黄金为标的物的金融工具买卖的交易场所和运营网络。据不完全统计,世界上已有 50 多个国家建立了黄金市场。全球黄金市场主要分布在欧、亚、北美三个区域,欧洲主要以伦敦、苏黎世黄金市场为代表,亚洲主要以中国香港、东京为代表,北美主要以纽约、芝加哥为代表。

1. 伦敦黄金市场

伦敦黄金市场主要指伦敦金银市场协会(LBMA),该市场是一个由众多黄金做市商组成的无形市场。其历史悠久,堪称世界最古老的黄金交易市场,也是目前世界上最大的黄金市场。第二次世界大战之前,黄金、白银等贵金属交易的数量巨大,约占全世界经营量的 80%,是世界上唯一可以成吨购买黄金、白银等贵金属的市场。同时,伦敦黄金市场还是国际性的黄金现货交易中心,全球的黄金定价集中于此,世界各地的投资者均以

LBMA 的定盘价作为黄金、白银等贵金属投资的重要参考。

2. 苏黎世黄金市场

苏黎世黄金市场是第二次世界大战之后发展起来的世界性黄金自由市场。苏黎世黄金总库建立在瑞士三大银行(瑞士银行、瑞士信贷银行以及瑞士联合银行)非正式协商的基础上,不受政府管辖,作为交易商的联合体与清算系统的混合体在市场上起中介作用。与伦敦黄金市场不同的是,它们不但充当经纪人,还掌握大量黄金、白银等贵金属储备进行黄金等贵金属交易。因此,苏黎世不仅是目前世界上新增黄金的最大中转站,还是最大的私人黄金存储中心,其在国际现货市场上的地位仅次于伦敦。

3. 美国黄金市场

美国黄金市场产生于 20 世纪 70 年代,美元贬值引发了黄金套期保值和投资获利需要,纽约商品交易所(COMEX)和芝加哥商品交易所(CBOT)的黄金交易应运而生。纽约黄金市场是目前世界上交易量最大、最活跃的黄金、白银等贵金属期货市场。其交易行为往往可以主导全球金价的走向,每年有 2/3 的黄金、白银等贵金属期货契约(合约)在 COMEX 成交,庞大的交易量吸引了众多投资者加入。纽约黄金、白银等贵金属市场的发展历史很短,但发展速度相当快,其黄金日交易量达 30 000 ~ 40 000 笔,成交约 70 吨黄金。1980 年,纽约黄金市场交易量达 8 亿盎司,约 25 000 吨黄金,而世界黄金供应量每年只有 1 700 吨。

4. 日本黄金市场

日本东京黄金交易所成立于 1982 年 3 月,它的前身是日本贵重金属协会,该协会的成员都是多年从事黄金、白银等贵重金属业务的商业银行。在日本黄金市场成立初期,每天的交易量很小,随着经济的快速发展,使得投资黄金的投资者大量出现,逐渐形成了一个在国际上颇具影响力的黄金交易市场。近几年来,日本黄金市场发展更为活跃,再加上经济日益雄厚,使日本黄金期货市场成长为推动亚洲黄金盘面波动的主力军。东京工业品交易所(TOCOM)是亚洲地区最大的商品期货交易所,其每年的黄金期货交易量仅次于纽约市场,排名世界第二,成为亚洲时段重要的交易市场。

5. 中国香港黄金市场

香港黄金市场自成立至今已经有 90 多年的历史,其形成以香港金银业贸易场的成立为标志。香港黄金市场属于亚洲的区域性黄金交易中心。1974 年,香港政府撤销了对黄金进出口的管制,此后香港黄金、白银等贵金属市场发展极快。香港黄金市场在时差上刚好填补了纽约、芝加哥市场收市和伦敦开市前的空档,可以连贯亚、欧、美洲的交易时间,形成完整的世界黄金市场。其优越的地理条件引起了欧洲金商的注意,伦敦五大金商、瑞士三大银行等纷纷进港设立分公司。它们将在伦敦交收的黄金买卖活动带到香港,逐渐形成了一个无形的当地"伦敦黄金市场",促使香港成为世界主要的黄金市场之一。

目前,中国香港黄金市场由三个市场组成:(1)香港金银贸易市场;(2)香港伦敦金市场;(3)香港黄金期货市场。

(二)境外黄金、白银贵金属市场(交易制度)介绍

目前,国际商品买卖普遍采用两种买卖机制:一种是集中竞价买卖方式,另一种是做市商制度(Market Maker Rule)。在国际股票市场、期货市场、外汇市场、贵金属市场上,做市商交易制度应该说是无可争议的中流砥柱式的交易制度。但做市商交易制度对广大中国投资者来讲还稍显陌生。

当今,世界上最大的黄金交易市场是在英国的伦敦,而英国伦敦黄金市场并没有中国投资者所熟悉的交易所一样的撮合竞价交易中心。伦敦黄金市场是一个由众多黄金做市商组成的无形市场,正是这个"无形市场"决定着世界黄金市场的价格。实际上,伦敦黄金市场的众多交易由做市商严格保密,真正的交易量很难统计清楚。随着近年来黄金市场的活跃,伦敦黄金市场交易模式的向外扩张非常迅速。据估算,目前与伦敦黄金市场有直接和间接关联的黄金交易金额已经远远大于每周50亿美元,伦敦黄金交易量占世界黄金市场的比重已经超过了60%,如果算上全球第二大黄金交易市场——苏黎世黄金市场,那么黄金做市商的交易模式所占的全球黄金交易比重就更大。

在外汇市场上,做市商交易模式更是一统天下,全球各国的外汇交易都不是交易所模式,几乎全部是由以银行为主的外汇做市商来完成庞大的外汇交易量。外汇做市商除了大型银行外,遍布世界各地的外汇兑换公司甚至酒店里的外汇兑换点等都是一个个的小外汇做市商,由林林总总的外汇做市商组成的网络来完成金额庞大的外汇交易。

我国的黄金市场建立较晚,整个黄金市场体系尚不健全,与国际上发展成熟的黄金市场相比存在较大差距。因此,要推进我国黄金投资市场的发展,应该充分学习和借鉴国外黄金市场已有的运营形式和各种投资工具,结合中国黄金市场现有的条件及基础,逐渐完善中国的各类黄金投资市场体系。

1.什么是做市商制度

做市商制度是国际市场运用最普遍的一种买卖制度。做市商又称坐市商、造市商,英文名称为Market Maker。

所谓做市商制度,是指在金融市场上具备一定实力和信誉的机构,在其愿意的基础上,以自有资金、证券或其他金融产品,不断地向其他交易者报出某些特定产品的买

入价和卖出价,并在报价价位上接受其他交易商的买卖要求,保证及时成交的一种交易方式。

做市商制度在国外证券市场已有较好的市场基础,被许多成熟证券市场普遍采用。目前国际的银行间市场也普遍采用了做市商制度。在黄金市场采用做市商制度,经过做市商的这种时断时续的买卖,可以达到增强市场流动性和满足市场需求的目的,降低市场系统性风险。因此,做市商制度的最大优势在于保持市场的流动性,维持价格的有效性,提高投资者交易的效率。

当今,在国际金融市场上,做市商交易制度仍然是活跃于市场经济中的主要交易制度,为各类大宗商品与货币型金融产品(如外汇、贵金属、股票市场、期货市场)提供交易流通性的中坚力量都是做市商。做市商形式是常见的主流交易模式。

2. 做市商制度的产生

诞生于西方资本主义国家的做市商交易制度延续至今已经有几百年的历史,要比我国投资者广为熟悉的交易所竞价撮合交易制度早几百年。作为一种证券交易制度,做市商制度起源于美国纳斯达克市场,其全称为"全美证券协会自动报价系统"(NASDAQ)。

20世纪60年代,美国柜台交易市场由批发商、零售商和综合类三类证券公司组成。以股票举例来讲,可以设想假设在柜台交易市场,投资者John已经拥有某公司的股票,当需要卖出股票获得现金时,由于该公司的股票数量非常少,很少有人来买卖,挂牌卖出时可能没有人买进,无法达成撮合交易。对投资者John来讲,交易的风险就很大,这并不是股票价格的问题,而是这个柜台交易市场交易清淡无法撮合成交所造成的交易时间成本昂贵的流动性风险问题,需要投资者自己来承担。

如何解决这种交易问题呢?美国证监会于1963年建议纳斯达克市场采用计算机和远程通信技术,以提高柜台交易市场报价信息的及时性和准确性。1971年2月,纳斯达克市场系统主机正式启用,标志着"全美证券协会自动报价系统"(NASDAQ)正式成立。全美有500多家证券经纪自营商登记为纳斯达克市场做市商,2 500只柜台交易市场中最活跃的股票进入纳斯达克市场的自动报价系统。500多家做市商的终端与纳斯达克市场系统主机实现联结,通过NASDAQ系统发布自己的报价信息。纳斯达克市场的建立,表明规范的、具有现代意义做市商制度初步形成。伴随着纳斯达克市场的发展,做市商制度也日益完善。纳斯达克市场的做市商中包括许多世界上大型投资银行,如美林(Merrich Linch)、高盛(Goldman Sachs)、所罗门兄弟(Salomen Brother)、摩根士丹利(Mogan Stanley)等。同时,做市商制度也被移植到期货市场、黄金市场和外汇市场。

做市商交易制度直到今天仍然在西方金融市场中发挥着重要的作用,比如在美国纳斯达克股票市场上就活跃着很多的股票做市商,许多挂牌股票由于交易数量少,无法完成撮合交易,都要求由几家做市商来维持股票的交易流动性。一个做市商可以同时做市几家公司的股票,一个挂牌股票可以有两家以上的做市商。这样的交易制度对投资者来讲是最优的选择,使投资者在投资股票时降低了流动性风险。

3. 做市商的收益与风险

做市商在保持市场的流动性、维持价格的有效性、提高投资者交易的效率等方面作出了贡献,但在作出上述贡献的同时,其行为本身也是为逐利所驱动。做市商在做市过程中可以获得以下几个方面的利益:

(1)报价差额收益。

做市商不收取交易手续费,其收益主要来源于买卖的价差。做市商报价的买入价格与卖出价格之间存在价差利益,做市商通过"低买高卖"方式获得的标的物商品或证券的买卖价格差是做市商的收益来源之一。

(2)交易佣金。

主要体现在一些大宗商品或交易不活跃的证券品种中,有些做市商按一定比例约定,向客户收取交易佣金。在交易量大、交易频繁的大型证券或标的商品中,做市商一般不再收取交易手续费,比如在外汇交易中,做市商一般不再另外收取交易费,做市商通过调节买卖报价差的大小来获得收益。

(3)市场价格波动的风险收益。

在成熟市场,市场价格不是某个做市商所能单独决定的,由众多因素共同决定。当做市商按低报价买入标的商品后,不一定马上以高价卖给客户,通常需要持有一段时间。在这个过程中,就存在价格波动导致的风险和收益。

如果客户卖出商品或证券给做市商,做市商买入后没有及时卖出,此阶段市场价格发生变化:假设价格上涨,做市商以更高的价格卖出,就可获得额外的投资收益,这是市场对做市商承担市场风险的奖励;假设市场价格出现下跌,做市商只能以更低的价格卖出,出现买卖价差亏损,这是市场对做市商没有充分迅速履行交易的惩罚。

(4)市场风险和收益。

做市商制度的内在必然性决定了市场价格波动产生的利益与风险是由做市商自己来决定的,且做市商要用自有资金和自有证券等标的物来做担保,所以市场价格波动产生的利益与风险都由做市商自己承担。

由于市场价格波动的不可预测性,理论上做市商承担的风险与收益是等同的。做市商对市场判断正确可以获得收益,判断错误则要承担损失。

做市商制度形成初期,做市商主要通过买卖证券的价差来弥补成本或实现盈利。随着做市商之间的竞争越来越激烈,双边报价的差额越来越小,做市商几乎难以通过报价产生盈利,目前许多做市商则更多考虑如何利用做市商所具有的较高市场信誉,在其他业务(比如代理、承销业务)上吸引更多的客户来弥补在做市业务上的收益不足。

4. 做市商制度与"坐庄"的比较

许多国内投资者是从股票交易所开始了解现代金融的交易模式,所以除了对竞价撮合交易模式有所了解外,国内的投资者更熟悉的是股票经纪商模式,因为每个投资者的股票交易都是通过证券公司的服务平台完成的。股票经纪商(证券公司)交易模式只是投资者交易过程的代理中介。

做市商交易模式与经纪商代理模式完全不同,它有报出双边买卖价格的权力,并按价格承诺交易的义务和责任,它可以自主决定双边买卖交易价格。于是,很多人就对做市商是否在坐庄、是否能够操纵价格产生了置疑。在中国香港及台湾地区,人们习惯上把做市商等同于"庄家",把做市商制度又称为"庄家"制度。这在内地引起了市场各方对做市商制度的误解。在此有必要介绍一些相关的金融知识和国际惯例。

"庄家",简单地说就是通过操纵股价来获取巨额收益的机构投资者,是指在证券市场上凭借资金和信息优势,通过各种方式有计划地控制一家或几家上市公司相当部分的流通股票,并取得对这家或这几家上市公司股票价格走势的操纵地位,进而实现暴利的机构。因此,"庄家"已成为操纵市场者的代名词。

做市商制度已被国际上许多成熟的市场广泛采用,其中美国的"全美证券协会自动报价系统"(NASDAQ 系统)及其做市商场外市场堪称最成功的典范。如果中国投资者有机会到美国股票市场上看看许多小型股票的做市商交易模式,一定会非常惊讶,这些做市商就是在"坐庄",这种模式与中科创业、德隆模式几乎一样,是公开合法的坐庄,怎么美国政府监管部门不监管打击呢? 实际上这是中国投资者对做市商交易制度的误解。

在美国纳斯达克股票市场上,做市商交易制度是常见的一种交易制度。以纳斯达克股票市场上的做市商为例,来说明美国股市的做市商与中国股市过去股权分置制度下的"坐庄"操纵模式有很大的不同:

(1)运作目的不同:做市商制度是为了保障个股交易的连续性,避免有行无市的现象发生,而"坐庄"运作的目的在于通过坐庄来获取巨额收益。美国股市的做市商除了促成交易的活跃、增加股票交易的流动性外,还要完成对股票的价格发现功能。

(2)交易风险不同:做市商有可能发生亏损,其原因在于做市商必须"做市"以保障交易的连续性。"庄家"在"坐庄"中的风险主要来自于信息泄漏、策略失误、资金不足、信息失误、庄家内讧,绝非为了保障交易的连续性,也不是制度的内在要求。

(3)信息状况不同:在做市商制度中,做市商的名单是公开的,是一种"阳光做市"。

严禁通过各种非正当方式收集和利用内部信息和内幕消息,严禁散布误导性信息和谣言,其交易行为要定期向监管机构上报。而"坐庄"是一种地下行为,以诱导跟庄者"上钩入套",从中获利。美国实行的是证券交易所的专业经纪人制度和场外市场的做市商制度并行的交易方式,其中做市商在场外市场交易的主要对象是债券和非上市股票,通过 NASDAQ 系统将分散在全国各地的 6 000 多个做市商联系在一起,可迅速提供在各场外市场交易的近 7 000 种股票和债券的买入价和卖出价,提供统一的清算和监控。在外汇交易、黄金交易和多种国际大宗商品交易中,由于这些商品的价格完全透明公开,做市商虽然拥有自我报价的权利,但不可能操纵市场价格,只能使双边报价与市场价格保持一定的价差。做市商交易制度,虽然从其可自由报价的交易制度上理解为是一种"坐庄"模式,但它并不能操纵市场价格。越是国际性的大宗商品,越不可能操纵市场价格。

(4)对市场趋势的影响不同:对于做市商来说,不准操纵股价,也不能直接影响市场价格走势。做市商只是为了维护交易的连续性。有着维护市场正常运行的功能。美国对做市商操纵价格的制约机制就是全流通交易制度,大股东持有股票的可流通性对做市商的行为进行约束,使这个股票的交易价格能充分反映它的价值所在。同时,一般一只股票不止一个做市商,不同做市商之间会形成有效的相互制约。这样任何想偏离这只股票价值之外的报价行为都可能受到强有力的约束。股票做市商拥有双边报价的权力,但不能轻易操纵股票价格。

在中国股市中,"庄家"处于远优于一般投资者的地位,可以利用资金实力及其他有利条件,在股价欲涨时"打压",在股价欲跌时"抬价",使个股价格的上涨与下跌处于一般投资者难以预期的态势中,极易打乱股市的正常走势。同时,由于在坐庄中通过低价"吸筹",然后"拉高"、"出货",极易形成股价过度波动。再次,庄家通常在高价位"出货",使一般投资者高位"套牢"。

做市商交易制度是一个成熟的交易制度,它自诞生以来延续至今已经有数百年的历史。做市商交易制度是交易所撮合交易制度的前身,先有做市商交易制度后有交易所交易制度。直到今天,做市商交易制度还在世界金融市场上发挥着重要作用。

5. 做市商交易制度对我国黄金市场的启示

国际黄金市场主要是由大量直接面向投资者的黄金做市商网络体系构成。无论从交易深度、广度和交易总资金规模上,黄金做市商模式都是无可争议的主流交易模式。而黄金交易所并不是黄金交易的主流模式,比如世界上最大的美国黄金期货交易所的交易量不到世界黄金总交易量的 10%。

由于黄金做市商提供买卖双向报价并随时准备交易,使投资者不用担心没有交易对手,从而极大地方便了投资者。做市商给投资者提供了足够的交易流动性。黄金做市商交易模式以其强大的不可阻挡的生命力正在向中国黄金市场渗透,香港众多黄金类公司在国内开展黄金做市商业务已经是公开的秘密。作为做市商的前奏,上海金交所已自2011年5月起,低调地开始了黄金的询价交易,银行等机构可以在询价交易系统协商报价。

引入做市商制度,必须要求以国际黄金市场价格为基准进行报价,而这种报价形式将使24小时延续买卖成为必然。目前我国的现货、期货黄金市场尚未做到24小时连续交易,只能在固定的时间段交易,风险难以有效控制。因此做市商制度,以国际金价为基准报价的投资市场,可以有效地促进买卖双方的主动交易行为以降低风险,促进黄金投资市场买卖规模的发展,提高中国黄金市场在世界黄金市场的地位,进而增强定价话语权。

经过几年的努力,中国黄金市场已取得了迅速发展,但由于我国的黄金市场开放时间较短,整个黄金市场的轮廓并不是很清晰。目前国内仅有上海黄金交易所和上海期货交易所为黄金交易的合法机构,且上海金交所还不能直接面向个人投资者,个人投资者要想加入,必须通过金交所的会员单位。其推出的现货延期交收业务(T+D),也因其未与世界黄金市场接轨,交易方式不够灵活,而缺乏对投资者的吸引力。国内的一般现货商和许多投资者更愿意选择国际现货黄金交易,主要是它交易时间更长和手续费更加低廉,如现在一些较大的现货商大多通过香港一些金融公司进行国际现货交易。相比国际黄金市场,刚刚走向开放的中国黄金市场缺乏大量的黄金做市商来为投资者提供黄金买卖的流动性。引入和完善黄金做市商制度,可以弥补传统集合竞价形式的缺憾,提供黄金市场更多的交投活跃性,促进中国黄金市场的兴旺发展。

由于我国黄金市场正处于发展初期,在探索过程中,有关法律、法规不健全,这就不可避免地存在一些黄金交易公司名不副实、违规操作的现象,这并不奇怪,我国在股票市场和期货市场发展的初期也都出现过类似问题。新兴行业出现问题并不可怕,只要能够逐步解决问题,同时加强行业的监管与规范,扶持正规合法经营的企业,打击各类不规范企业行为,就能够迎来规范发展的时代。反之,如果没有明确和统一的发展思路,没有清晰明确的理论指导,未必能够得到社会更广泛阶层的认同,一些误解和非议就有可能导致新兴行业在发展的初期夭折,甚至偏离既定的发展方向,最终使得国际力量坐收渔利。

(三)国内黄金、白银贵金属市场介绍

目前国内的投资与投机者,可以选择的交易平台主要就是通过我国香港市场或内地

市场(国内贵金属交易所、商业银行)参与全球黄金、白银等贵金属市场的交易。

1. 香港黄金、白银贵金属市场

(1)参与途径——通过香港金银业贸易场会员进行交易。

(2)品种单一,主要就是黄金与白银。不过这样也可以使得投资者与投机者集中精力加以关注,而不必因为有过多的品种导致分心。

(3)优势。

杠杆率——杠杆较大,一般是100倍以上的浮动杠杆。

交易方向——双向交易。

交易性质——T+0交易。

交易时间——24小时连续与全球同步交易。

保证金比例——较低。双向持仓只占用单边保证金数量(部分经纪公司对于对冲锁单所占用的保证金数量只算单边所占用保证金数量的一半,即只有双边持仓所需总保证金数量的1/4,可以极大地提高资金的利用率)。

费用——手续费用(点差与佣金)较少,部分经纪公司只收点差,不收佣金;过夜费用(利息)也较低。

以上几点互为补充,构成了香港盘的独特魅力,可以真正做到以小博大。

(4)劣势。

香港贵金属市场与内地贵金属市场属于不同的金融管制区域,资金进出极为不便(即不可以自行操作,比如我国内地的股票、期货与黄金、白银等贵金属市场的交易者不可以通过银行自行汇进或汇出款项)。

对于资金安全性的要求不很理想,没有第三方(银行)托管之说,资金只能汇进交易商所在的公司户头。不过,全世界除了极少数几个国家(或地区)之外,香港的做法是国际通行的惯例。因为大多数国家(或地区)的银行属于私人性质,而非国家(或地区)所有(公有制)。

对于做短线的操盘手来说,香港经纪公司大多有一个"单次交易完成时间"的限定,即50%的交易不得在5分钟内完成,否则算违规交易。违规交易的所有费用正常支付,如果有赢利,赢利也要全部扣除,另外还要扣除本金的约15%~30%作为惩罚。问题是他们的交易系统(MT4)并没有提示哪些交易单已经在5分钟之外可以正常交易(尤其是时间接近的情况下),哪些在5分钟内(后文会提到如何"对表")。前些时候,笔者打过一个长达1小时的电话就此事咨询对方的工作人员,她们说5分钟之内(事实是过了5分钟但不到6分钟也不行。此种情况对方的工作人员也不知,笔者等了将近10分钟才有信息的反馈)的操作是不被允许的,因为此类交易可能是外挂软件自动交易。其实,在价格剧烈波动时段,5分钟之内进行手动操作,同样可以完成从建仓到平仓整个过程达几十次以上。根本的原因在于:如果交易时间过短,香港交易商可能无法以持仓人的价格在国际盘上平仓,从而导致交易商的价差风险。我国内地无此限定。

关于仓息:不管投资者或投机人持有的是多头还是空头的仓位,持有人每天(停盘日也算在内)都要支付仓息(以持有合约的收盘现值计算,折算成年利率多头约1.25%/年,空头约0.75%/年,以某经纪公司为例)。我国内地的做法分两种:商业银行系统——比较合理,仓息在多头头寸与空头头寸之间流转,长期来看,大体可以平衡;代理经纪公司——有的只收多头,不收空头头寸的仓息,也有的多空双向持仓的仓息都要收取。

汇过去的本金,全部或绝大部分只能用作交易的本金,否则汇回来的钱要扣除全部本金(不只是已持有头寸所占用的保证金数量)的约6%作为手续费用。可以理解,对方经纪公司担心投资者或投机者洗钱,也担心汇钱的手续费用成本。当然,比例是否合理,则另当别论。

(5)结算方式。

以美元计价,最后以人民币的形式向我国内地汇进汇出。

(6)其他内容。

大体上与现阶段国际标准趋于一致。香港市场的做法对内地市场具有标杆的作用,目前内地市场成立时间不久,各项费用比较高,随着时间的推移有向香港市场靠拢的趋势,也是竞争的必然结果。

(7)笔者感受。

作为国际金融中心的香港,其服务业从业人员的素质、敬业精神、态度以及建议回馈等方面做得并不让笔者满意:电话无人接听;网络交流很长时间无人理睬;只爱听好话;有时答非所问(可以理解为同时在线的人太多);最不理解的是几十个建议都石沉大海(可以理解为高管都在考虑其他十分重要的事情),不过,如果对客户的建议都不重视,那么作为服务的提供商,还有什么更重要的事情呢?多年以来,看到了内地中国电信的网络(非现场)客服质量的快速进步,客服人员提供的快捷、热情的服务令人信服。反观作为香港支柱产业的金融服务业,应该是想一想的时候了。

2. 内地黄金、白银等贵金属市场

(1)国内贵金属交易所

目前,上海黄金交易所和上海期货交易所是我国境内为投资者提供黄金及其他贵金属场内交易服务的合法场所。

① 上海黄金交易所。上海黄金交易所是经国务院批准,由中国人民银行组建,在国家工商行政管理局登记注册的、不以营利为目的、实行自律性管理的法人;遵循公开、公

平、公正和诚实信用的原则组织黄金、白银、铂金等贵金属交易；交易所于 2002 年 10 月 30 日正式开业。

● 参与的途径：交易所实行会员制组织形式，会员由在中华人民共和国境内注册登记，从事黄金业的金融机构，从事黄金、白银、铂金等贵金属及其制品的生产、冶炼、加工、批发、进出口贸易的企业法人，并具有良好资信的单位组成。现有会员 166 家，分散在全国 26 个省、市、自治区；交易所会员依其业务范围分为金融类会员、综合类会员和自营会员。非黄金交易所会员的普通投资者，目前可通过金融类会员单位委托代理进入黄金交易平台进行交易。

● 交易制度：按照价格优先、时间优先的原则，采取自由报价、撮合成交、集中清算、统一配送的交易方式。

● 交易品种：有黄金、白银、铂金的现货交易，以及黄金、白银现货延期交收品种交易。

● 交易时间：周一至周五 9：00 ～ 11：30，13：30 ～ 15：30，周一至周四夜市 21：00 至次日 2：30。

● 清算制度：实行（T+0）办理资金清算。

● 风险管理制度：保证金制度、每日无负债制度、涨跌停板制度、强行平仓制度等。

● 优势：风险可控——杠杆较小，一般是 5 倍左右的浮动杠杆。双向交易——现货延期交收品种价格的双向波动，增加可交易机会。延期补偿费——每日对于没有能够实现交收的持仓，通过延期补偿费进行补偿。中立仓制度——允许没有持仓的会员或客户使用资金或实现申报中立仓，以弥补申报交割多空双方间的差额。

● 劣势：交易时间——不连续，增加了持仓的风险（不过很快也会推出 24 小时连续交易，与国际接轨）。杠杆率——杠杆较小，一般是 5 倍左右的浮动杠杆（很快也会适时放大或推出选择性杠杆）。费用——交易费用相对较高，每发生一笔交易就要收取一次交易费用。

② 上海期货交易所。上海期货交易所上市黄金期货，经我国证券会批准，于 2008 年 1 月 9 日正式挂牌交易，是我国国内另一黄金场内交易市场。

● 交易时间：周一至周五 9：00 ～ 11：30，13：30 ～ 15：00。

● 最后交易日：合约交割月份的 15 日。

● 风险管理制度：与上海黄金交易所的黄金延期交收品种类似。

（2）国内商业银行

自全球金融危机以来，黄金货币属性的回归使贵金属投资备受瞩目，国内黄金市场需求潜力逐步放大，交投活跃，贵金属市场机遇和挑战并存。特别是 2010 年中国人民银行等六部委联合发布了《关于促进黄金市场发展的若干意见》,国家"十二五"规划纲要第一次明确继续推动黄金市场发展,从国家战略层面认可了黄金作为金融市场的一个重要组成部分的地位。

为此,国内各大商业银行纷纷推出了各自的贵金属产品,特别是中国工商银行、中国农业银行、中国银行、中国建设银行、深圳发展银行、兴业银行和华夏银行等作为上海黄金交易所指定的清算银行,更是为推动国内贵金属交易业务的蓬勃发展作出了很大的努力。

归纳国内商业银行的业务,主要有以下四类:交易类产品、实物类产品、融资类产品、理财类产品。这里仅对交易类产品做一些介绍。

① 账户贵金属(黄金、白银、铂金、钯金等)。

账户黄金交易也称"纸黄金"交易,其实就是指黄金的纸上交易。投资者的买卖交易记录只在个人预先开立的"黄金存折账户"上体现,而不能进行实物金的提取。

● 投资品种:按照贵金属的种类,分为账户黄金、白银、铂金、钯金等。按照交易币种,分为人民币账户贵金属、美元账户贵金属。

● 交易方式:采用即时和委托两种方式进行交易。

● 适用对象:适用于持有人民币或美元,同时对贵金属投资有兴趣的个人客户。

● 产品特色:

——安全便捷:依靠安全可靠的银行系统,客户使用网上银行、电话银行,足不出户就可以在交易时间内办理账户贵金属业务。

——报价透明:报价与国际市场贵金属价格实时联动,高度透明。

——交易成本低:无需进行实物交割,省去储藏/运输/鉴定等费用。

——交易时间长:每周一上午7:00到周六凌晨4:00,全天24小时不间断交易。

——投资门槛低:人民币账户黄金每笔交易起点为1克,最小交易单位为1克;人民币账户白银每笔交易起点为1克,最小交易单位为1克;人民币账户铂金每笔交易起点为1克,最小交易单位为1克;人民币账户钯金每笔交易起点为1克,最小交易单位为0.10克。美元账户黄金每笔交易起点为0.10盎司,最小交易单位为0.01盎司;美元账户白银每笔交易起点为5.00盎司,最小交易单位为1.00盎司;美元账户铂金每笔交易起点为0.01盎司,最小交易单位为0.01盎司;美元账户钯金每笔交易起点为0.10盎司,最小交易单位为0.01盎司。

——交易资金实时清算:T+0即时到账,当天可多次进行交易,可最大限度提高资金运用效率。

——交易途径:持有银行活期存折、银行借记卡的个人客户,可以通过银行提供的网上银行、电话银行、手机银行(WAP)交易。

——双向交易:贵金属价格上涨时,可以做多,通过先买入再卖出操作获得投资收益;贵金属价格下跌时,可以做空,通过先卖出再买入操作获得投资收益,从根本上改变了原有账户贵金属产品只能单向做多的交易方式。目前账户贵金属双向交易已在国内个别商业银行开始推行。

② 实物贵金属积存。

● 品牌金积存业务。

品牌金积存业务类似于银行以前的零存整取业务,客户在建立品牌金积存账户的基础上,对银行的品牌金条进行主动积存或定期积存。对于积存的品牌金,客户既可以选择赎回,获得现金,也可以选择提取实物。

业务特色:

——面向个人客户。

——投资方式灵活。为客户提供主动积存和定期积存两种选择,还提供按金额积存和按克数积存两种方式。当客户积存达到一定数量后,还可以选择赎回和提取品牌金条。

——投资门槛低,积少成多。品牌金积存业务按金额积存的起点为 200 元,按克数积存的起点为 1 克,非常适合个人客户进行持续的小额黄金投资。

业务优势:

——通过银行系统的个人网上银行可实现全天候黄金投资。

——可以灵活决定是否提取实物黄金,不进行实物黄金的提取可免除日常保管实物黄金的后顾之忧。

——长期以定期、定额的方式投资可以摊平持有黄金的成本,降低金价短期剧烈波动而产生的价格风险。

——对积存的黄金可选择本地区银行的任意网点提金。

● 积存金业务。

除了具备品牌金积存业务的优势之外,积存金还具有以下优势:

——黄金累积、用时兑金。积存金参考了国际流行的黄金积存理念,产品可挂钩兑换银行各类品牌贵金属以及代销类贵金属制品。

——日均价格、平抑波动。积存金开创性地实现“每日积存”,通过“定期定额投资法”的投资策略,帮助客户实现“日平均价格”,适当规避价格波动风险,享受黄金长期投资的收益。

——交易自主、灵活多变。客户可以主动积存、赎回、兑换提金、定期协议(修改或终止),充分享有产品自主权;产品赎回便捷快速;实物兑换品种丰富。

③ 代理个人贵金属递延业务。

贵金属递延业务是上海黄金交易所的挂牌交易合约［Au(T+D)、Ag(T+D)］,以保证金方式进行交易,保证金比例为成交金额的20%。个人客户可以选择合约交易日当天交割,也可以延期交割,同时引入延期补偿费(简称延期费)机制来平抑供求矛盾的一种现货交易模式。

该业务引入保证金机制和做空机制,投资手段更加灵活,能够在黄金价格的波动中获得更高的回报率,达到投资多元化、资产合理配置的目的。

● 业务特色:

——保证金交易:采用保证金交易方式,放大的杠杆效应为投资者提供了以较少资金获取较大利润的机会。

——双向投资:引入做空机制,投资者可在价格上涨时采取“先买进后卖出”的方式获利;也可以在价格下跌时运用“先卖出后买进”方式获利。

——交易渠道安全便捷:个人投资者通过网上银行或银行柜面,即可开立上海黄金交易所交易账户,通过银行的网上银行直接参与贵金属递延合约交易。

——交易时间延伸:与国际贵金属报价同步,上海黄金交易所提供日市及夜市交易,T+0交易当日即可买卖,随时赚取差价。

——交易价格透明:交易价格与国际贵金属价格高度接轨,同步浮动,高度透明。

——手续费:交易手续费各家银行略有差别,但各家银行的网上银行对贵宾客户给予手续费优惠。

——交割单位:AU(T+D)合约交易报价单位为人民币元/克,最小变动价格为0.01元人民币,最小交易单位为1手,每手代表的实物标准重量为1千克。Ag(T+D)合约交易报价单位为人民币元/克,最小变动价格为1元人民币,最小交易单位为1手,每手代表的实物标准重量为1千克。

● 资金清算:贵金属递延业务实行“集中、净额、直接”的资金清算原则和每日无负债结算制度。每日保证金余额低于20%,但高于15%(保证金最低余额)时,系统向客户手机发送预警信息;当保证金最低余额低于15%时,客户应追加资金,追加资金需在下一个交易日开市前补足不低于20%保证金的最低余额。未补足的,若保证金余额低于最低金额,禁止开新仓,并强行平仓,以补足保证金。

● 交易途径:主要通过通信网络和交易系统远程进行。在商业银行开立以借记卡为交易介质账户的个人客户,只需开通网上银行,且通过网上银行自助注册黄金客户编号,并与借记卡绑定,T+1日即可进行交易。

④ 代理个人实物黄金业务。

代理个人实物黄金业务是指商业银行凭借其与上海黄金交易所共同构建的黄金交易系统,根据个人客户委托,代理其进行的实物黄金交易、资金清算及实物交割活动。该业务是以人民币资金投资的理财产品,投资者既可进行黄金交易,又可选择提取实物黄金。

● 投资种类:现货交易包括 Au99.99、Au100g 和 Au99.95 三个合约品种。

● 交易方式:采用客户自主报价、实盘交易、撮合成交以及实物交割的交易方式。

● 适用对象:适用于有黄金投资需求,具备一定风险承受能力,同时又有提取实物金需求的个人客户。

● 交易途径:可以直接通过指定网点柜台开立实物黄金账户,也可以先开立个人网上银行或电话银行,再进行实物黄金账户的自助注册。上海黄金交易所返回黄金账户注册成功的信息,生成唯一的客户编号,系统自动完成客户的黄金客户编号与银行卡基本户之间的绑定,并建立实物黄金交易账户。开通业务需要收取一定的开户手续费。代理实物黄金费用包括实物黄金账户开户费、交易手续费;如客户要提金,还需缴纳提金费用。

(四)黄金、白银贵金属市场相关名词解释

1. 国际与我国香港盘所涉及的名词

数量相对较少,以下是几个常用的名词:

(1)开仓:是指交易者新买入或新卖出一定数量的合约,包括买开仓、卖开仓。

(2)平仓:是指交易者通过卖出(买入)相同数量的合约来了结先前所持有的买入(卖出)合约,包括买平仓、卖平仓。

(3)持仓:是指交易者持有一定数量的现货合约。

(4)买多:相信价格将会上涨并买入开仓合约,称"买多"或称"多头",亦即多头交易。

(5)卖空:相信价格将会下跌并卖出开仓合约,称"卖空"或称"空头",亦即空头交易。

2. 我国内地盘所涉及的名词

数量相对多一些,以下是在 T+D 延期交收业务中的一些常用名词:

(1)开仓:是指交易者新买入或新卖出一定数量的合约,包括买开仓、卖开仓。

(2)平仓:是指交易者通过卖出(买入)相同数量的合约来了结先前所持有的买入(卖出)合约,包括买平仓、卖平仓。

(3)持仓:是指交易者持有一定数量的现货合约。

(4)买多:相信价格将会上涨并买入开仓合约,称"买多"或称"多头",亦即多头交易。

（5）卖空：相信价格将会下跌并卖出开仓合约，称"卖空"或称"空头"，亦即空头交易。

（6）开盘价：当天某合约的第一笔成交价。

（7）收盘价：当天某合约最后五笔加权平均价。

（8）最高价：当天某合约最高成交价。

（9）最低价：当天某合约最低成交价。

（10）最新价：当天某合约当前最新成交价。

（11）结算价：当天某合约所有成交合约的加权平均价。

（12）买价：某合约当前最高申报买入价。

（13）卖价：某合约当前最低申报卖出价。

（14）涨跌幅：某合约当前价与昨日结算价之间的价差。

（15）涨停板额：某合约当日可输入的最高限价（涨停板额＝昨结算价＋最大涨幅）。

（16）跌停板额：某合约当日可输入的最低限价（跌停板额＝昨结算价－最大跌幅）。

（五）通用专业名词解释

1. 保证金

保证金是一种履约保证，是开仓时必须投入的抵押资金。保证金制度允许投资者可以持有比账户价值要高的仓位。

2. 保证金水平

$$保证金水平 = 净值 \div 占用保证金$$

当保证金水平过低时，系统将会进行强制平仓。

3. 空余保证金

$$空余保证金 = 净值 - 占用保证金$$

4. 占用保证金

占用保证金，是指所有用于建仓而被冻结的保证金总和。

5. 黄金、白银等贵金属保证金交易

它是指在黄金、白银等贵金属买卖业务中，投资者不需要对所交易的黄金、白银等贵金属进行全额资金划拨，只需按照黄金、白银等贵金属交易总额支付一定比例的价款，作为黄金、白银等贵金属实物交收时的履约保证。目前，世界黄金、白银等贵金属交易中，既有黄金、白银等贵金属期货保证金交易，也有黄金、白银等贵金属现货保证金交易。

6. 杠杆

$$杠杆 = \frac{合约现在的市值}{所占用保证金的数量}$$

7. 头寸

头寸是一种市场约定,即未进行对冲处理的买或卖的合约数量。

8. 建仓

建仓,是指开仓进入金融市场执行买卖交易。可以使用市场定单操作或委托交易(自动开启)。

9. 市场现价交易

以市场当前价格进行交易,必须于可成交范围内成交。若市场变化剧烈导致价格超出此范围,交易就无法成交。

10. 市场报价

交易平台窗口显示金融品种的市场报价。这个窗口的指令能够操作交易头寸和图表。

11. 止损价

止损价是一种保护机制,指当某一投资出现的亏损到达设定的止损价时,系统自动执行指令及时平仓出局,避免形成更大的亏损。目的在于即使投资失误,该止损点也能把损失限定在较小的、可控的范围内。

12. 强制平仓

交易账户持有人账号内没有足够空余保证金,系统将对账户持有人的持仓实施部分或全部强制平仓。

13. 沽压

沽,即卖出;压,即压低价格。表示相当数量的交易者卖出合约造成价格急剧下跌。

14. 交易明细

所有交易的详细记录均可以通过所在的电子交易平台即时查询。一般来说,可以在"账户历史"中查询。

15. 净值

净值,是指计算未平仓合约头寸盈亏后的实际余额,它会随仓位的盈亏而即时变动。

16. 点差

点差是指买入和卖出之间的差价,是经纪公司利润的主要来源之一。该点差有可能因为市场的剧烈变化而改变。

17. 佣金

佣金是商业活动中的一种劳务报酬,是具有独立地位和经营资格的中间人在商业活动中为他人提供服务所得到的报酬。在贵金属交易中,佣金是指市场参与者支付给经纪公司的服务报酬。

18. 利息

客户持仓至当天的结算时间仍未平仓的订单,将会产生利息。具体情况分为两种:一是按固定的年利率收取,二是按固定金额收取。

19. 持仓过夜

持仓过夜是指交易者持有的合约头寸从日内过渡到日间持仓的现象。所有过夜的持仓单费用,在下一交易日反映在客户的交易账户中。

20. 成交量

成交量是指交易成交量(份额)。

21. 贵金属

贵金属是一个名词,用于描述产自贵重金属的任何产品,其价值几乎完全由其贵重金属含量来确定。贵金属作为一般商品进行买卖,并有按照数量交易的市场,即时交收或未来交割(另称"期货")均可。

22. 贵金属定价

一般根据目前市值(或"现货"价值),加上根据贵金属种类而变化的溢价。

23. 合约单位(国际通行)

比如,黄金的合约单位一般以100盎司为单位,即为1手;白银的合约单位一般以5 000盎司为单位,即为1手。

注:我国内地会有所不同,且我国内地不同的交易平台也会有所差别。

24. 单位转换

黄金重量的主要计量单位是克、盎司、千克、吨等。

国际通行的单位为盎司(金衡盎司),黄金或金器的重量一般以金衡盎司来表示,与日常生活中的盎司(常衡盎司)有所区别。

1 金衡盎司 =1.097 142 8 常衡盎司　1 金衡盎司 =31.103 476 8 克

1 常衡盎司 =28.349 5 克

国内一般习惯用"克"作为黄金的计量单位。国内外黄金价格的转换公式为:

国内金价(人民币元/克)= 国际金价(美元/盎司)× $\dfrac{\text{美元兑人民币汇率}}{31.103\,481}$

25. 黄金纯度

金器/黄金的纯度一般以三个方式描述。可用来描述该金属纯度的三个词是卡数、成色和旄厘。卡数是其中一个较常用的名词,它量度整件物体每24份之中的黄金份数。成色是指量度每1 000份中的黄金份数。旄厘是指量度每100份中的黄金份数。

26. 数据窗口

交易平台上显示报价数据、技术分析指标和交易系统的数值的窗口。这是一个信息窗口,不提供其他类型的操作。

27. 图表

图表是一种将价位直观化的工具。图表设定和历史数据参数被分组。参数的改变将不会促使终端内业务总量发生改变。

28. 定单类型

客户终端为执行交易可以准备和发出交易指令,并且可以监控和管理开仓头寸。为了这些目的,可以使用几种下单类型。定单是经纪公司执行交易的一种指令。客户终端包括的定单有市价单和委托单,委托单又包括止损单和获利单。

29. 限价挂单交易(以交易软件 MT4、MT5 为例)

挂单交易是指由客户指定交易品种、金额以及交易目标价格后,一旦报价到达或有利于客户指定的价格,该已建立的挂单即执行客户指令,自动成交建仓完成交易,成交价格为即时报价。

挂单分为以下四类:

Buy Stop: 止损买进,是指相对于现价而言,高于现价的价格挂单的买进操作指令。

Buy Limit: 限价买进,是指相对于现价而言,低于现价的价格挂单的买进操作指令。

Sell Stop: 止损卖出,是指相对于现价而言,低于现价的价格挂单的卖出操作指令。

Sell Limit: 限价卖出,是指相对于现价而言,高于现价的价格挂单的卖出操作指令。

30. 脚本 (Scripts)(以 MT4、MT5 交易软件为例说明)

脚本是一种由 MetaQuotes Language 4 (MQL 4) 语言编写的程序,为执行单一功能而设计。不像智能交易系统,脚本仅按需求执行一次,而不是按每笔报价执行。

31. 全局变量(以交易软件 MT4、MT5 为例)

全局变量在 MT4 编程中有两层含义:一是编程领域中常规的全局变量含义,即独立于所有函数之外定义的变量,生命周期覆盖整个程序;二是 MT4 中独有的,在同一 MT4 客户端内,所有的指标、脚本和 EA 都可共享同一全局变量。

金手指

表 1-1　　　　　黄金、白银等贵金属与其他投资品种的比较

	股票	基金	国债	外汇	期货	保险	贵金属
可控性	高	高	低	低	高	中	低
灵活性	中	中	低	高	中	低	高
风险性	高	中	低	高	高	低	高
资金投入	中	中	多	少	少	多	少
回报	高	低	低	高	高	中	高

七、重要常识之"贵金属市场可以寄予多大的数学期望"

做得不好:可能倾家荡产。在高杠杆的贵金属交易中,风险与机遇永远是一对孪生兄弟。前巴林银行的交易员尼克·里森,就是在从事高杠杆金融衍生产品的交易中,"几夜"之间输掉了一家具有百年历史的老牌银行。通过此事,可以很清楚地看出,如果尼克·里森的操作是成功的,那么只需不长的时间,就可能挣回一家银行百年来才拥有的净资产。正由于此,此类交易给予一般投机者以极大的诱惑。不过,正如前文所述,90%的市场参与者最后都是以爆仓为结束。请读者三思。

做得好:可以咸鱼翻身,更可以锦上添花。如果投机者的水平能达到"闲云野鹤"的阶段,那么赚钱早已不成问题,甚至可以将黄金、白银等贵金属市场每个月的期望收入纳入财务预算(表明已经非常稳定);如果能够做到"随心所欲"的程度,那么交易者可以在内心深处对每个交易日的"天获利"赢利指标做一个大概的估计。参与市场的交易者必定有着一个未来别样的人生——财富自由。不过,这类人确实凤毛麟角。

金手指

交易基础(以香港贵金属市场为例)。

(1)有序性:庞大的市场,良好的"连续性";

(2)全天交易:全天 24 小时交易。对于职业高手来说,这里是可以"全力投入的战场";

(3)杠杆交易:保证金交易,真正可以做到"以微博大",成就有志人士的梦想;

(4)固定保证金:以合约的手数(常量)为单位,而不是按照合约的价值(变量)来

计算所占用的固定保证金数量,在交易中可以做到"心中有数";

(5)交割月:没有交割月,所以也就没有因交割期接近而产生的交割与换月压力;

(6)双向操作:"双向操作只占用单边保证金数量",资金利用率有了进一步的提高。

以上六点所形成的交易基础,为交易策略的构成指明了战略方向,"星星之火,可以燎原"有了现实的可能性。

八、重要常识之"成功交易家的 13 项人格特质" ①

成功交易家都是些异于常人的人,关于这一点,他们与其他行业的成功人士并无不同。成为成功交易家必须具备 13 项人格特质,一个交易者也许不能具备这些特质或者说优点的全部,但一定得具备其中的绝大部分,且其所不具备的那些特质不能对其交易成功构成重大障碍。下面将借几位华尔街杰出交易家之口,一一说明这些特质的重要性。下面的引言大多出自美国金融怪杰杰克•D.施威格(Jack D. Schwager)所著的《华尔街操盘高手》(*Market Wizards*)一书(直译为《市场魔法师》,又译为《市场奇才》或《金融怪杰》)。在此感谢原作者和中文译者,是他们让我们在今天得以一窥当代伟大交易家的成功理念。必须指出的是,即便一个交易者具备如下全部特质,也不一定能够保证成功——除非他掌握了交易技术。换言之,如果没有掌握交易技术——准确地说就是彻底读懂 K 线图的技术——您无论怎样做或做什么都是错的! 所谓的 13 项人格特质包括:

1. 独立人格

即独立决策,并勇于对决策的后果承担全部责任。热衷于打探所谓的"小道消息"、依赖他人的"吃奶"思维、不负责任的小孩型人格,绝无成功的半点可能。吉姆•罗杰斯:"你们天生就有能力为自己的最大利益下最好的决策,在大多数的情况下,经过自己的思索比违背自己的意愿而听从他人的决定,更能作出正确的决策并采取正确的行动。事实是,这世界上从不曾有哪个人只靠从众而成功。"威廉•欧奈尔:"大部分投资人靠耳语、谣言、故事以及一些业余人士的建议投资股票。换句话说,他们等于是把自己的血汗钱交给别人投资,而不愿意费神确定自己真正要投资的是什么。他们宁愿相信别人的耳语,也不愿相信自己的决定。"交易心理学专家范塔普博士:"如果你要求一般人列出他们操盘失败的原因,你大致可以将答案分成两大类。第一类是不认为自己有问题,而是抱怨市场,抱怨经纪人,抱怨内线交易,甚至抱怨技术指标或操作方法出了差错。一般人

---

① 引自:投资家 1973,《金融交易学——一个专业投资者的至深感悟》, www.yi-see.com/read_88898_3162.html。

的确都有抱怨别人而保护自己的倾向。但是,如果你只抱怨别人,你就可能会一再犯错,因为你认为一切都是自己无法掌握的。了解自己必须对自己的成败负责时,你便能掌握投资成功的关键。成功的人知道要对自己操作的结果负责,而失败的人却并不如此。"杰西·利物莫:"一般人不希望别人告诉他现在是多头市场还是空头市场。他要别人明确地告诉他应该买进、卖出特定的个股。他想不劳而获,他甚至希望不必思考,就算让他从地上捡钱他都嫌太麻烦。"

2. 客观精神

即判断与操作要尽可能地贴近市场的客观实际,交易者越客观,成就越大。"华尔街操盘高手"麦可·马可斯在评价另一位超级交易员布鲁斯·柯凡纳时说:"他之所以成功,我想是因为他很客观。一个好的交易员绝对不能没有弹性。假如你发现某个人能以开通的胸怀接受世上的事,你就找到一个具有成为交易员条件的人。"他还说:"以前在交易赔钱时,我往往会大量加码,希望反败为胜,不过这种做法通常都不会成功。后来我改采减量经营的方法,直到完全出清为止。有时候也会硬拼,不过,干脆中止交易结果可能更好。我天性不服输,因此要我认输而中止交易并不容易。我每次赔钱的交易模式是:赔钱、硬拼,还是赔钱,减量经营或中止交易。我的特质是思想开明,愿意接受任何与我本性难容的资讯。例如我见过许多相当不错的交易员,最后是把赚到的钱全数吐出来,这是因为他们在赔钱时,都不愿意停止交易。我在赔钱时会对自己说:'你不能再继续作交易了。'另外,每当市场走势与我的预测完全相反时,我会说:'我原本希望趁这波行情大赚一笔,不过既然市场走势不如预期,我干脆退出'。"威廉·欧尼尔:"大部分投资人都无法以客观的角度来观察股市。他们总会挑选自己心理上较为喜欢的股票,并一心希望这些股票会使他们获利,而忽略了股市走势所透露出来的讯息。"

3. 热爱交易

即对这行充满"真正的兴趣"和在这行取得成功的"炽热的欲望"。拿破仑·希尔曾经说过:"一个普通的愿望是无法战胜失望、沮丧、失败、批评和各种困难的,只有当它是一种炽热的欲望、一种痴迷、执著时,这一切才有可能。"兴趣是最好的老师,一个人如果做他感兴趣的事,他的主动性将会得到充分的发挥。即使是十分疲倦和辛劳,也总是兴致勃勃、心情愉快;即使困难再大也绝不灰心丧气,而是去积极地想办法、反复总结经验,坚决地予以克服。爱迪生就是一个很好的例子。爱迪生几乎每天都在他的实验室辛苦工作长达18个小时,在里面吃饭、睡觉,但他丝毫不以此为苦。"我一生中从未做过一天工作。"他宣称,"我每天其乐无穷。"难怪他会取得这么大的成就。事实上,每个从事他无限热爱的工作的人,都能成功。相反,没有任何人能够在他不感兴趣的领域取得令人称道的成就。"如果工作是一种乐趣,人生就是天堂。"德国诗人歌德的说法实际上表达了同样的意思。

4. 专注求胜

如果你没有天才的天赋,但你做事时比天才更专注,你的成就会远远超过天才。面对这个浮躁喧嚣、满眼诱惑的花花世界,请牢牢坐稳你的冷板凳。大卫·瑞安:"我热爱这份工作。虽然每天工作8~9小时,但是下班回家还会再花几小时时间研究股票。此外,周六我还会收到许多股市的统计图表,而我总会在周日花3~4小时钻研。我认为,如果一个人热爱自己的工作,成功的机会一定比较大。"范塔普博士:"成为杰出交易员最难克服的有两大困难。第一个难题是缺乏从事金融交易的强烈意愿。除非一个人自己心甘情愿要成为杰出交易员,否则谁也没办法引导他。我从未见过一个缺乏意愿的人能成为成功交易员。第二个难题是一个人始终不觉得自己的操作犯了错。这种人从不承认自己犯错,因此他的错误会不断地重复出现。"艾德·斯柯塔:"求胜意志强烈的人,一定会寻求各种方法来满足其求胜的欲望。"

5. 洁净精微

"洁净精微"语出孔子在《经解》中对《易经》的评价:"入其国,其教可知也。其为人也,温柔敦厚,《诗》教也;疏通知远,《书》教也;广博易良,《乐》教也;洁净精微,《易》教也;恭俭庄敬,《礼》教也;属辞比事,《春秋》教也。"原为内心清静、头脑冷静、思维缜密之意。这里是指交易者要具备从宏观大方向和微观细节两方面精确把握行情的能力,同时保持内心的开放性与灵活性。细节是最容易忽视的东西。吉姆·罗杰斯:"投资和生活一样,细节往往是成功或失败的关键。所以你不能忽略任何细节,不管它看似多么的无关紧要,你必须搜寻、验证每个讯息,只要与你的投资决策有关,都不能掉以轻心。任何让你觉得不安的问题或感觉,都要找出答案来。大部分人之所以不成功,原因往往出在研究不够彻底,只看他们随手可拿到的资讯。"在现货交易中,判断宏观大趋势往往不是最难的,因为是杠杆交易,细节问题变得极其重要。

6. 诚实求真

一个成功的交易家必须对人对己诚实,以追求真理和真相为毕生要务。他应该具备透过假象看本质的洞察力、不为漂亮无用的理论所欺骗的直觉力,以及直奔主题提炼客观事物内部规律的归纳能力。马可·威斯坦:"交易策略必须具有弹性,以反映市场的变化。大部分交易员最常犯的错误,就是交易策略总是一成不变。他们常常会说:'怎么市场情况与我所想的完全不同?'为什么要相同呢?生活不总是充满了未知数吗?"保罗·都德·琼斯:"我会先预测市场的走向,然后以低风险的方式试探。如果一直不成功,我会改变我对市场的看法。"麦可·史坦哈德:"成功的交易必须取得两项条件的平衡,这两项条件是：坚持自己对市场的看法以及承认自己错误的弹性。要达到两者之间的平衡，则需要错误与经验的长期累积。另外，你应该对交易对手保持戒心。你应该经常自问：为什么你要买进，他却要卖出？他知道哪些你不知道的事？最后，你必须对自己或别人诚实。就我所知，成功的交易员都是事实真相的追求者。"

7. 勇于行动

在金融交易这行，信心和勇气具有至关重要的作用。买进需要勇气，卖出需要勇气，止损需要勇气，持长需要勇气，等待适宜的交易机会需要勇气，形势暂时对己不利坚持原来的判断需要勇气……所有的决策都需要勇气，执行决策更需要勇气，离开勇气，交易者寸步难行。杰西·利维摩尔："投机客的勇气就是有信心根据自己的决定行动。"麦可·马可斯："勇气非常重要。任何专业交易员都不能没有勇气。成功的交易员必须要有勇气尝试、接受失败，以及不畏艰难地攀上成功的颠峰。"盖瑞·贝弗德："成功交易员必须具备下列条件：第一，也是最重要的，是要具有果断力，我想很多人都是如此告诉你的；第二，你必须有耐性，如果你手上有笔不错的交易，就应该好好把握；第三，你必须要有进场的勇气，勇气则是来自于资金充裕程度；第四，要有认输的勇气，这种勇气也是以资金作为后盾的；第五，你必须要有强烈的求胜欲望。"但是勇气不等同于鲁莽。赖瑞·海特："别与市场斗狠，你一定会输的。"

8. 勇于自律

凡是与耐心或情绪管理有关的一切事都需要自律，没有自律就没有成功。大亏之后需要自律。马丁·舒华兹："我最难忘的一次交易是发生在 1982 年 11 月 4 日，当时我一天就赔了 60 万美元。无论你在何时遭受挫折，心中都会很难受。大部分交易员在遭逢重大损失时，总希望立即扳回来，因此越做越大，希望一举挽回颓势。可是，一旦你这么做，就等于注定要失败。我在遭逢那次打击之后，立刻减量经营。我当时所做的事，并不是在于要赚多少钱以弥补亏损，而是在于重拾自己对交易的信心。我将交易规模缩小到平常的 1/5，甚至 1/10。这种策略后来证明是正确的。尽管我一天之内就亏损 60 万美元，可是在该月份结束时，我总共只亏损 5.7 万美元。"大赢之后需要自律。保罗·都德·琼斯："每次遭受打击，总是在我洋洋自得的时候。"艾德·斯柯塔："有时候我才对自己的能力感到自豪，接下来所面临的就是一笔惨不忍睹的亏损。"节制欲望需要自律。马丁·舒华兹："如果有人想成为交易员，我的忠告是学习如何接受亏损。要赚钱就必须学会控制亏损。另外，除非你的资本增加两三倍，否则不要扩大你的头寸。大部分的人一旦开始赚钱，就会立刻扩大自己手中的头寸，这是一个严重的错误，严重得足以使你倾家荡产。"

9. 勇于认错

马丁·舒华兹："为什么大部分的交易员最后总是输钱？因为他们宁愿赔钱也不愿意承认自己的错误。大部分交易员在面对亏损时的反应是：'只要我不亏钱就出场。'为什么一定要等到不赔才出场呢？这只是面子问题。我之所以能成为一名成功的交易员，就是因为我终于能把面子抛在一边。去他的自尊心与面子问题，赚钱才是最重要的。从我能把自尊与是否赚钱分开来时，我才开始成为赢家。也就是说，从我能接受错误开始。在此之前，承认自己失败要比亏钱还难受。我以前总认为自己不可能犯错。在我成为赢家之后，我会告诉自己：'假如我错了，我得赶紧脱身。因为有道是：留得青山在，不怕没柴烧。我总得为下笔交易留些资本。'在这样的观念下，我总是把赚钱摆在维护自尊之前，如此，面对亏损也不会太难过。我犯了一次错，又有什么大不了呢？交易最引人入胜之处就在于自己永远具有改善自己能力的空间。从事其他行业的人也许可以用其他方法弥补自己原先的错误，但是身为交易员必须直接面对错误，因为数字是不会骗人的。"盖瑞·贝弗德："所谓认输的勇气，就是面对失败的交易，你必须提得起，放得下，你绝不能因为一笔交易失败，而被搅得心神大乱。"

10. 善于总结

您必须具备：从正确和错误中学习的能力，以及将理论与实战相结合的能力。汤姆·包得文："输家绝对不够努力。大部分的新进交易员总认为，任何一笔交易获利与亏损的概率是50：50。他们就不会想到去增加获胜的概率。他们不够专心，不肯注意影响市场动态的各项因素。其实你一眼就可以认出他们来，他们的面前好似立了一道墙。另外还有一点，他们的毅力与耐性不够。他们等不及真正交易良机的到来，就想进场交易。"理察·丹尼斯："我对交易新手的忠告是：从事每笔交易时，你都必须有最坏的心理准备，因此应该小量经营。另外，你应该从错误中吸取经验，不要斤斤计较每天行情的涨跌，应该注意交易决策的方向，不应对单笔交易的成败患得患失。我学到不要为赚回损失而加码的观念。另外，我也了解到当自己遭遇重大损失时，情绪会大受影响，并导致判断错误。交易发生亏损时应减量经营。如果情况真的很糟，干脆出场，隔一段时间再考虑下一笔交易。"艾德·斯柯塔："面对手气不顺的逆境，我会减量经营直到完全停止交易。在亏损时增加筹码，试图翻本，无异于'自作孽，不可活'。"

11. 足够耐心

等待高胜算的交易机会需要耐心。马可·威斯坦："我的交易很少遭逢亏损，是因为我总是选择最适当的时机进场。大部分的人都不会等到市况明朗才进场。他们总是在黑夜中进入森林，然而我则是等到天亮才进去。印度豹虽然是世界上跑得最快的动物，可以追得上大平原上的任何动物，可是，它总是等到有足够的把握捕捉到猎物之后，才会发动攻击。它也许会在草丛中躲藏一个星期,等待适当的猎物与适当的时机出现。选择与等待万无一失的时机发动攻击,就是我的交易原则之一。"持长需要耐心。麦可•马可斯:"你必须坚持让你手中的好牌持续为你赚钱,否则你一定无法弥补认赔了结所输掉的钱。"等待由贫变富的过程需要耐心。布鲁斯•柯凡纳:"野心太大的交易员最后总会把交易弄砸,而且永远无法保住所赚得的利润;曾经有一位交易员,他的聪明才识之高是我毕生仅见的,他判断市场准确无比。然而我能赚钱,他却不能。他犯的错误是野心太大。我做 1 手合约,他却要做 10 手,最后不但没有赚钱,反而亏了本。"

12. 百折不挠

杰西•利维摩尔:"投机游戏始终是世界上最充满诱惑的游戏。但是,它不是给愚蠢的人玩的,不是给懒得动脑筋的人玩的,不是给不能控制自己情绪的人玩的,也不是给想一夜暴富的冒险家玩的。如果他们要玩这种游戏,他们到死也是穷光蛋。人们应该从一开始就认识到,在股市中工作,与在法学或医学领域工作一样,同样是需要学习和准备的。很多人把我的成功归结为我的运气,这是不对的。事实是,从我 15 岁起,我就在非常认真地学习这门学问,我把自己的毕生都献给了这门学问。"布鲁斯•柯凡纳:"我从麦可•马可斯身上除了学到交易要有节制外,另一件非常重要的事是,你必须学会接受失败。失败并没有什么了不得。马可斯教我必须运用自己的判断力作出交易的决定。如果判断错误,再接再励。只要你能完全投入,一定会有成功的一天。"除非你自己认输,没有人能宣告你彻底失败。无论曾经遭遇多少次亏损,其实你只要恢复交易信心,你随时都可以东山再起。

13. 身心平衡

了解自己的价值,了解自己的优势和劣势,了解自己的极限所在。知晓自己的使命,对人生、人性有透彻的理解。不过分疲劳,不承担过量风险,不为压力和诸如忧虑之类的情绪所困,不做自己能力范围之外的事,乐天知命,知足常乐。理察•丹尼斯:"你必须保持平静,毕竟交易只是生活的一小部分而已。同时,对我来说,操作失败导致情绪受影响,会使我对日后的交易丧失信心。而只重视短利,则会忽略了大局。因此,我会尽量避免让自己因为交易失利而陷入情绪低潮。我也会在交易顺手时,以平常心待之。假如你会因为交易成功而过度高兴,那么在交易失利时,你就会益发感到失望。我从事交易已经有 20 年,若非学会了保持平静,我早就会被交易生涯中的大起大落逼疯了。交易员就像拳击手,市场随时都会对你施以一番痛击。经历了 20 年,我已习惯这些痛击了。"麦可•马可斯:"假如生活中只有交易,那简直就是一种折磨。不过假如能保持生活的平衡,交易就是一种乐趣。成功的交易员最后终会达成生活的平衡,他们都会去寻找交易以外的乐趣。如果交易员只专注于交易,最后一定会变得交易过度,或是被一时的打击弄得心神不宁。"马可·威斯坦："要知道自己的极限。每个人都有极限,即使最高明的交易员也是如此。"

如果可以再加一条的话,笔者认为是强健的体魄,身体的重要性是不言而喻的。如果没有十分强有力的身体条件,所有的欲望都是零。以"随心所欲"为例,每天是海量交易。无时无刻不在进行着超强度的交易,一天可能长达 16 个小时。对于有些人或组织而言,全天 24 小时都在交易,没有良好的身体条件就是致命的弱点。

金手指

哪几种人容易被黄金、白银等贵金属交易的魅力所吸引? 注意并不是说可以生存,这是两个完全不同的概念。

(1)没有背景,但想实现财富自由的人;

(2)没有财力,但想提高有限资金增值效率的人;

(3)已经错过各式各样的投资机会,但想把握下一次投资机会的人;

(4)想跑赢 CPI,但没有投资、投机渠道的人;

(5)白天不方便看行情,但晚上有时间的人;

(6)面对上千只股票(基金)、十几种板块、数十种概念不知如何选择股票(基金)的人;

(7)面对期货市场感到杠杆太小的人;

(8)面对外汇市场感到波动太小的人;

(9)性格中具有百折不回特质的人;

(10)追求完美的人;

(11)挑战智慧的人;

(12)具有"人定胜天"信念的人。

九、重要常识之"心态"

在黄金、白银等贵金属市场的巨大诱惑面前,交易者的心态永远是第一位的,甚至于其他的要素与之相较都显得不再重要。

下面罗列了几种交易者的心态。在笔者看来,怀揣的心态就决定了相应的结局。

(1)如果你刻意追求"一夜暴富",那么有限次的"运气"挡不住"一夜爆仓"的归宿;

(2)如果你不再寻觅"一夜暴富",而是追求"财务安全自由",那么已经"误入

险境";

（3）如果不追求"财务安全自由"，而是追求"财富保值增值"，那么已经"误入危局"；

（4）如果不追求"财富保值增值"，而是追求"少许有些赢利"，那么已经"误入愁城"；

（5）如果不追求"少许有些赢利"，而是追求"至少保本不亏"，那么已经"误入歧途"；

（6）如果不追求"至少保本不亏"，而是追求"不要巨额亏损"，那么已经"误入误区"。

唯"乐（日）善好施"之人，行"走（周）马观花"之道，怀揣"到此一（月）游"的放松心态，利润才会"联（年）袂而至"。如感觉交易是轻松、自由、快乐的行为，才具备了赢家的心态。

如果表面上看，什么要求、预期都没有，但内心深处仍然想着获利，那么身体中必定隐藏着一个魔鬼。它必定驱策交易者在错误的时机、位置、方向，作出错误的判断。穷尽数年光阴找到的交易模式只有寥寥数笔，很不好受，心中有一个魔鬼；看到交易新手更能赢利，怒气难平，心中有一个魔鬼；大量的交易机会被白白放弃的时候，很不消停，心中有一个魔鬼；眼见他人赚的很多而自己却收获甚微，五味杂陈，心中有一个魔鬼；看到比你笨的人都可以赚钱而自己却在亏损，寝食难安，心中有一个魔鬼……

要真正在内心深处告诉自己：可以有安全指标、获利指标、长期指标、利润率指标等，但对此从不奢望。一年只交易、仅把握住了一次大级别的交易机会又何妨?! "真正做到内心的平和"，就是对于没有把握到的机会，全当市场根本就没有出现过。此种境界，谁也伤害不了你! 对于交易者而言，不亏或少亏损，从长期来看已经超过大多数（90%）人。最后的胜利是属于长跑冠军的。

现在，笔者深信交易是一场超级马拉松比赛。只要还在交易，那么这场马拉松比赛就没有终点。所有的快速成长都是有风险的，都会付出极大的代价。一时的胜利不代表什么，一时的亏损也不代表什么。如果交易者可以做到"基于安全模式＋长期＋稳定"地获利，那就是芸芸众生中的极品。

相信代价，因为少了今后爆仓的概率；

相信过去的付出，因为有了直觉，会让你看到机会与风险（君子不立危墙之下）；

相信千锤百炼的后天获得性，它必使你拥有常人所不具备的秉赋。

十、重要常识之"耐心、定性与定力,成为交易高手需要多少时间"

　　黄金、白银等贵金属交易市场中,除了那些已经达到"随心所欲"阶段的人士之外,都需要极强的耐心、定性与定力。如果视野仅限于小级别行情,必定会亏损,因为盈余的那一点利润远远达不到所承担的风险与各种手续费用的综合成本;只有专注于中级别或大级别的行情,才有可能使得盈亏比达到3∶1或者更高。对于大多数的一般投机者而言,每天进行一次交易已经相当频繁。交易高手都具有超强的耐心与隐而不发的定性与定力,就像一只在丛林中等待了数日的猎豹,或者是一条饿了良久的蛇,在静静地等待属于它们的机会,一击而中。只有在市场的主要信号发出和谐共振的情况下,才放手出击。交易高手的眼中,没有小的波动,即完全放弃小级别的交易机会,且做中级别的行情只是为了交易而做交易,在他们的眼中只有大级别的交易机会,并长线持有。

　　没有人指导;从黄金、白银等贵金属市场的最基本概念入手去研究;然后加以整理;否定之否定,经历前述阶段,一般来说,需要相当的时间。虽然因人而异,但笔者认为两年的时间是断不能再少了,即使用3年的时间达到"闲云野鹤"的标准,也极为不易!

　　用6个月的时间了解这一市场;用6个月的时间建立各种交易方式;用6个月的时间加以比对各种交易方式的安全性、利润率、长期性、交易机会的多少、是否适合自己的个性与时间,并选择其中的一种或几种作为自己的交易方式;再用6个月经历因受不了其他方式的诱惑做成"四不像"而导致爆仓、快速爆仓(笔者最快的一次10分钟爆仓)、反复爆仓(笔者曾一天内两次爆仓);再用一年坚持仅用一种方法,眼睁睁地看着大量非本人交易系统的交易机会从眼前白白流过却能视若不见,那你就是赢家。兵法中的"我不动",意在防止为敌人所调动。坐怀不乱即人性的历练。现在笔者的眼中,已经将其他的交易机会看成是对自身交易体系的伤害,是一种主动性的回避,早已不是历练。三年过去,最后你会发现赚钱原本真的十分简单!

十一、重要常识之"资金的安排"

　　黄金、白银等贵金属市场所需要的起始资金量并不大,尤其在实盘刚开始的时候。当然香港盘与内地盘由于杠杆率的不同,也有相当大的差异。香港盘5 000元,内地盘20 000元,就可以起步。笔者实盘的初始资金量为10 000元[每次进场:最小的合约单位、最少的手数、较大的留成保证金比例——在杠杆高达100倍(香港盘)或以上时,笔者实盘的保证金率没有低过 2 000%。]

贵金属市场的参与,不在乎钱的多寡,最终取决于自身交易系统本身的优劣且严格自律的执行。没有人是"天赋的神",但后天可以凭借自身的努力达到"你就是神的化身,天人合一"的境界。这就是和美努力的方向。

对于初始资金量与积存资金量的安排有以下几个原则:其一,不是生活资金;其二,有它无它不影响人生的各种其他规划;其三,赢利的一半退出市场。这样,既可以保证本金越来越多,也可以保证事实上的收益性,从而达到真正意义上的落袋为安。

十二、重要常识之"合约到期日"

(一)香港盘

与国际通行的情况一致,如果不进行实物黄金与白银的交割,那么合约没有到期日,理论上可以无限期地持有头寸。这样有利于操作,简单又方便。不过有"仓息"费用,按天收取,且法定休息日、所有的节假日也正常收取;并且是双向收取,即多头与空头的头寸均要收取仓息。如果投机者的交易方式只考虑日内交易,那么无此问题;如果专注于中线交易或长线交易,那么就要考虑隔夜的成本,从长期来看,此成本将占本金相当高的比例!

从笔者的经验来看,单笔持仓在 3 个月之内的投机者,我国香港盘是可以考虑的;单笔持仓在 3 个月之上的投资者,建议转入我国内地的实物黄金、白银等贵金属市场的投资。

(二)内地盘

1. 现货交易

目前,国内上海黄金交易所的主要贵金属包括黄金、白银、铂金三种,共有现货即期交易、延期交收交易和远期交易等 12 个挂牌交易品种。其交割日可视为合约到期日。其中,黄金、铂金现货即期交易合约到期日为 T+0;黄金、白银现货远期交易的合约到期日分别为 T+5、T+2,而黄金、白银的现货延期交收交易无固定到期日。详见表1-2。

表 1-2　　　　　　　　　　上海黄金交易品种合约交割日一览表

合约代码	Au50、Au100、Au99.95、Au99.99	Pr99.95	Ag99.9	Ag99.99	Au(T+5)	Au(T+D)	Ag(T+D)	Au(T+N1)Au(T+N2)
合约类型	现货即期	现货即期	现货远期	现货远期	现货远期	现货延期	现货延期	现货延期
交割日	T+0	T+0	T+2	T+2	T+5	无固定交割日		

现货延期交收业务也称递延业务,是指采用保证金方式进行双向买卖,交易者可以选择合约交易日当天交割,也可以延期交割,同时引入延期补偿费机制来平抑供求矛盾的一种现货交易模式。当市场现货黄金需求较大时,收取黄金的买家可以向要求延期交出的黄金卖家收取延期费用作为补偿(称为延期补偿费),即由卖家支付仓费,买家收取仓费,反之亦然。

2. 期货交易

黄金期货合约有 1~12 个月的 12 个品种,合约到期日(交割日期)为每个月最后交易日后连续五个交易日。

3. 账户交易

目前各大商业银行开展的个人账户贵金属买卖业务均没有合约到期日,只要是在可交易日内,都可以实现 T+0 交易。

十三、重要常识之"交易的时间"

(一)我国香港贵金属市场

1. 一个交易日如何确认——香港(HONGKONG)

由于香港不同经纪公司的"日结算时间"会有所差异,因此,投资者或投机者对于所在的不同交易平台要确定相应的交易日结算时间。具体可以咨询对方的工作人员。

下面以某香港经纪公司"一周交易日"中"时间段的划分"(见表 1-3)为例说明。

表 1-3   交易日结算时间示例

周一	周一上午 8：00～ 周二凌晨 3：29 为周一的一个交易日
周二	周二凌晨 3：30～ 周三凌晨 3：29 为周二的一个交易日
周三	周三凌晨 3：30～ 周四凌晨 3：29 为周三的一个交易日
周四	周四凌晨 3：30～ 周五凌晨 3：29 为周四的一个交易日
周五	周五凌晨 3：30～ 周六凌晨 3：29 为周五的一个交易日
周六	周六凌晨 3：30～4：00 结算时间，4：00～ 其后休市
周日	全天休市（直到周一上午 8：00）

2. 国际节假日——休市

只要注意经纪公司的短信提示或网页上的公告即可。

3. 时间——香港时间与北京时间一致

可以理解为香港时间是以北京时间为准（格林威治时间 +8 小时，因为二者所在的是同一个时区，还有一个因素是同属一个国家）。

4. 冬令时与夏令时——没有调整

即交易时间（含日结算时间）不变，可以方便操作。

非交易时段的风险（当然还有其他各类系统与非系统风险）：由于全球是 24 小时连续交易，各地、各经纪公司、各代理商都有一个不同的休市时间。休市期间投资或投机者所设置的"自动止损单、自动止赢单、挂单、对冲单等"均无效，国际主流交易软件 MT4 中的所有功能只在交易时段有效，即周一上午 8：00 至周六凌晨 3：29 有效，而周六凌晨 3：30 至周一上午 8：00 无效（以此经纪公司为例）。

特别要注意的是，经纪公司一般来说没有风险（极端情况下除外），也不承担风险。在非交易时段所发生的客户账户的爆仓风险（保证金的比例低于经纪公司的要求），经纪公司对于交易者的此类持仓将会在国际市场上强行平仓，且没有事先通知客户的义务。

投资者与投机者的对策：要从根本上回避这一问题，在休市之前要尽可能地平仓、减仓，不再增加新的多头与空头的头寸。

（二）我国内地贵金属市场

1. 上海黄金交易所

（1）上海黄金交易所的各类挂牌品种的交易时间为每周一至周五开市，国家法定节假日除外，如有变动以交易所公布的时间为准。

（2）具体交易时间如下：

周一：

08：50～11：30

13：30～15：30

周二～周五：

20：50～02：30

09：00～11：30

13：30～15：30

其中,夜市交易时间为周一晚上到周四晚上20：50开始集合竞价,交易开盘10分钟集合竞价时间形成周二至周五的开盘价格;周一集合竞价时间为当日8：50开始的10分钟。在周二到周五期间的交易分为三场,分别为前一日持续到当日凌晨的夜市当日的上午场和下午场。目前,周五晚上没有夜市。

延期交收交易的中立仓申报时间为：15：31～15：40。

2.上海期货交易所

（1）上海期货交易所黄金品种的交易时间为每周一至周五,国家法定节假日除外,如有变动以期交所公布的时间为准。

（2）具体交易时间如下：周一至周五：09：00～11：30　　13：30～15：00

3.各大商业银行

（1）代理黄金买卖业务

与上海黄金交易所的开市时间相同。

（2）自营业务

个人账户贵金属买卖业务为：周一上午7：00至周六的凌晨4：00,期间24小时不间断交易。个人实物贵金属积存业务为：由各家商业银行自定,详细咨询当地银行。

特别要注意的是,上述商业银行一般来说没有风险(极端情况下除外),也不承担风险。在非交易时段所发生的客户账户的爆仓风险,商业银行对于交易者的此类持仓可以在国际市场上强行平仓。

投资者与投机者的对策：要从根本上回避这一问题,在休市之前要尽可能地平仓、减仓,不再增加新的多头与空头的头寸。

现在内地贵金属市场分为连续24小时与不连续间断式交易两种,参与者一定要注意此类风险。

（三）主要的交易时间段

主要的交易时间段见表1-4（以北京时间为准）。

表1-4　全球24小时连续交易时间分布表（开市与收市时间表）

惠灵顿	9:00~17:00
悉尼	9:00~17:00
东京	9:00~15:30
新加坡	9:00~16:00
法兰克福	8:30~17:30
伦敦	8:30~17:30
纽约	9:00~16:00
北京时间	4 5 6 7 8 9 10 11 12 13 14 15 16 17 18 19 20 21 22 23 24 1 2 3 4

1. 凌晨4:00~午后14:00：行情较为平淡

亚洲主导时间段。亚洲整体经济情况不如欧美，且贵金属市场主要由欧美所垄断，因此价格震荡幅度较小，调整行情居多，没有明显价格趋势。例如，某晚价格走强，此段时间的价格走势以小幅震荡下跌为基调。

2. 午后14:00~晚间20:00：行情波动较大

欧洲主导时间段，欧洲上午盘，美洲市场开盘前夕。资金量、参与人数增多，随着欧洲各国政治、经济、贸易、就业等相关政策、数据的公布，价格的趋势性明显增强。

3. 晚间20:00~子夜24:00：行情波动剧烈

美洲主导时间段，其他主要市场协同，最主要的交易时间。欧洲下午盘、美洲市场上午盘叠加，同时也是亚洲地区适宜参与的时间，随着美洲各国相关政治、经济、贸易、就业等相关政策、数据的公布，行情波动剧烈，资金量、参与人数最多。价格趋势明显，并且对未来的价格走势产生重要影响。

4. 子夜24:00~凌晨4:00 行情较为平淡

美洲主导时间段，美洲下午盘。由于价格趋势已经形成，再加上欧洲步入晚间，亚洲进入凌晨，短线参与的资金量与人数均大为减少，此段时间的价格走势多为对前期行情的确认、获利回吐所形成的技术调整。

国内贵金属市场的投资者或投机者拥有别的时区所不能比拟的时间区位优势，可以充分利用北京时间晚间20:00~24:00（自由支配时间）这个价格最大波动时间段，在不影响本职工作的前提下参与贵金属市场的交易。

不过,在笔者看来,随着亚洲经济的兴起,贵金属交易在亚洲盘面时间(即以北京时间为准:上午 8:00～下午 18:00)也会愈来愈活跃。全天连续交易的 24 小时之中,只有北京时间凌晨 3:00～上午 8:00 的行情较为平淡。

十四、重要常识之"交易的品种"

目前,贵金属交易的品种按投资者与投机者参与交易场所的不同来区分。

(一)香港盘

交易的品种为黄金、白银,简单而明确。

(二)内地盘

交易的品种为黄金、白银、铂金及钯金等(其他品种仍在进一步开发中)。

1. 上海黄金交易所

上海黄金交易所现货交易的品种有黄金、白银、铂金三类,包括现货即期交易、延期交收交易和远期交易等 12 个挂牌交易品种,见表 1-5。

表 1-5 上海黄金交易所交易类型、品种一览表

交易类型	现货即期		现货远期			现货延期		
交易品种	Au50 Au100 Au99.95 Au99.99	Pr99.95	Ag99.99	Ag99.9	Au(T+5)	Au(T+D)	Ag(T+D)	Au(T+N1) Au(T+N2)

2. 上海期货交易所

上海期货交易所的期货交易品种目前有黄金、白银,期货合约皆有 1～12 个月的 12 个交易合约品种。

3. 商业银行

商业银行的交易品种较为丰富,分为账户贵金属、实物贵金属、代理实物贵金属交易三大类。每一类又有多种交易品种。投资者可根据自身经济状况、风险承受能力、交易偏好去选择适合的产品。

(1)账户贵金属交易。也称纸黄金,是现代投资与投机者炒金的主要形式。按照贵金属的种类分,有黄金、白银、铂金、钯金;按照交易币种分,账户贵金属可包括人民币账

户贵金属、美元账户贵金属,两类账户相互独立,不能转换。账户贵金属交易在我国国内已有个别商业银行开通双向交易。

（2）实物贵金属交易。目前,多家商业银行都有自身的品牌实物黄金。投资者在购买品牌实物金后可以长期投资收藏,也可以在适当的时候提取现金。目前已有部分商业银行开办了赎回业务。还有一种"积存金"业务。它参考了国际流行的黄金积存理念,可以做到黄金累积、用时兑金;日均价格、平抑波动;交易自主、灵活多变。客户可以主动积存、赎回、兑换提金、定期协议(修改或终止),充分享有产品自主权;产品赎回便捷快速;产品可挂勾兑换银行各类品牌贵金属以及代销类贵金属制品;实物兑换品种丰富。

（3）代理实物贵金属交易。截止 2010 年 3 月,上海黄金交易所的会员中,有 26 家国内金融类会员、8 家外资金融类会员、129 家综合会员可以代理上海黄金交易所的实物贵金属业务。目前已有多家商业银行开办了代理实物贵金属交易。商业银行普遍代理的贵金属业务有:现货交易包括 Au99.99、Au100 和 Au99.95 三个合约品种;现货延期交收业务有 Au(T+D) 和 Ag(T+D) 两个合约品种。

十五、重要常识之"保证金与杠杆率"

保证金是指在延期、期货交易中,任何交易者必须按照其所买卖延期合约价值的一定比例缴纳保证金,用于结算和履约保证。

杠杆率是指所买卖合约总价值与保证金数量的即时比率,用于提高资金的利用率与撮合成交(使得普通投资人与投机者也可以参与大宗商品的交易),增加市场的流动性,达到价格发现的目的。计算公式为:

$$杠杆率 = \frac{合约的即时总价值}{保证金数量}$$

（一）香港盘

下面以香港某经纪公司为例,说明黄金、白银两个品种的保证金数量与杠杆率,见表1-6。

表1-6 　　　　　　　　某公司黄金、白银的保证金数量与杠杆率

品种（数量1手）	保证金数量	杠杆率（现价：金1 600美元/盎司，银30美元/盎司）
黄金（1手100盎司）	1 000美元	1 600美元/盎司×100盎司/1 000美元=160倍
白银（1手5 000盎司）	650美元	30美元/盎司×5 000盎司/650美元=230倍

注意事项之一：现阶段有两种保证金与杠杆率的处理方式。

其一，固定保证金数量（浮动杠杆）。其好处在于每笔交易的保证金数量不变，以利于交易者的操作；劣势在于从表1-6可以看出浮动杠杆（按现价计算）已经达到远大于100倍的程度，随着黄金与白银价格的快速上涨，其浮动杠杆有可能达到惊人的数百倍。针对此种情况的出现，经纪公司要么提高保证金的数量以降低浮动杠杆率，要么交易者自身注意控制风险。

其二，固定杠杆率（浮动保证金数量）。其好处在于风险可控；劣势在于每笔交易的保证金数量都不相同，这对交易者来说有诸多不便。

注意事项之二：香港盘一般采用的是前一种方式，也是现行国际通行的做法。

注意事项之三：香港盘界面中显示的单位——美元/盎司。

注意事项之四：其他交易单位的保证金数量按比例放大或缩小，杠杆率不变。交易单位的换算如表1-7所示。

表1-7　　　　　　　　　　　交易单位换算示例

品种	标准交易单位	最小交易单位
黄金	1手=100盎司	0.05手=5盎司
白银	1手=5 000盎司	0.05手=250盎司

注意事项之五：总的保证金数量=1手保证金的数量 × 手数。

如交易黄金品种为0.05手，数量为2，那么占用的总保证金为：$50 \times 2 = 100$（美元）（以此经纪公司为例）。

如交易白银品种为0.05手，数量为2，那么占用的总保证金为：$32.5 \times 2 = 65$（美元）（以此经纪公司为例）。

注意事项之六：交易品种的选择——黄金还是白银？

其一，从可建仓数量来判断，保证金数量占用程度越少越好（当然风险也越大）。以相同的手数（如1手）来看，黄金（1 000美元/1手）占用的保证金数量接近于白银（650美元/1手）的两倍，当然是参与白银品种的交易。

其二，从香港不同的经纪公司保证金占用标准来判断。

其三，从个人偏好的角度来判断。

其四，从不同品种价格波动幅度的角度来判断。

其五，从手续费用的标准来判断。

其六，从风险嗜好者的角度来判断。最后进行综合权衡。

注意事项之七：双向持仓只占用单边保证金，为资金的更高利用率打开了方便之门。

比如,同时持有 5 手多头、5 手空头的头寸,只占用 5 手的保证金数量;再如,同时持有 6 手多头、5 手空头的头寸,只占用 6 手的保证金数量。

注意事项之八:无涨跌停板的限制(国际通行)。对于此类风险的控制,可以通过技术手段加以处理,后文将会对此加以说明。

(二)内地盘

一般采用的是固定杠杆率(浮动保证金数量)。优势在于风险可控;劣势在于每笔交易的保证金数量都不同,对于交易者有诸多不便。由于国内(内地)的杠杆率事先确定,随着期价(价格)的改变,所占用的保证金数量也会发生改变。这样就出现了一种可能性(如果是小额资金,则更容易出现),已有持仓的头寸即使在对锁的情况下,可用数量(资金)也可能发生改变,即仍然有爆仓的风险。

1. 商业银行

商业银行所代理的上海黄金交易所的贵金属现货延期业务的杠杆率是 5 倍(保证金比例为 20%,每笔交易的保证金具体数量会随着价格变动而改变)。由于其实行"集中、净额、直接"的资金清算原则和每日无负债结算制度,每日保证金余额低于 20% 但高于 15%(保证金最低余额)时,系统将向客户手机发送预警信息;当保证金最低余额低于 15% 时,客户应追加资金,追加资金需在下一个交易日开市前补足不低于 20% 保证金的最低余额。未补足的,若保证金余额低于最低金额,禁止开新仓,并强行平仓,以补足保证金。

贵金属现货延期业务的保证金比例并非固定不变,上海黄金交易所根据贵金属市场的剧烈波动(达到涨、跌停板)或因国内长假的来临会调整相应的保证金比例,以控制风险。

2. 期货交易所

目前我国黄金期货交易的杠杆率是 8 倍(保证金比例为 12.5%),由于黄金期货采用双边交易,且有持仓时间限制,随着交割月份的临近,对投资者已有持仓所占用的保证金比例会不断增加。

3. 其他经纪公司(代理公司)

杠杆的比率可以由交易者自行选择,如 1%(放大 100 倍)、2%(放大 50 倍)、20%(放大 5 倍)、100%(相当于现货)。一旦确定,就不能改变。如果需要重新设定,处理的方式就是换一个账号重新设定杠杆率。

内地盘的注意事项有以下四点:

其一,从实际操作的情况来看,固定杠杆率(浮动保证金数量)的操作极为不便。

其二,对于有交割期的合约,接近交割月,杠杆率会下降(占用保证金数量的水平会上升)。即使价格运行在合理的波动范围内,也有爆仓的风险。

其三,双向占用全部双边总手数的保证金数量。比如5手多头、4手空头头寸,合计占用9手的保证金数量,此种交易制度的设计对于交易者来说极为不便。笔者的感受是内地的交易制度只适合于投资,并不适合于投机者进行套利交易。

其四,有涨跌停板的限制。

十六、重要常识之"费用及几种交易平台的比较"

(一)香港盘

下面以香港某经纪公司为例说明黄金、白银这两个品种所有费用的构成情况。

1. 点差

客户交易时的买入价与卖出价两者之间的差价称为点差。某经纪公司的黄金、白银的点差如表1-8所示。

表1-8	某经纪公司黄金、白银的点差
黄金交易标准点差:0.5美元	1手(100盎司)的标准点差为:0.5×100＝50(美元)
白银交易标准点差:0.04美元	1手(5 000盎司)的标准点差为:0.04×5 000＝200(美元)

标准点差费用的计算方式为:

$$标准点差费用 = 标准点差 × 合约单位 × 手数$$

表1-8中,黄金标准点差是0.5美元,合约单位是100盎司,交易5手,则标准点差费的计算如下:

0.5美元 × 合约单位100盎司 × 5手＝250美元

白银标准点差是0.04美元,合约单位是5 000盎司,交易5手,则标准点差费的计算如下:

0.04美元 × 合约单位5 000盎司 × 5手＝1 000美元

注意事项之一:只在建仓时单向收取点差费用,平仓时不收取点差的费用。即多头开仓后多头平仓时收多开的点差,而空头开仓后空头平仓时收空开的点差。

注意事项之二:点差的标准按比例放大或缩小。

黄金——1手(标准合约单位)点差为50美元,0.05手(最小合约单位)点差为2.5美元。

白银——1手（标准合约单位）点差为 200 美元，0.05 手（最小合约单位）点差为 10 美元。

注意事项之三：不同的香港经纪公司会有相应的点差优惠。以上述某经纪公司为例，说明如下：

1 手黄金点差费用是 50 美元，优惠 8 美元，优惠后的点差费用是 42 美元/1 手；

1 手白银点差费用是 200 美元，优惠 10 美元，优惠后的点差费用是 190 美元/1 手。

注意事项之四：点差有可能因市场的剧烈变化而随时改变。

注意事项之五：点差优惠返还。以上述某经纪公司为例，在交易时，系统会照常扣取标准点差，每个周末会将获得点差优惠的相应金额返回至客户的交易账户中，客户可以选择取款或继续用于投资交易。

2. 佣金

大多数香港经纪公司不收取佣金，但也有少数例外。不过，在日趋激烈的客户争夺战中，零佣金标准在香港地区已成为主流。

国际上通行的佣金标准是 1 手黄金（100 盎司）50 美元，而 1 手白银（5 000 盎司）尚无相对统一的标准，不过也接近于 50 美元。

3. 利息（仓息、过夜费、隔夜手续费用）

只要当日建仓并未平仓，香港经纪公司均要收取隔夜手续费用。表 1-9 是通行的标准。

表 1-9 买入和卖出建仓利息费用的通行标准

买入建仓	年利率 1.25%（当天收市价 × 合约单位 × 手数 × 利率 × 1/360）× 天数
卖出建仓	年利率 0.75%（当天收市价 × 合约单位 × 手数 × 利率 × 1/360）× 天数

举例说明如下：

在交易平台中买入黄金建仓 1 手，当天的收市价为 1 200.00 美元/盎司，过夜一天，利息为 4.17 美元。计算方式为：

收市价 1 200.00 美元/盎司 × 合约单位 100 盎司 × 手数 1 手 × 利率 1.25% × 1/360 × 天数 1 天 = 4.166 6 美元

在交易平台中卖出黄金建仓 1 手，当天的收市价为 1 300.00 美元/盎司，过夜一天，利息为 2.71 美元。计算方式为：

收市价 1 300.00 美元/盎司 × 合约单位 100 盎司 × 手数 1 手 × 利率 0.75% × 1/360 × 天数 1 天 = 2.708 3 美元

注意事项之一：收市价是指"天结算日收市的卖出价格"。对于此经纪公司而言，是指每日凌晨 3：29 分平台显示的黄金与白银的卖出价格。

注意事项之二：不分多头、空头的头寸方向，即多头与空头只要建立仓单，均要收取隔夜手续费用。

注意事项之三：此隔夜手续费用不分品种，即黄金与白银收取相同的隔夜手续费用标准（利率）。

注意事项之四：不同的香港经纪公司对于隔夜手续费用的标准会有所差别，即使是同一个公司，其内部对于不同等级的客户也会有所区别。

注意事项之五：对于隔夜手续费用来说，境内内地的情况有很大的不同。境内内地商业银行的隔夜手续费用在多头与空头之间进行留转，从长期来看，此项费用大体接近于平衡。还有的国内代理经纪公司只收取多头的隔夜手续费用，而不收取空头的隔夜手续费用。

（二）内地盘各种交易方式费用的比较

1. 国内现货延期交易

（1）开户手续费：60 元 / 户。

（2）金交所交易手续费：合约成交金额的 0.025%。其计算公式为：

$$交易手续费用 = 成交价格 × 合约数（千克）× 费率$$

例：某会员某日在上海黄金交易所交易平台以 350 元 / 克买入 Au（T+D）多头 5 千克，当日以 352 元 / 克卖出 3 千克。则：

交易手续费用 = 350 × 5 000 × 0.025% + 352 × 3 000 × 0.025% = 701.50（元）

注意：与香港盘在交易手续费的收取上不同，内地交易是按单笔成交交易金额来收取的。

（3）银行交易手续费：黄金延期业务的标准费率按照合约成交金额的万分之十五，白银延期业务的标准费率按照合约成交金额的万分之十八收取，有的商业银行会根据客户的星级给予不同的优惠级别，具体细则由各家商业银行制定。

例：某客户于某日在某商业银行交易平台以 350 元 / 克买入 Au（T+D）多头 1 千克，以 352 元 / 克卖出平仓 1 千克，该银行交易手续费率为 0.15%。则：

交易手续费 = 350 × 1 000 × 0.15% + 352 × 1 000 × 0.15% = 1 053（元）

注意：由于商业银行是代理金交所的现货延期交收业务，因此，计算此类业务手续费时，费用已包含金交所和银行两部分。

（4）递延费：也称延期交易补偿费。当投资者选择不在合约当天交割,发生延期交割,也就产生了递延费。递延费按合约金额的一定比例收取。延期补偿率 Au（T+D）为 0.02%/ 天,Ag（T+D）为 0.025%/ 天,Au（T+N）为每月 1%。

注意：递延费不一定是投资者支出,有时反而是收入,具体由交货（卖交割）、收货（买交割）的申报量比而定。

当交货申报量小于收货申报量时,空头持仓要向多头持仓支付延期费；当交货申报量大于收货申报量时,多头持仓要向空头持仓支付延期费；当交货申报量等于收货申报量时,则无延期费收付。

对于 Au（T+N1）和 Au（T+N2）品种,其递延费计算和支付分别在每个单双月份的最后一个交易日进行。其计算公式为：

$$延期补偿费 = 延期交易持仓 \times 当日结算价 \times 延期补偿费率$$

例：某日 Au（T+D）多头收货申报为 5 千克,空头交货 10 千克,当日结算价为 320 元 / 克,则延期补偿费方向为多头支付空头。支付者是当日持有合约多头且未申报交割的会员或客户,支付对象是当日持有合约空头未交割成功的会员或客户。则：

$$延期补偿费 = 5\,000 \times 320 \times 0.02\% = 320（元）$$

（5）出入库费和运保费：涉及黄金实物交割的,需要办理相应的出入库手续,由此会产生相应的出入库费用和运保费。黄金和白银的出入库费用分别为 2 元 / 每千克和 0.09 元 / 每千克。黄金的运保费 70 元 / 每千克,铂金和白银暂不收取运保费。

（6）仓储费：暂免。

2. 国内期货交易

交易手续费按成交金额的万分之二收取。

注意：不同经纪公司的手续费用标准会有所差别,交易者可以向对方的工作人员咨询。

3. 国内账户贵金属交易

账户黄金交易也称"纸黄金"交易,投资者的买卖交易记录只在个人预先开立的"黄金存折账户"上体现,不能进行实物金的提取,因此没有开户费、交易手续费,无储藏、运输、鉴定等任何费用。

商业银行账户贵金属业务虽没有任何费用,但它是通过银行挂牌的买卖差价来体现的,具体内容将在后面的章节详细介绍。

十七、重要常识之"合约的构成及如何计算"

(一)香港盘

以香港某经纪公司为例说明黄金、白银这两个品种的合约构成及损益平衡计算。

1. 现货黄金、白银交易盈亏的计算

多头计算公式为：

盈亏 =（平仓价格 – 买进价格）× 合约单位值 × 合约数量 –（点差 + 佣金 + 利息）

空头计算公式为：

盈亏 =（买进价格 – 平仓价格）× 合约单位值 × 合约数量 –（点差 + 佣金 + 利息）

举例说明如下：

【例一】假设每盎司黄金多头建仓价 1 200 美元,平仓价 1 203 美元,0.05 手的黄金品种,2 手,持仓 4 天(并假定持仓即为过夜 4 天,每天的收盘卖出价均为 1 201 美元)。则：

账面浮盈 =（1 203 美元 / 盎司 – 1 200 美元 / 盎司）×（0.05 × 100 盎司 / 手）
　　　　　× 2 手 = 30 美元

点差费用 =（0.5 美元 / 盎司）×（0.05 × 100 盎司 / 手）× 2 手 = 5 美元

佣金 = 0 美元

利息 = 1 201 美元 / 盎司 ×（0.05 × 100 盎司 / 手）× 2 手 × 1.25% / 年
　　　× 1 年 /360 天 × 4 天

　　　= 1.668 美元

盈利 = 30 –（5 + 0 + 1.67）= 23.33（美元）

【例二】假设每盎司黄金多头建仓价 1 203 美元,平仓价 1 200 美元,0.05 手的黄金品种,2 手,持仓 4 天(并且假定持仓即为过夜 4 天,每天的收盘卖出价均为 1 201 美元)。则：

账面浮亏 =（1 200 美元 / 盎司 –1 203 美元 / 盎司）×（0.05 × 100 盎司 / 手）× 2 手
　　　　　= –30 美元

点差费用 =（0.5 美元 / 盎司）×（0.05 × 100 盎司 / 手）× 2 手 = 5 美元

佣金 =0 美元

利息 =1 201 美元 / 盎司 ×（0.05 × 100 盎司 / 手）× 2 手 × 1.25% / 年
　　　× 1 年 /360 天 × 4 天 = 1.668 美元

亏损 =（–30）–（5 + 0 + 1.67）= –36.67（美元）

【例三】假设每盎司白银空头建仓价 16.3 美元,平仓价 16.0 美元,0.05 手的白银品

种,2手,持仓4天(并假定持仓即为过夜4天,每天的收盘卖出价均为16.1美元)。则:

账面浮盈 = (16.3美元/盎司 – 16.0美元/盎司) × (0.05 × 5 000盎司/手) × 2手
= 150美元

点差费用 = (0.04美元/盎司) × (0.05 × 5 000盎司/手) × 2手 = 20美元

佣金 = 0美元

利息 = 16.1美元/盎司 × (0.05 × 5 000盎司/手) × 2手 × 0.75%/年
× 1年/360天 × 4天
= 0.670美元

盈利 = 150–(20 + 0 + 0.67) = 129.33(美元)

【例四】假设每盎司白银空头建仓价16.0美元,平仓价16.3美元,0.05手的白银品种,2手,持仓4天(并假定持仓即为过夜4天,每天的收盘卖出价均为16.1美元)。则:

账面浮亏 = (16.0美元/盎司 – 16.3美元/盎司) × (0.05 × 5 000盎司/手) × 2手
= –150美元

点差费用 = (0.04美元/盎司) × (0.05 × 5 000盎司/手) × 2手 = 20美元

佣金 = 0美元

利息 = 16.1美元/盎司 × (0.05 × 5 000盎司/手) × 2手 × 0.75%/年
× 1年/360天 × 4天
= 0.670美元

亏损 = (–150)–(20 + 0 + 0.67) = –170.67(美元)

注意事项之一:交易者对于上述计算可能会感到过于复杂。其实在交易软件界面,所有费用的即时数值均有提示,一目了然。作为专业投资者与投机人对于各项费用的构成均需了然于胸。

注意事项之二:常用黄金、白银的手数(数量)与盎司(重量、合约单位值)换算表(见表1–10)。

表1–10 　　　　　常用黄金、白银的手数(数量)与盎司(重量、合约单位值)换算表

黄金	盎司(合约单位值)	白银	盎司(合约单位值)
1手	100盎司	1手	5 000盎司
0.1手	10盎司	0.1手	500盎司
0.05手	5盎司	0.05手	250盎司

注意事项之三:交易软件中显示的价格均为"美元/盎司"。

注意事项之四：公式中没有考虑到"点差的优惠"。如果存在点差的优惠，那么实际盈利还要多些，亏损还要少些。

注意事项之五：公式中存在不合理因素。譬如，利息中的天数应当为365天，而不是经纪公司常用的360天；"收市价"应当使用收市时的"卖出价"与"买入价"的算术平均值或加权平均值，而不应当使用经纪公司常用的"收市时的卖出价"。从长期来看，这两项利润将对经纪公司的利润率有相当大的贡献。

注意事项之六：大致计算一下经纪公司的毛利润。其计算公式为：

$$毛利 = （客户存款的利息 + "交易手续费用" + 佣金 + 隔夜手续费用）$$
$$- （经纪公司的各项费用）$$

特别需要注意的是：此类经纪公司不要门面，只需几间房间、几个咨询人员和一台大型的服务器（交易平台）即可。依笔者一人日平均交易量100手白银来计算，一年按220个交易日来看，仅"交易手续费用"就接近2 772万元人民币。

注：[100手/天 ×200美元/手 ×220天/年 =4 400 000美元/年≈440万美元/年≈2 772万人民币/年（人民币：美元按6.3：1计算）]。

2. 损益平衡点

不考虑隔夜费用（利息、仓息、过夜费用），因为此费用总体相对较少，如表1-11所示。

表1-11　　　　　　　　　　黄金、白银的损益平衡点

黄金的最小变动价位0.05美元/盎司	0.5美元/盎司的点差相当于10个最小变动价位
白银的最小变动价位0.01美元/盎司	0.04美元/盎司的点差相当于4个最小变动价位

注意事项之一：日内交易者没有隔夜的费用。

注意事项之二：日间交易者如果短期持有，那么隔夜费用的影响不大；但对于中长线投资者而言，隔夜费用就是一个重要的投资成本；对于超长线投资者而言，建议转回内地，利用小杠杆或无杠杆实物贵金属等投资方式更加适宜。

👆金手指

关于"强行平仓"

保证金水平与交易账户中的占用保证金数量和净值有关。计算公式为：

$$保证金水平 = 净值 ÷ 占用保证金数量$$

订单出现亏损时，保证金水平就会下降。

比如,交易账户中的净值(净值=初始资金+交易盈余-交易亏损)为2 000美元,使用1 000美元作为保证金建立黄金多头1手的头寸。如果黄金价格下跌,此订单出现亏损,那么当剩余净值(此时,净值=2 000美元-账面浮亏金额)为300美元时,保证金比例(保证金水平)将会达到30%,即:300美元/1 000美元=0.3=30%。

当交易账户的保证金水平"达到或低于"经纪公司规定的最低水平时(假设此经纪公司规定的保证金最低水平为30%),交易平台会依照订单亏损最多的持仓进行强行平仓,直到保证金水平高于30%。

注意事项之一:不同经纪公司规定的强行平仓保证金水平(最低保证金水平)并不完全一致。具体可以咨询对方的工作人员。

注意事项之二:在交易平台的下端有保证金提示窗口显示,上面很清楚地标明现有积存保证金的水平,客户不必自己计算。

注意事项之三:强行平仓是看总体的资金水平,与已有持仓的亏损无关。即:哪怕已有持仓亏损累累,只要总体保证金水平仍然在最低保证金水平之上,就不会出现被强行平仓的可能性。

注意事项之四:保证金的比例接近于规定的最低数值时,经纪公司并无相应提示的责任(内地盘有手机提示的功能)。也就是说,少量资金进场交易,足额留成才是长久取胜之道。

注意事项之五:当市价波动正常时,交易系统可以在保证金水平达到或低于规定的最低数值时进行强行平仓;如果市价波动较大,跨越了强行平仓的价格时,交易账户的净值就有可能会出现负数,规范的香港经纪公司并不会向客户追讨负债的金额,只要重新注资,负数将会归零,客户就可以继续进行正常的投资交易,且再次投入的资金可以全额用于交易。此点很重要,否则就会出现我国内地常有的追讨债务的情况。交易者在选择经纪公司时,务必事先问清楚。适当的做法是在与对方工作人员进行网上交流时,截屏以便证据保全,如果可以签署书面协议,那是最理想的事情。

(二)内地盘

1. 国内现货延期业务的盈亏计算

由于延期交收交易品种上,交易所实行每日无负债制度,即每日按公布的各品种的结算价,对客户延期交收持仓进行市值评估,将盈余部分计入客户保证金,亏损部分则从客户保证金中扣除。延期交易保证金计算是根据盈亏进行计算的,盈亏计算公式如下:

$$当日盈亏 = [（卖出成交价 - 当日结算价）× 卖出量]$$
$$+ [（当日结算价 - 买入成交价）× 买入量]$$
$$+ [（当日结算价 - 昨日结算价）$$
$$× （昨日买入持仓量 - 昨日卖出持仓量）]$$

例：某会员昨日持有 Au（T+D）多头 10 千克,昨日结算价为 300 元/克,今日该会员以 301 元/克买入 5 千克,以 302 元/克卖出 3 千克,当日结算价为 301.50 元/克,延期补偿费是多方支付空方（手续费率 0.03%,延期费率 0.02%）。则：

$$当日盈亏 = [（302-301.5）× 3 000] + [（301.5-301）× 5 000]$$
$$+ （301.5-300）× （10 000-0） = 19 000（元）$$

交易盈亏以外的费用为：

交易手续费 = -（5 000 × 301 × 0.025% + 3 000 × 302 × 0.025%） = -602.75（元）

延期补偿费 = -（10 000 + 5 000 - 3 000）× 301.50 × 0.02% = -723.60（元）

2. 账户贵金属业务的盈亏计算

商业银行账户贵金属业务虽然没有任何费用,但它是通过银行挂牌的买卖差价来体现的。银行挂牌价分为银行买入价和银行卖出价。银行买入价是银行从客户买入账户贵金属的价格,也就是客户卖出账户贵金属的价格;银行卖出价是银行向客户卖出账户贵金属的价格,也就是客户买入账户贵金属的价格。因此,银行的挂牌买卖差价就是投资者的盈亏平衡点。其计算公式为：

$$盈亏平衡点 = 银行卖出价 - 银行买入价$$

例：投资者于某日以即时价格买入美元账户黄金 5 盎司,当时银行买入价为 1 615.43 美元/盎司,银行卖出价为 1 618.43 美元/盎司。

（1）其盈亏情况如何？

盈亏 = （银行卖出价 - 银行买入价）× 买入数量
= （1 618.43-1 615.43）× 5 = 15（美元）

（2）此后若价格上涨,银行买入价升至 1 625.43 盎司/美元,银行卖出价为 1 628.43 美元/盎司,其盈亏情况如何？

盈亏 = （1 625.43-1 618.43）× 5 = 35（美元）

（3）若价格下跌,银行买入价为 1 616.43 美元/盎司,银行卖出价为 1 619.43 美元/盎司,其亏损多少？

盈亏 = （1 616.43-1 618.43）× 5 = -10（美元）

十八、重要常识之"交易软件的选择"

现在国内外用于贵金属交易的行情分析与交易软件非常多,譬如 MT4、MT5、世华交易系统、博弈大师、闪电手、金易通、金仕达等。通常来说,此类软件都是由行情软件与交易软件集成,功能强大、方便快捷、稳定性好。其中,有些软件与国际通用软件相一致,还有一些软件的界面与国内大众投资者较熟悉的股票、期货软件的交易界面较为接近。

(一)香港贵金属市场通用的集成交易软件

我国香港贵金属市场通用的集成交易软件是 MT4 及 MT5,由俄罗斯的 MetaQuotes Software Corp. 公司发布。MetaTrader 交易平台是一款非常优秀的贵金属(含外汇等)交易平台,也是目前国际贵金属交易所使用的主流平台。它所具有的优势主要包括以下几个方面:

(1)拥有超长的在线历史数据。

(2)拥有价格报警功能。

(3)不仅提供全部经典的技术分析指标,还提供较流行、具有影响力的分析指标,如比尔·威廉姆斯"混沌交易理论"的分析指标,有多达 20 余项的画线分析工具。

(4)允许使用者编写智能交易系统,可自定义指标。能够很方便地把几种常用指标直接用于自动交易,并提供了极为完善的历史数据回测分析系统。这对总结交易策略、增进交易技术很有帮助,可以实现自动交易。

(5)提供模拟交易界面(有中文菜单),且与实盘相关功能完全一致,功能强大。

(6)由于各个交易公司提供了许多服务器接入地址,MT4/MT5 交易软件除了可以即时查看黄金、白银等贵金属行情走势之外,还可以了解其他如外汇、股票、期货等市场的行情,以作辅助决策之用。

据俄罗斯 MetaQuotes Software Corp. 软件公司的产品介绍中记载:
MetaQuotes Software Corp. takes the first place among other companies in terms of online trading platforms introduced. By the beginning of year 2006, online trading platforms developed by MetaQuotes Software Corp. has been used by about 100 of brokerage companies and banks from over 30 countries.

从上述英文介绍可以看出:近期,来自世界 30 多个国家,超过 100 家的经纪商和银行已经选择了 MetaQuotes Software Corp. 公司的软件系统来适应和满足不同的交易需求。

图 1-5 为 MT4 交易软件的交易界面参考图。

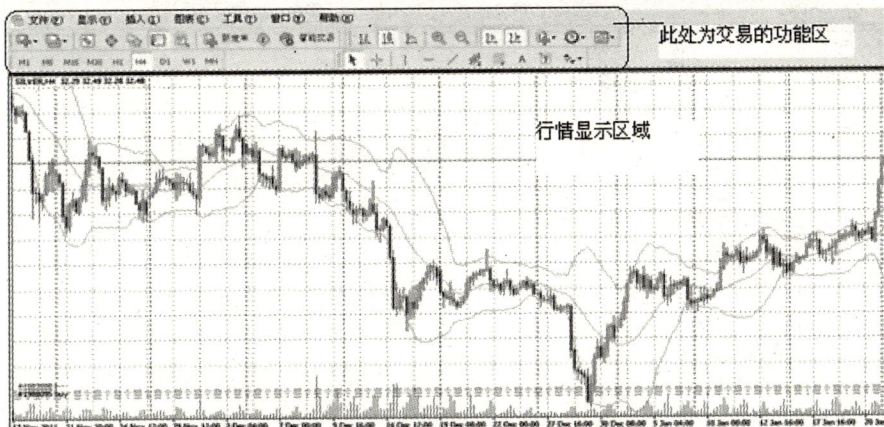

图 1-5　MT4 交易软件的交易界面

MT5 是 MT4 的升级版，于 2009 年秋季由 MetaQuotes Software Corp. 发布，MetaTrader 5 相比 MetaTrader 4 功能更强大。MetaTrader 5 新增的功能有以下几个方面：（1）可以有 21 种时间段来分析行情；（2）内置 38 种分析指标；（3）内置 39 种图像对象；（4）4 种缩放模式；（5）17 种显示指标样式。

注意事项之一：由于 MT4 与 MT5 交易软件的具体内容所涉及的篇幅太大，且不是本文的主要内容，这里就不再详述。读者如想要进一步地了解这两款软件的具体内容，可按如下方式进行：

方式一：下载 MT4 与 MT5 交易软件（关于何处下载和如何下载，可以咨询交易商的工作人员），然后将功能键逐一打开。利用 MT4 与 MT5 交易软件的模拟交易功能（需要申请一个模拟交易账号），达到熟悉此交易软件的目的。笔者就是按上述步骤进行，然后了解此交易软件各项主要功能的。

方式二：下载 MT4 与 MT5 交易软件，然后点击"帮助"栏，就会出现如下的界面（见图 1-6），利用"帮助主题"，达到对此交易软件了解、熟悉与熟练的目的，如图 1-7 所示。

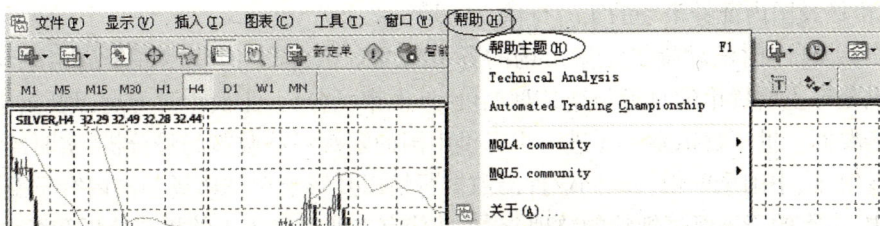

图 1-6　MT4/MT5 的"帮助"界面

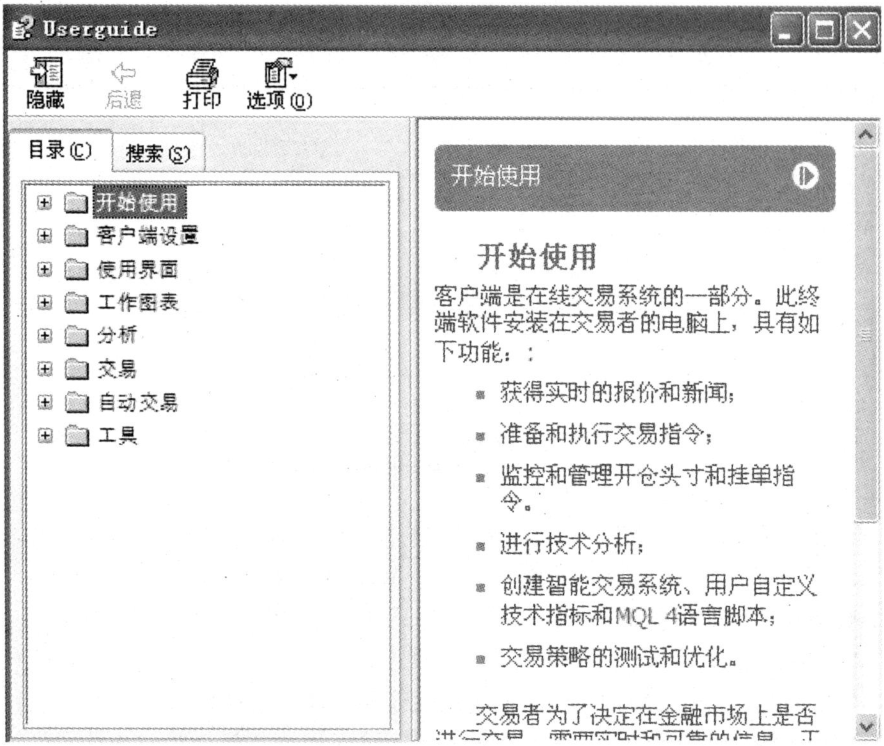

图 1-7　帮助使用者了解 MT4/MT5 的界面

注意事项之二：交易者并不需要对 MT4 交易软件的所有交易功能都了解得十分详尽，而只需要对所采用的交易方式所涉及的交易功能有全面的了解、熟悉与熟练即可。

（二）内地贵金属市场通用的集成交易软件

1. 银行的账户贵金属交易界面

现阶段内地商业银行所采用的主流贵金属交易平台之一是世华财讯系统。该系统通过卫星将数据库采集的信息传输至用户的数据服务器，提供国际国内期货、贵金属现货、外汇市场及国内证券市场的实时行情。

它全天 24 小时滚动提供金融市场的各类新闻资讯，同一时间掌握全球金融动态。同时提供全球主要货币的直盘与交叉盘汇价、外汇市场分析、主要币种专题以及黄金、原油等市场要闻。世华财讯系统还进一步提供中国的宏观经济政策趋势分析、实时经济指标数据及解读、中国全国银行间同业拆借数据行情以及影响全球市场的国内突发事件跟踪。其中，丰富的资讯经过细致的整理分类，并伴有专业财经人士的权威分析和意见。

交易系统的主要功能如下：

（1）股票、期货、外汇实盘和贵金属保证金交易四合一，每个市场都能单独交易，由许可证文件控制。

（2）股票、期货行情与交易所同步，外汇贵金属交易24小时与国际行情同步。

（3）全过程记录下单、成交和资金变动情况，便于查询。

（4）自动进行结算、统计，无需人工干预。

（5）系统完全实现自动化，可在无人管理的情况下长期运行。

（6）群组：由多个页面组成，反映某一特定投资内容。以期货版为例：分为交易所、农产品、贵金属、能源、软商品、其他市场、期市资讯七大群组以及可供用户自由设计的页面框架和内容群组。

（7）页面：由一个或多个窗口组成，每个窗口可调用不同形式的资讯。

（8）窗口：显示资讯内容的最小单位，以不同形式展现资讯内容。

（9）工具条：由各种快捷操作按钮排列组合而成，包括页面、报价、新闻和图表四种工具条。

（10）报价跑马屏：滚动播报主要金融指数的最新行情，客户可通过"系统设置"自定义跑马屏中的内容。

（11）资讯跑马屏：滚动播报全球最新的重要金融资讯。

（12）在线提示图标：比如显示贵金属版是否处于在线状态的图标，双击可进行自动重新连接。在线时图标显示为蓝色，断线时显示为红色。

图1-8为世华财讯系统交易界面参考图之一。

图1-8 世华财讯系统的交易界面之一

图 1-9 为世华财讯系统交易界面参考图之二。

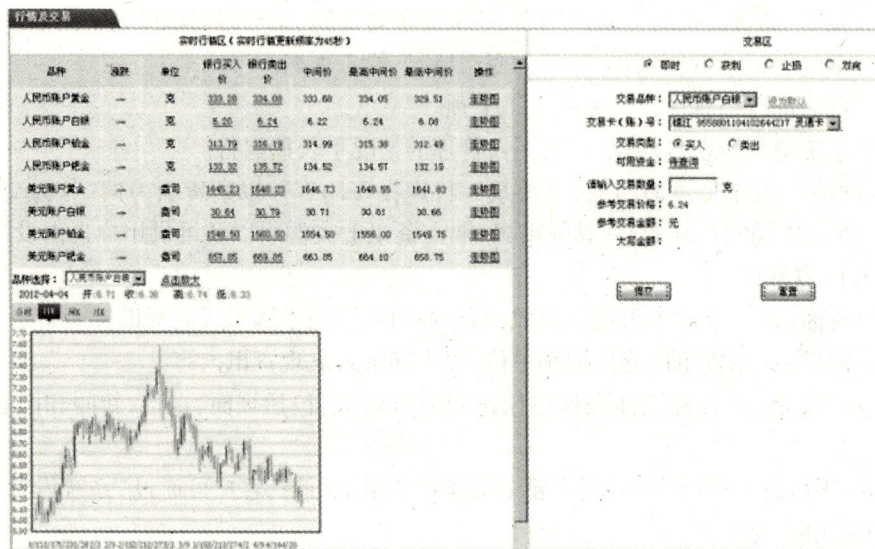

图 1-9　世华财讯系统的交易界面之二

2. 银行的贵金属递延业务的交易界面

内地银行贵金属递延业务的主流交易软件之一依然是世华财讯交易系统。

3. 上海黄金交易所的交易平台"金仕达行情交易集成软件"

由上海狮王黄金有限责任公司(http://www.swgold.cn)开发的金仕达黄金交易软件是为广大黄金投资者与投机者提供贵金属信息及贵金属买卖的高级决策软件。该软件与金仕达其他相关软件的更新保持同步。该软件的使用更加灵活多变,主要优势如下:(1)可随意切换所需页面;(2)页面内容可以进行个性化栏目设置;(3)支持交割申报;(4)中立仓申报;(5)详尽的成交量、持仓量统计等。

交易软件的下载中心网址为:http://www.swgold.cn/upload/gold.exe。

图 1-10 为金仕达行情、交易集成软件的交易界面参考图。

图 1-10　金仕达行情、交易集成软件的交易界面

该交易系统的主页面由以下五个主要部分组成：

（1）工具栏（见图 1-11）

主要功能：查询交易软件的各项操作功能及费用查询。

图 1-11　交易软件的工具栏界面

（2）合约报价栏（见图 1-12）

主要功能：显示各种交易产品合约的即时报价，包括买卖价、买卖量及成交量等。

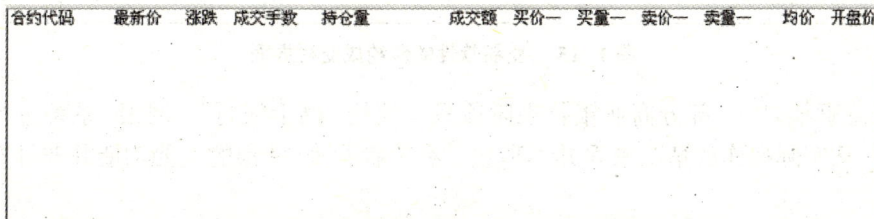

图 1-12　交易软件的合约报价栏界面

（3）合约下单栏（见图 1-13）

主要功能：客户下单选项。

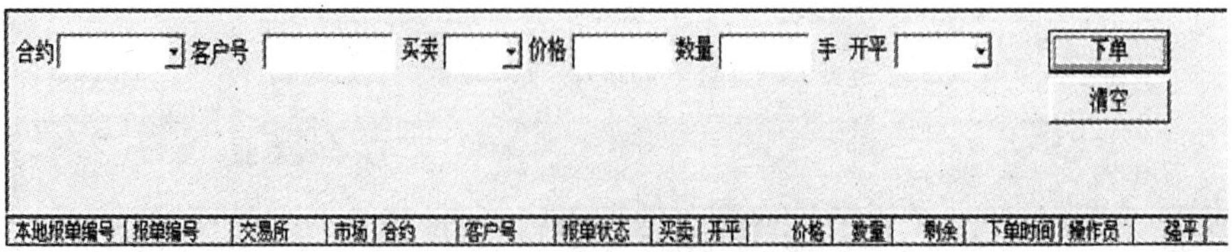

图 1-13　交易软件的合约下单栏界面

（4）合约报入栏（见图 1-14）

主要功能：合约报入交易系统。

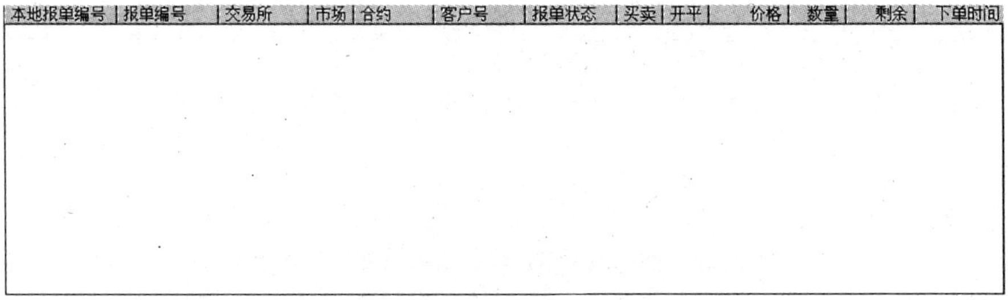

图 1-14　交易软件的合约报入栏界面

（5）合约成交栏（见图 1-15）

主要功能：合约成交显示区域。

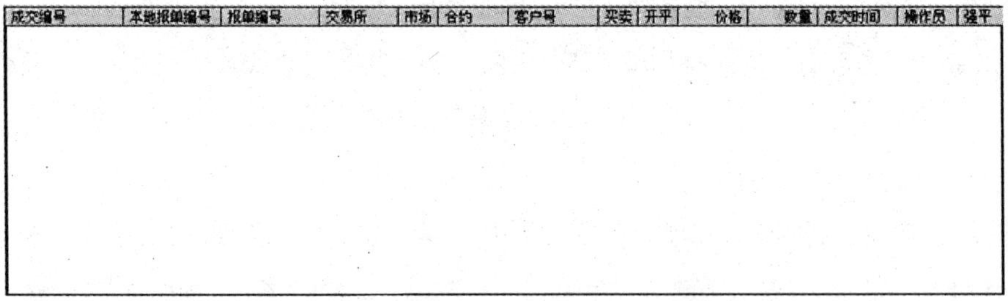

图 1-15　交易软件的合约成交栏界面

注意事项之一：部分商业银行现阶段只是使用"网上银行"（网银）系统进行贵金属交易，从实际操作的情况来看并不理想。在笔者看来，网银的主要功能并非针对贵金属交易,即不是贵金属交易的专业软件。随着时间的推移以及参与人数的快速增加,商业银行系统有必要提升网银的交易属性功能,或者推出独立的针对贵金属交易的专业软件。

注意事项之二:内地上述交易软件只是通过商业银行系统进行贵金属交易的主流交易软件。不过,现阶段内地的贵金属交易软件市场呈"五国八方"、"群雄割据"的局面。比如,青岛海融贵金属有限公司(QINGDAO HAIRONG RRECIOUS METALS CO.,LTD)使用的是MT4交易软件。在国内已经被查处的、曾经"享有相当知名度"的湖南"维财金"(维财黄金,本书后文还会提及)使用的是汉化版MT5交易软件。另外,经中国政府批准成立的独资企业"澳亚易昊大通金行",香港澳亚贵金属集团的国内全资子公司"无锡易昊大通"(目前专门从事黄金品种的交易)使用的交易软件是"易昊大通黄金分析系统"(见图1-16),其界面的最大特点是与内地股票界面类似,易于内地人士操作。

图1-16　易昊大通黄金分析系统图标

十九、重要常识之"银现自由转账的方式"

当投资人与投机者需要将资金汇进或汇出个人账户的时候,必然需要借助"银现自由转账"方式。香港金融市场与内地金融市场虽同属一个国家的金融市场,但现阶段分属不同的金融管制区域。银现自由转账的方式截然不同,有本质上的差别。下文就香港与内地贵金属市场不同的转账方式,择其主要方式加以说明。

(一)香港贵金属市场的银现自由转账方式

香港贵金属市场的银现自由转账方式多种多样,"客户—对方经纪公司的公司账户"居于转账起点与终点的两端,具体情况说明如表1-12所示。

表 1-12　　　　　　　　　　香港贵金属市场的银现自由转账方式说明

劣势	银现自由转账方式对于香港经纪公司来说是其最大的劣势,许多投资者或投机者在开始的时候,都将此转账过程视作畏途。
（1）	安全性:由于香港各家银行属于私人所有制性质,并非国家所有(公有制),所以资金的存放并无第三方(银行)托管之说。只有将个人资金汇入对方经纪公司的户头(规范的经纪公司会将客户资金与公司资金分开存放),才可以进行贵金属交易,资金的安全性有比较大的隐患。
（2）	方便性:极为不便。投资人与投机者首先要与香港经纪公司的客服人员取得联系,然后经过一系列标准化流程。问题是对方客服人员往往数量不够,产生极大不便。
（3）	快捷性:香港经纪公司现阶段最快到账时间也需要几个小时左右(自受理之时算起,其他环节所占用的时间未计算在内),有时需要几天。即不能实时到账。
（4）	远程性:由于内地大多数地区距离香港十分遥远,一旦有电话里或网络上说不清的事项就需要当面交涉,那么此距离将是不小的障碍,另外还有港澳通行证申请许可的问题。
（5）	自操作:无法自行操作个人资金账户的进出款项。完全不同于内地人士自行操作股票与期货账号那样简单方便。
（6）	无利息:空闲资金集中于公司账户,个人存量资金(未被占用的保证金部分)没有利息,即使是活期利息也没有。这对于投资者或投机者来说是一个不小的损失。
优势	无。香港经纪公司最大的瓶颈,且在相当长的时间内看不到有根本性改变的可能性。
中立观点	全球著名的金融自由港,金融管制极其严格,资金安全性投资者不必顾虑太多。不过,"不方便、不快捷、不可以自行操作"是不可回避的现状。充分利用香港贵金属市场的魅力,投入较少量的资金,及时回款,笔者认为,这是市场参与者的一个不错的选择,可以起到攻守平衡的作用。
（1）	少量:内地投资者与投机人,如果所投入本金占可支配现金的比重不大,在风险可控的范围内充分利用香港贵金属市场的"高杠杆率、较少的保证金占用比例、双向只占用单边保证金的交易制度",那么香港贵金属市场将是"风险偏好者"不错的选择。
（2）	及时:获取较大的利润时,就及时退出暂时不用的存量资金,从而实现真正意义上的落袋为安。

笔者经常在想:随着双方竞争的日趋激烈,内地的"手续费用、杠杆率、保证金标准、双向占用保证金制度设计"等不如香港盘的相应标准,此类痼疾在不远的将来有消除的必要,最终将走与国际通行标准看齐的趋势,到那时"资金的安全性、资金账户的自操作

性所带来的方便快捷"就会成为内地盘吸引客户的杀手锏。

不难看出,通过香港市场做贵金属投资的投机人较大部分都属于风险的嗜好者(更看中"高杠杆、单向占用保证金"制度),操作手法中短线比例较大。从经纪公司所收手续费用的角度来看,"优质客户"的比例较大。为此,香港的经纪公司在银现转账方式与方法上有进一步改进的必要,同时在时间观念上也要有紧迫感,否则参与者投入的资金量无法放大(考虑安全性),并且这样考验客户的耐心是没有意义的,只会对"手续费为最终目的"的经纪公司总体战略目标的达成造成损害。

表 1-13   香港市场与内地市场的主要指标对比

市场 指标	香港	内地
手续费用	低	高
杠杆率	高	低
占用保证金	低	高
保证金方向	单向占用	双向占用
资金安全性	低	高
资金进出方便性	较为不便	极为方便
资金进出即时性	较不及时	非常及时
资金账户	不可以自行操作	可完全自行操作

下面以香港某经纪公司为例,说明如何通过银行的网上银行系统及时地汇进与汇出款项。此种途径是其主要方式,同时也是最省钱的方式,其他途径则会产生一些相关费用,由投资者自行承担。具体情况可以咨询对方的客服人员。

1.国内银行"开通网上银行"(以中国工商银行为例加以说明)

(1)去"中国工商银行"开通网银(网上银行);

(2)开通之后登录中国工商银行网上银行"www.95588.com";

(3)双击图1-17中"个人网上银行登录"右下方的"安装";

(4)出现图1-18,单击其中的"工行网银助手";

(5)出现图1-19,单击"立即下载";

图 1-17　中国工商银行个人网上银行登录界面

ICBC 中国工商银行　个人网上银行　　　　　金融@家

为了保证正常使用个人网上银行，我们推荐使用Windows2000（SP4），IE6.0（SP1）以上版本的操作系统并将计算机屏幕分辨率调整为1024×768或以上。如果您是第一次使用我行个人网上银行，建议您安装网银助手调整您的计算机设置。

网银助手：集成化安装，一次性完成所有控件、驱动程序安装

第一步：下载安装工行网银助手

请下载安装 工行网银助手 ，该软件将引导您完成整个证书驱动、控件以及系统补丁的安装。

第二步：运行工行网银助手，启动安装向导

请运行工行网银助手，启动安装向导，并根据提示步骤完成相关软件的下载。

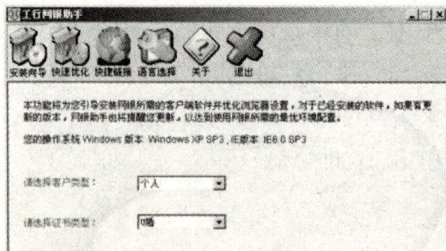

具体页面参考如下：

图 1-18　中国工商银行个人网上银行安装界面

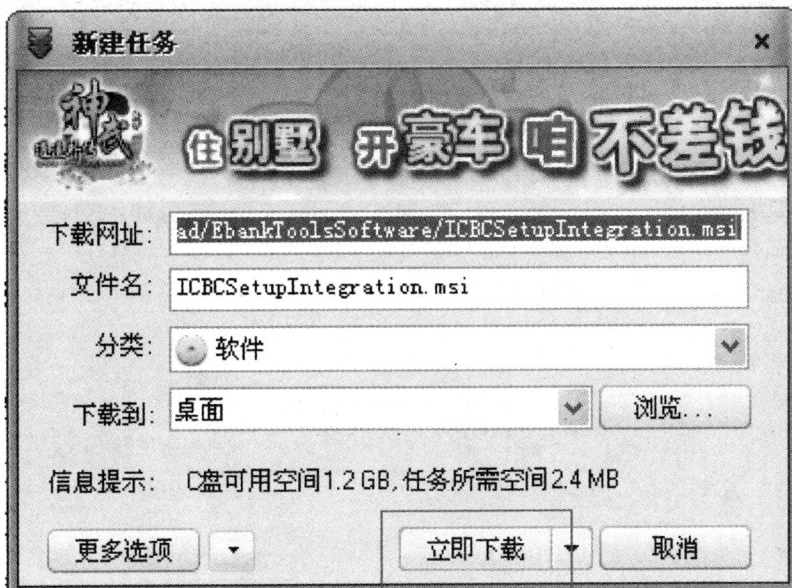

图 1-19 个人网上银行下载界面

（6）完成后在指定的路径上出现如下图形（见图 1-20），双击"此图标"；

图 1-20 安装图标

（7）完成后在桌面上出现如下图形（见图 1-21），双击"此图标"；

图 1-21 工行网银助手图标

（8）"点击安装向导后"，完成后出现如下界面（见图 1-22）；

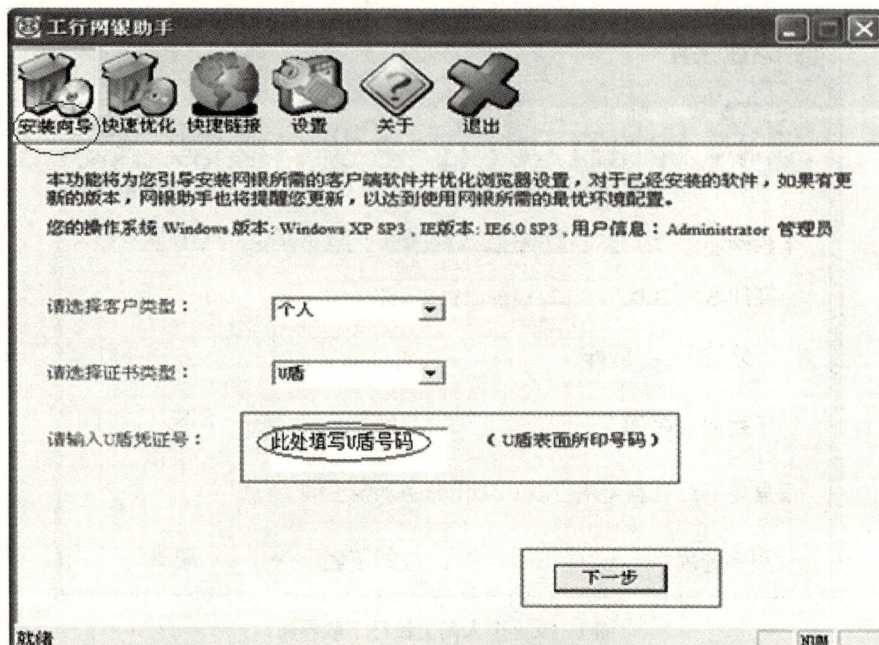

图 1-22　网银安装完成图标

（9）后面的步骤按照"界面的提示"进行操作就可以完成。

注意事项之一：如果网银的安装有问题，反复安装还是不能成功，其原因有两点：一是网银盾本身有问题；二是电脑系统可能有问题（操作系统需要重新安装）。特别要注意的是：U盾安装过程中，不可以有任何不能安装的内容或提示，否则无法使用U盾！

注意事项之二：用于交易的电脑在允许的情况下，出于安全与减少系统压力的考虑，单独使用。

注意事项之三：投资者与投机人要明确我国香港经纪公司与中国工商银行之间有无银现转账之业务联系，否则改用其他的汇款、取款渠道。具体可咨询香港经纪公司的客服人员。

注意事项之四：到现在为止，投资者或投机人已建立整个网络通道。

2. 进入该公司"真实账户"的"申请界面"的操作

首先"打开对方公司的网页"，双击"开立优惠账户"，出现"优惠账户开户申请表"，根据提示确认相关协议，然后按软件的要求填写相关资料，如图 1-23 所示。

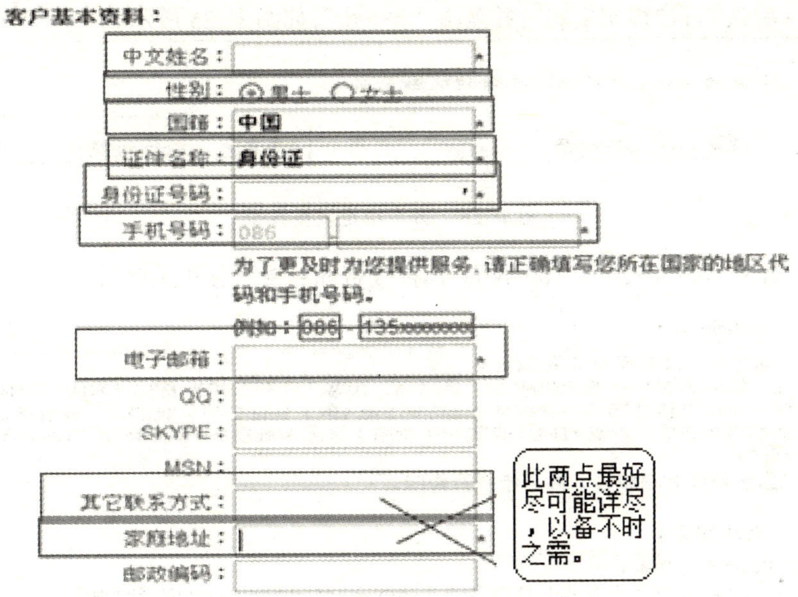

客户基本资料：

中文姓名：		*
性别：	⊙男士　○女士	
国籍：	中国	
证件名称：	身份证	
身份证号码：		*
手机号码：	086	

为了更及时为您提供服务，请正确填写您所在国家的地区代码和手机号码。

例如：086 - 135×××××××

电子邮箱：		*
QQ：		
SKYPE：		
MSN：		
其它联系方式：		
家庭地址：		*
邮政编码：		

> 此两点最好尽可能详尽，以备不时之需。

图 1-23　客户基本资料界面

注意：栏目右边标有"*"处属于必填项，其他内容可填可不填，如图 1-24 所示。

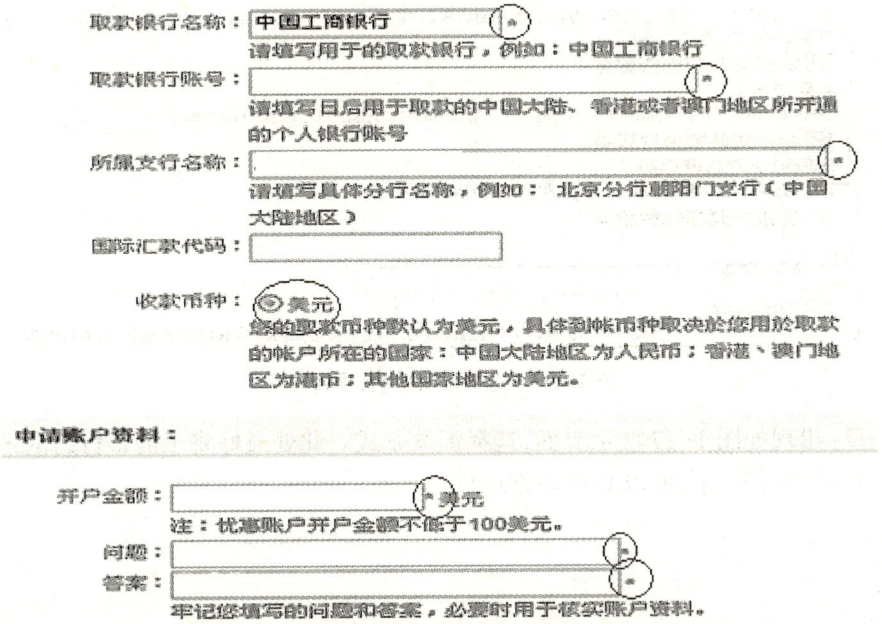

取款银行名称： 中国工商银行 ✱
请填写用于的取款银行，例如：中国工商银行

取款银行账号： ✱
请填写日后用于取款的中国大陆、香港或者澳门地区所开通的个人银行账号

所属支行名称： ✱
请填写具体分行名称，例如：北京分行朝阳门支行（中国大陆地区）

国际汇款代码：

收款币种： ⊙美元
您的取款币种默认为美元，具体到帐币种取决于您用于取款的帐户所在的国家：中国大陆地区为人民币；香港、澳门地区为港币；其他国家地区为美元。

申请账户资料：

开户金额： * 美元
注：优惠账户开户金额不低于100美元。

问题： ✱
答案： ✱
牢记您填写的问题和答案，必要时用于核实账户资料。

图 1-24　申请账户资料界面中的必填项和可选项

注意:确认"开户绑定资料",并点击"下一步",如图 1-25 所示。

图 1-25 开户绑定资料界面

注意:出现如图 1-26 所示的界面,选择收费和免费服务相关项目。

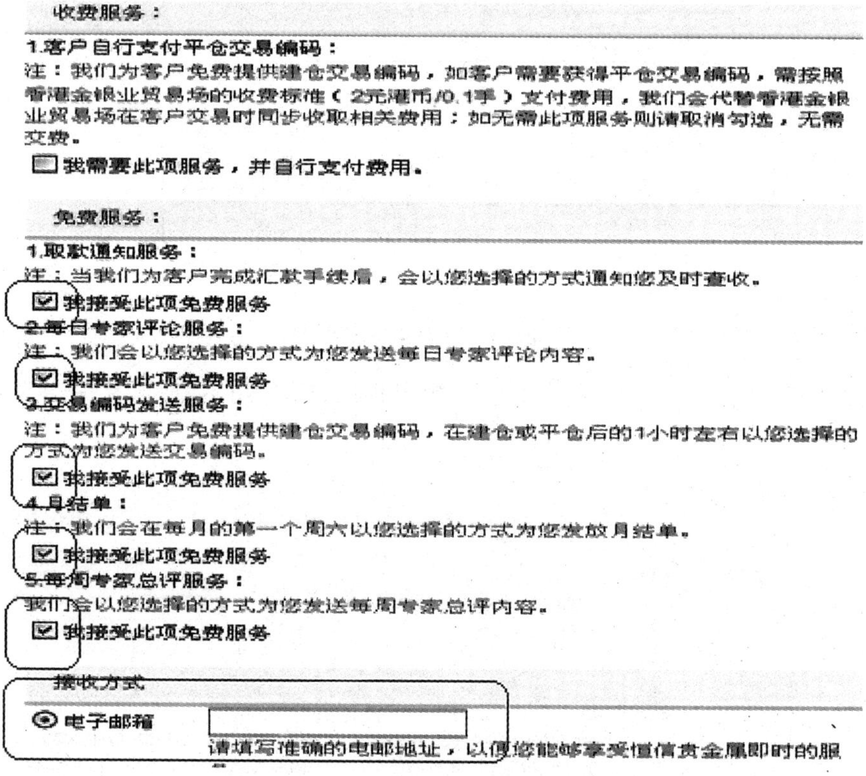

图 1-26 选择收费、免费项目界面

注意:出现如图 1-27 所示界面,选择汇款方式。此处最好将工商银行的网银打开,并插上 U 盾,等待一下,使得 U 盾正常运行!

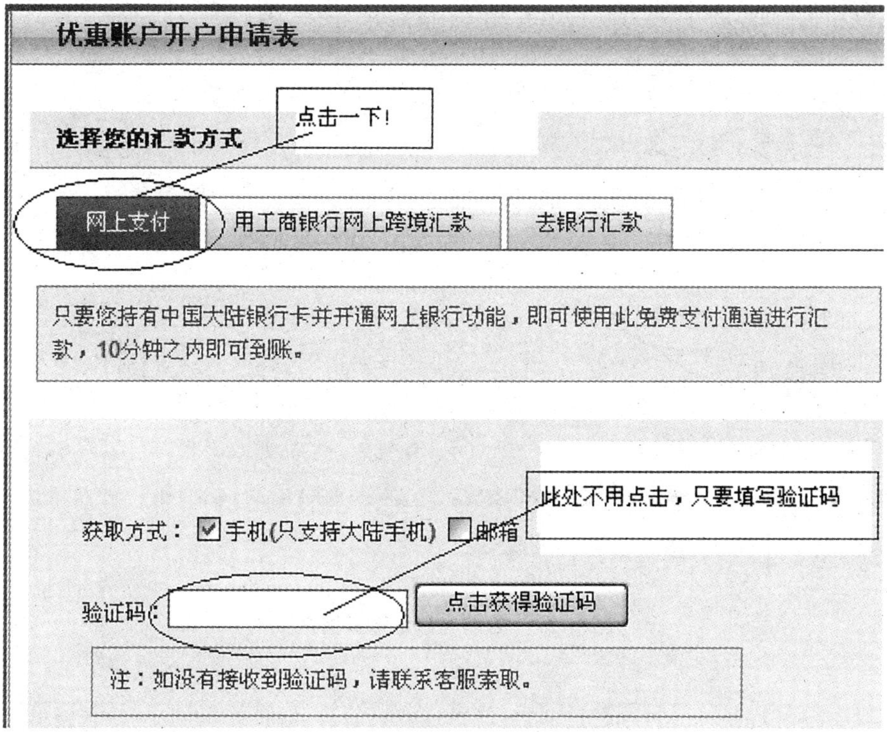

优惠账户开户申请表

选择您的汇款方式　　点击一下！

| 网上支付 | 用工商银行网上跨境汇款 | 去银行汇款 |

只要您持有中国大陆银行卡并开通网上银行功能，即可使用此免费支付通道进行汇款，10分钟之内即可到账。

此处不用点击，只要填写验证码

获取方式：☑手机(只支持大陆手机)　☐邮箱

验证码：[　　　　　　　]　[点击获得验证码]

注：如没有接收到验证码，请联系客服索取。

图1-27　优惠账户开户申请表界面之一

优惠账户开户申请表

注资金额：[　　　　　　　　]

以人民币支付开户金额，款项均使用**银联**每天公布的市场汇率中间价作兑换。请参看今日汇率。

▶ 下一步

图1-28　优惠账户开户申请表界面之二

注意：出现"银联在线"界面，填写相关内容，见图1-29。

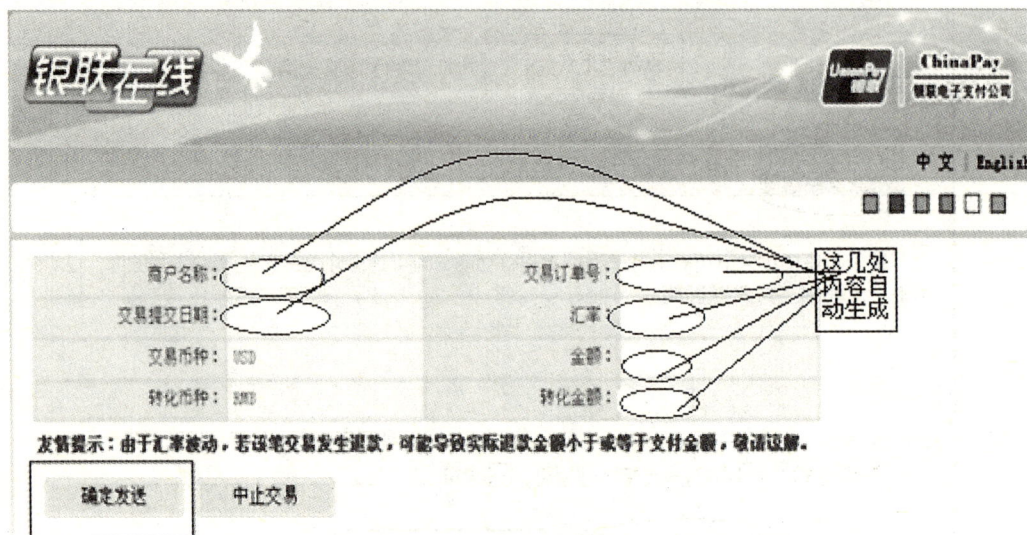

图1-29　银联在线汇款界面之一

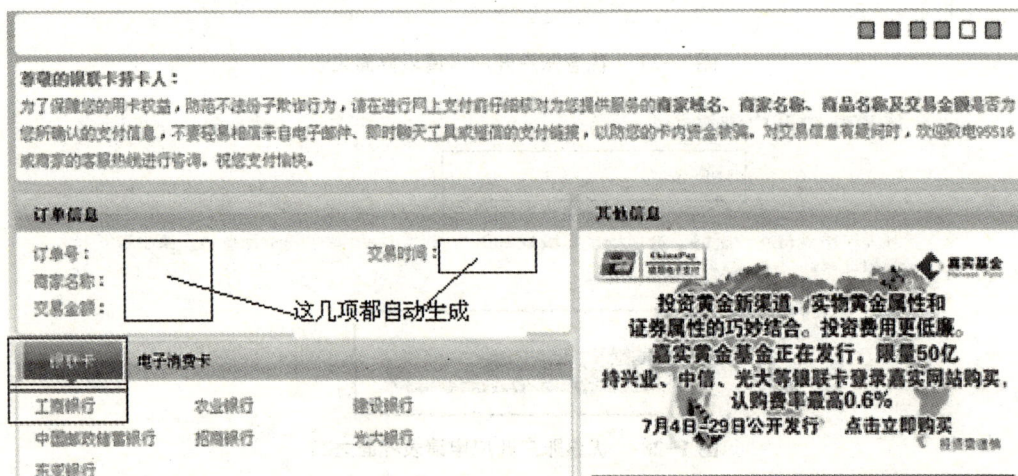

图1-30　银联在线汇款界面之二

注意：出现如图1-31所示界面，选择"银现"或"现银"转账方式。

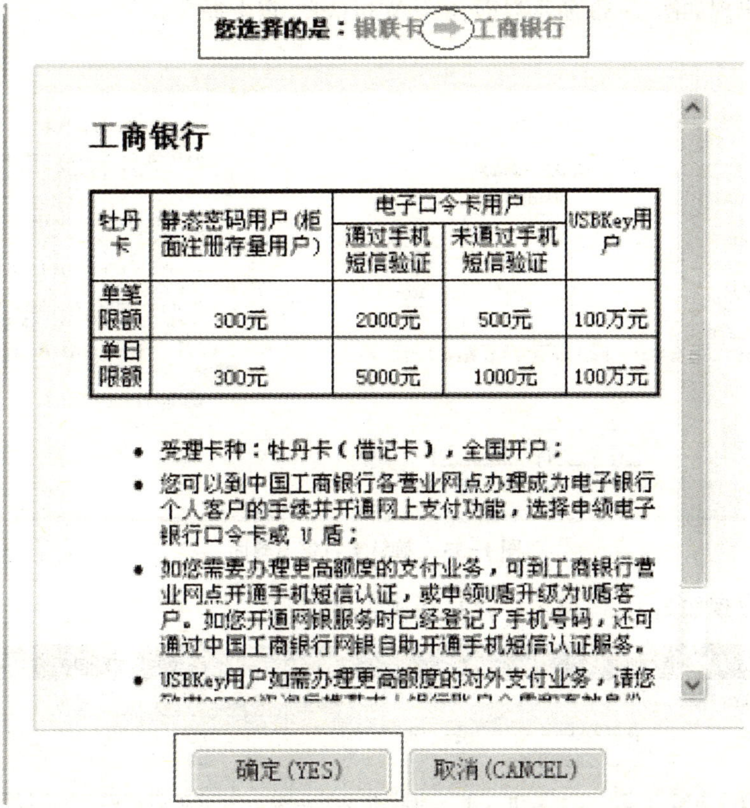

牡丹卡	静态密码用户（柜面注册存量用户）	电子口令卡用户		USBKey用户
		通过手机短信验证	未通过手机短信验证	
单笔限额	300元	2000元	500元	100万元
单日限额	300元	5000元	1000元	100万元

图 1-31　“银现”或“现银”转账方式界面之一

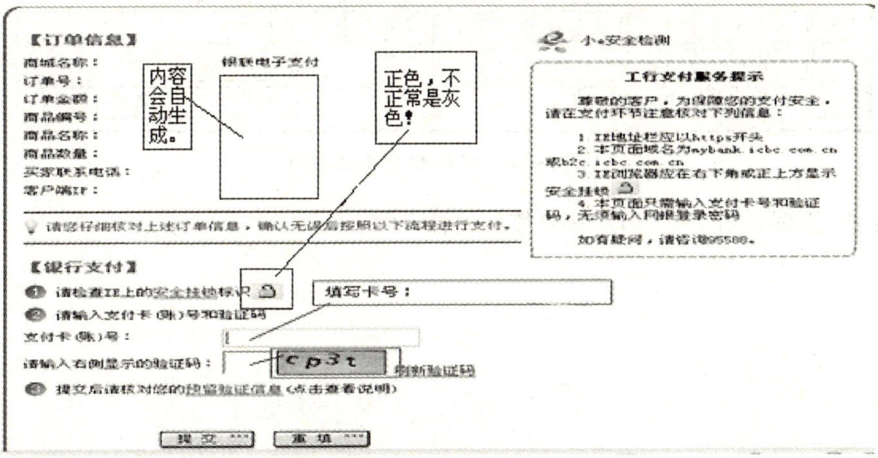

图 1-32　“银现”或“现银”转账方式界面之二

注意:出现如图1-33所示界面,确认支付信息,点击提交。

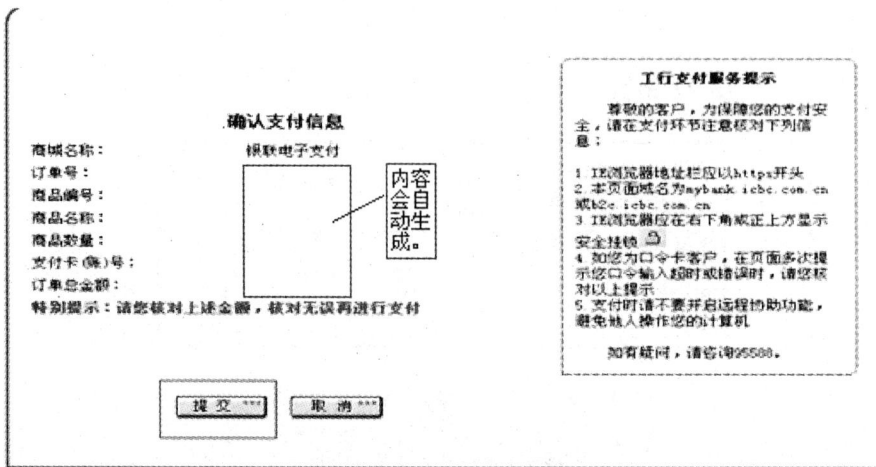

图1-33　确认支付信息界面

注意:出现如图1-34所示校验U盾密码界面。

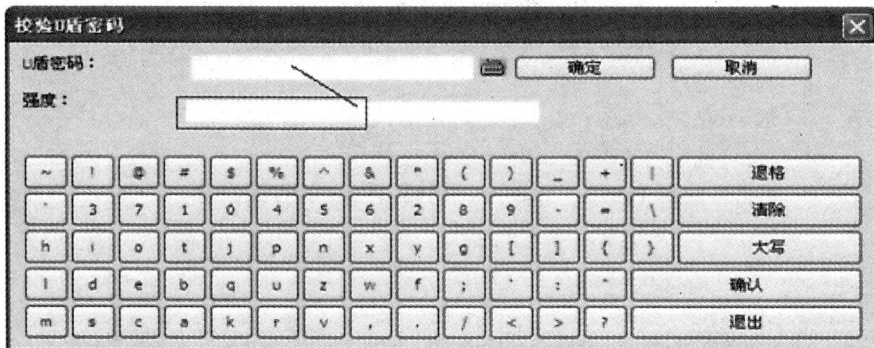

图1-34　校验U盾密码界面

注意:出现如图1-35所示核对签名信息界面。

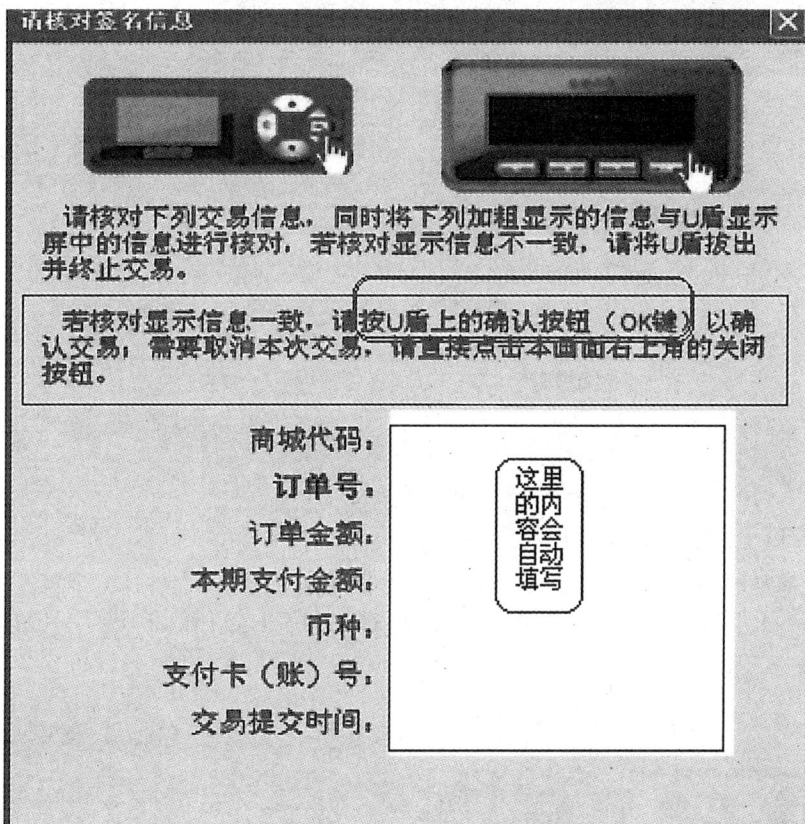

图1-35 核对签名信息界面

注意事项之一：通过以下操作查看银行卡内现金余额是否发生改变：打开工商银行网页，进入个人账号：用户名(卡号)；密码：银行卡密码；最后选择"我的账户"，查看银行卡内的余额。

注意事项之二：通过"电话"、"QQ"、"网页上客服人员"等方式，告诉对方的客服人员用于投资的本金已汇至贵公司账户，可以开户。对方客服人员在确认无误后，几分钟之内会以手机短信的方式，告诉用户真实的账号与密码。密码可以由客户自行修改，其方式如下：在MT4交易软件的行情界面点击"工具"按钮，再点击"选项"按钮，出现如图1-36所示界面。

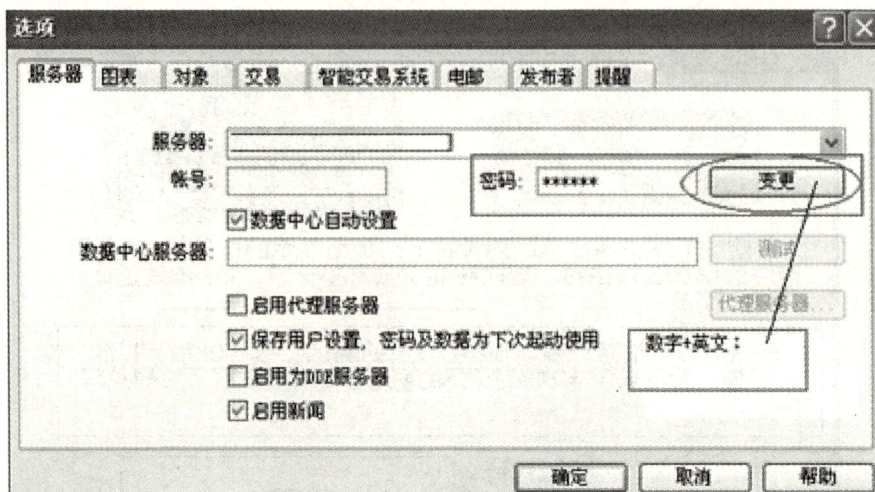

图 1-36　变更密码界面

注意：以上步骤完成了开户的全部过程。

3. 注资流程

（1）进入经纪公司主页，点击首页右方的"账户注资"按钮，进入"选择地区"页面（见图 1-37）。

图 1-37　账户注资界面

（2）选择你所在的地区，点击"下一步"按钮（见图 1-38）。

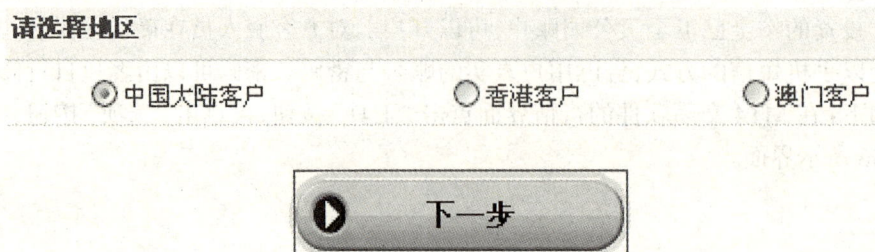

图 1-38　选择地区界面

（3）选择支付方式（见图 1-39）。

填选择您的汇款方式

◉ 网上支付　　　○ 用工商银行网上跨境汇款　　　○ 去银行汇款

交易账户：		*找到此交易账户，请继续。
姓名		*姓名與交易賬戶匹配，請繼續操作。

▶ 下一步

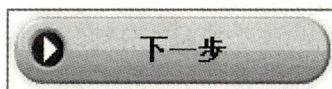

图 1-39　选择汇款方式界面

只要你持有我国内地银行卡并开通网上银行功能，即可使用此免费支付通道进行汇款，10 分钟之内即可到账。

输入你的交易账户和姓名，点击"下一步"按钮进入免费支付通道页面。按页面提示完成支付即可。

注意：出现如图 1-40 所示的界面，填写注资金额。

填写注资金额

注资金额：1000　　　　　　　　　美元

支付币种：美元

实际支付金额：1000.00美元　　　填写上面，下面的数字会随着上面的改变而改变！

▶ 下一步

图 1-40　填写注资金额界面

87

注意事项之一：后面的操作按照提示进行，完成后 10 分钟看资金是否到位，否则再联系客服人员。

注意事项之二：无论你使用哪种汇款方式，请在汇款成功后保留汇款凭证（如果是网上汇款，应记录订单号）并联系客服，对方将在收到款项后将客户的汇款金额添加到客户的交易账户中。

4. 取款流程

客户必须完成开户手续，并由对方公司确认客户所注资款项已成功到账，方可申请取款。

（1）两种情况下取款收取手续费：

① 单笔取款 50 美元以下，将在汇款时扣取取款金额中的 3 美元作为取款手续费。

② 客户注资后交易量不足注资金额的 50%，即注资金额并未用于投资交易，将扣取注资金额的 6% 作为取款手续费。

（2）投资者或投机者的"交易异常"。

整个交易流程（从建仓到平仓）至少耗时 5 分钟（达到 6 分钟以上比较保险）视作正常交易，其他情况视作异常交易。

下面是某经纪公司审核交易单的过程：当客户取款时，会审核客户上次取款（首次取款则从用户开户之时计算）至本次取款的所有交易记录。按照交易量统计，当交易单中有 50% 交易单的持仓时间低于 5 分钟时，就会对此账户做进一步审核，审核时间需要延长 3 小时；当疑似异常交易的交易单中有 30% 交易单的持仓时间低于 2 分钟时，此账户即被定义为异常交易。

（3）该经纪公司对异常交易的处理方法。

审核周期内的交易单亏损额达到交易本金 10% 或以上，不做任何处理，将客户的取款金额发放给客户。

审核周期内的交易单亏损额低于交易本金 10%，会收取"注资金额"的 10% 作为异常交易产生的成本费用，再将余额发放给客户。

审核周期内的交易单是盈利的，会扣除所有盈利并收取"注资金额"的 10% 作为异常交易产生的成本费用，再将余额发放给客户。

（4）联系客服提交账户资料。

账户资料包括账户号码、账户姓名、账户内款项、取款金额四项内容。

由于客户在开户时已经将个人资料绑定，所以取款时只需向客服提供必要的账户信息，以方便取款。

（5）得到客服回复取款申请已被受理，并确认取款信息。

该经纪公司指定账户的交易货币为美元，客户申请取款后，将按照美元兑换取款货币的汇率进行换算,并向客户确认换算后实际到账的金额。我国内地客户取款货币默认为人民币,香港、澳门地区客户取款货币默认为港币,其他地区取款货币默认为美元。

（6）按照开户时客户提供的收款银行账户的到账时间汇出款项。

此经纪公司将会按照开户时的约定,将款项汇款至客户开户时绑定的收款银行账户内,并以手机短信或邮件的方式通知客户查收。客户在收到汇款短信通知后即可查看款项到账情况,如有任何疑问请随时联系客服人员。

（7）此经纪公司各家银行到账时间查询表见表1-14。

表1-14　　　　　　　　　　某经纪公司各家银行到账时间查询表

24小时均可2小时到账的银行:
中国工商银行、中国农业银行、中国建设银行、中国招商银行
正常办公时间2小时到账的银行:
所有中国内地银行、中国香港汇丰银行、中国香港永亨银行
其他银行的到账时间:
会在收到客户取款申请后的第一个工作日将款项汇出并通知客户查收款项, 具体到账时间取决于银行,请向相关银行咨询。

注意事项之一:通过香港渠道做贵金属交易的环节比较复杂。所面临的问题主要如下:其一,对对方的诚信度要求较高,否则转款过去容易,回款难。其二,网络本身的问题,时断时续。其三,对方不在现场,很难面对面交流,有诸多不便,许多问题双方难以说清楚。其四,对方咨询人员往往数量不够,一位咨询人员需要面对几位甚至十几位的客户,造成服务不到位。

注意事项之二:总的来看,首次款项的往来比较麻烦,后面比较顺利。具体不清楚的内容可咨询对方的客服人员。

（二）内地贵金属市场的银现自由转账方式

日常投资和交易过程中,银现能否自由转账是较关键的环节。国内贵金属交易的银现转账相对较为安全、快捷,主要通过以下几种方式:（1）参与期货交易的投资者主要通过第三方存款,将资金存入银行的借记卡中,再与在期货交易所开立的资金账户进行捆绑,通过转账方式既可实现将资金转入期货交易账户进行交易,又可方便转出。交易后资金清算为T+0,转账提现为T+1,性质类似于股票。（2）参与商业银行贵金属交易的投资者,其银现转账就更自由、方便、快捷。只要将资金存入银行借记卡,通过网上银行指定交易账户（或开立黄金账户）就可以直接进行账户贵金属买卖交易,且资金实时清算,即时到账。当天可多次进行交易,最大限度提高资金的利用效率。对代理上海黄金交易所现货业务,其资金清算为T+0,提取现金为T+1。

以中国工商银行为例,其流程如下:

（1）开立借记卡作为资金结算户（如灵通卡、E时代卡或理财金卡,见图1-41）,将资金存入上述借记卡内。

图1-41　中国工商银行的借记卡示例

（2）在银行柜面申请开通工行的网上银行。

（3）登录中国工商银行网站（www.icbc.com.cn；或 www.95588.com）,点击进入"个人网上银行登录"（见图1-42）,下载安装"网银助手",按照指引便可一次性完成所有控件、驱动程序安装。

图1-42　登录工行网站界面

（4）登录个人网上银行,输入注册卡号(用户名)、网上银行密码和验证码如图1-43所示。

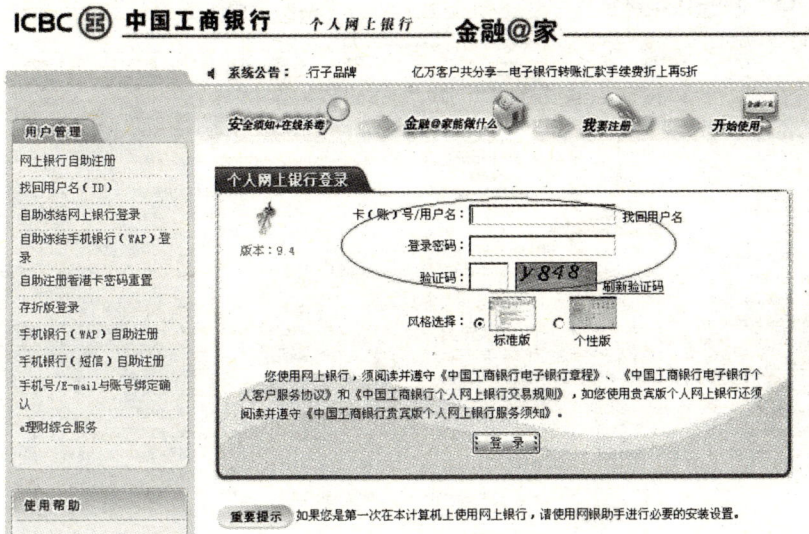

图1-43 登录个人网上银行界面

（5）通过点击"网上银期"和"网上贵金属"菜单,分别按提示要求操作就可以实现各自的银现转账。

银期转账的交易界面如图1-44所示。

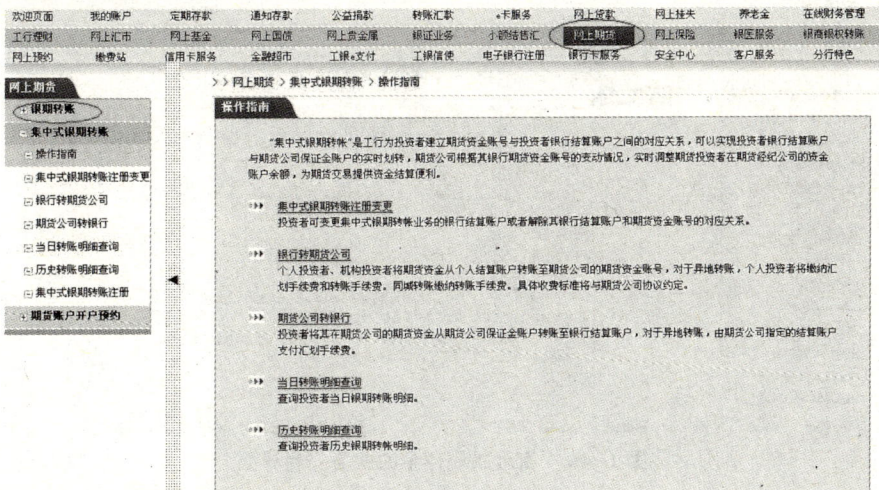

图1-44 银期转账界面

网上"账户贵金属"的交易界面如图1-45所示。

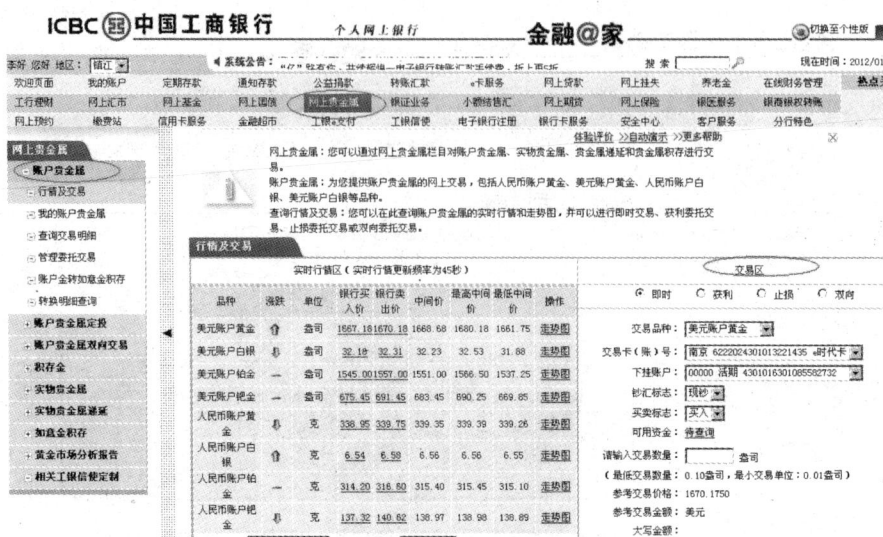

图1-45　网上"账户贵金属"的交易界面

"贵金属积存金"的业务交易界面如图1-46所示。

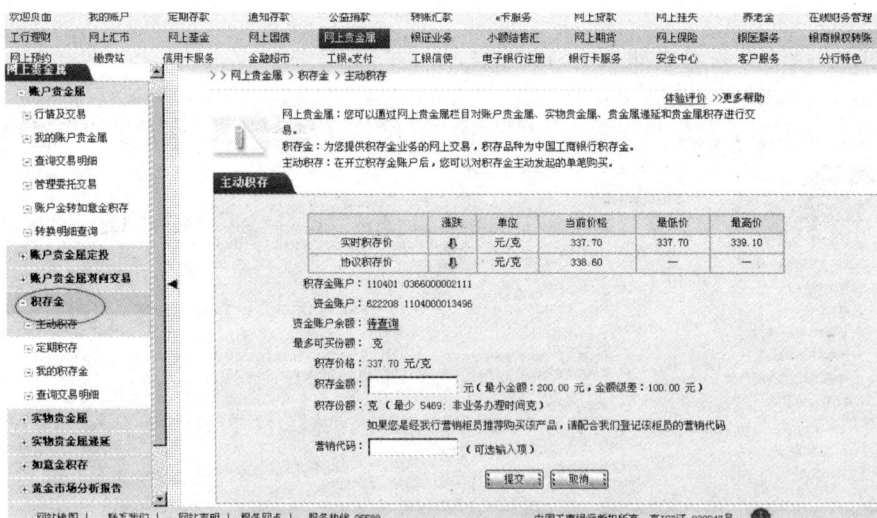

图1-46　贵金属积存金的业务交易界面

　　"实物贵金属"和"实物贵金属递延"还需要先在网上界面中进行"代理黄金实物注册",也就是开户,同时与银行签订"代理个人实物黄金买卖业务协议书",取得黄金客户编号后方可进行交易。

　　注册代理实物黄金账户的业务界面如图 1-47 所示。

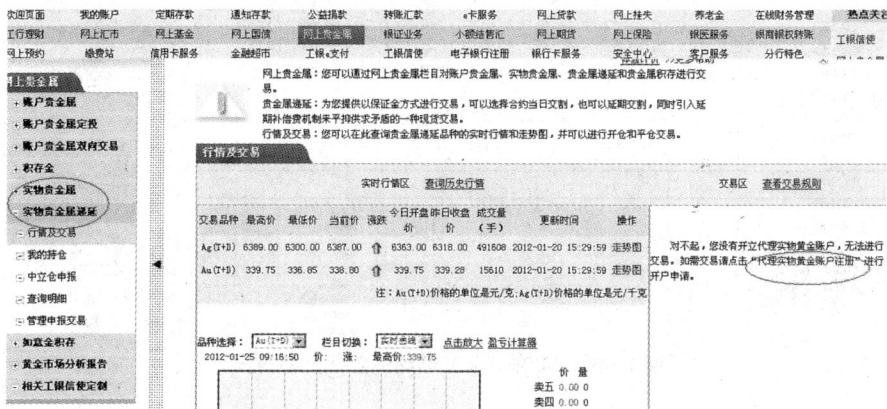

图 1-47　代理实物黄金账户注册界面

　　"实物贵金属"的业务交易界面如图 1-48 所示。

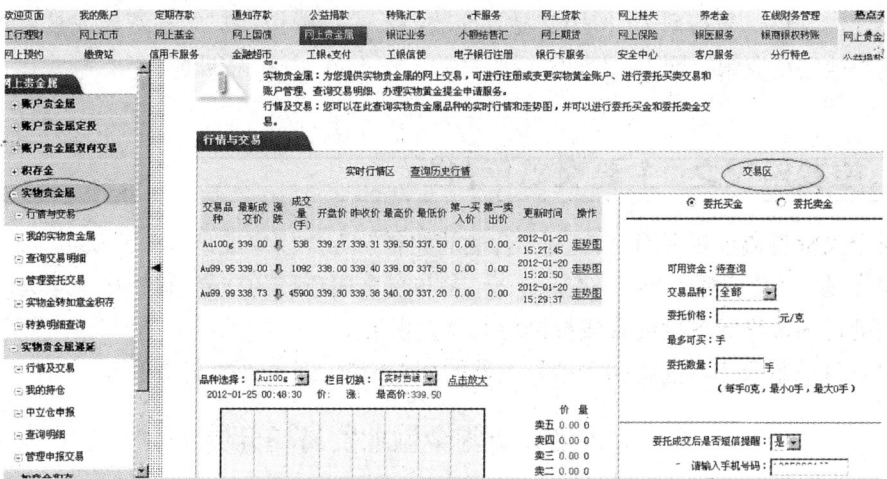

图 1-48　实物贵金属的业务交易界面

"实物贵金属递延"的业务交易界面如图 1-49 所示。

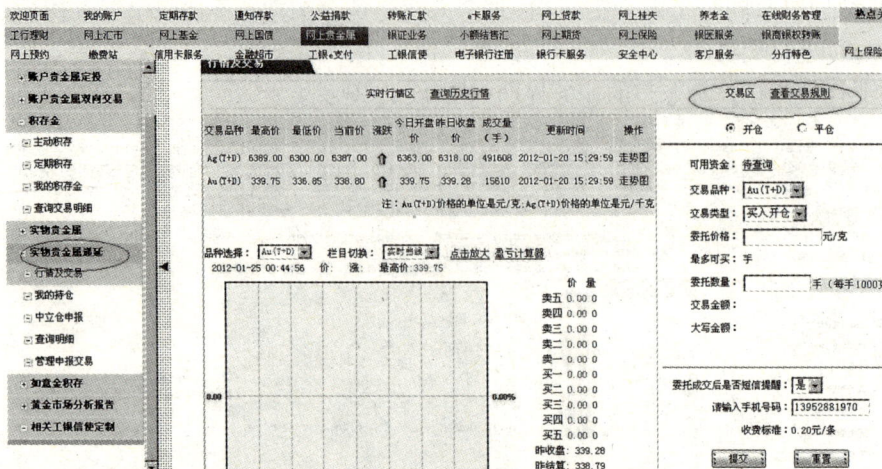

图 1-49　实物贵金属递延的业务交易界面

目前来看,中国工商银行在贵金属交易的软件开发应用方面做得较为出色。其他商业银行在贵金属交易软件应用方面也有各自的特色。限于篇幅,笔者在此不再介绍。

总的来看,内地贵金属的银现自由转账方式并不复杂。投资者或投机者可以采用以下两种方式:其一,自行研究,按照交易界面的提示进行操作;其二,投资者或投机者可以直接到当地的商业银行网点,咨询银行相关的工作人员,由其帮助演示。

二十、重要常识之"主要交易平台"

对于投资者或投机者而言,通过"合法的途径",即经国家或地区政府认可,进入取得贵金属市场"经营资格许可"的交易平台,参与贵金属市场的交易,显得极为重要。任何不诚信的行为都将导致投资者或投机者的重大损失。

以下将简单介绍目前我国香港与内地的相关情况,即主要的交易平台。

(一)香港:香港金银业贸易场会员

香港金银业贸易场会员详情见表 1-15。

表 1-15　　　　　　　　　　香港金银业贸易场会员名单

1. 安民财务有限公司	2. 环球投资公司
3. 实德金银投资有限公司	4. 加富信贷有限公司
5. 宝生金融投资服务有限公司	6. 嘉祺金号
8. 绍忠公司	9. 三甲金业有限公司
10. 中国北方金银业有限公司	12. 惠昶号
15. 富记金号	17. 大中华金业有限公司
18. 腾记	19. 高胜金银（香港）有限公司
20. 全记	23. 万兆丰国际金业有限公司
24. 宝灏贵金属有限公司	25. 天誉金号有限公司
26. 兴业金号	28. 昌发金号
30. 敦沛金号有限公司	34. 永丰贵金属有限公司
35. 庄仕金业	37. 金宝企业（香港）有限公司
40. 新兴金业有限公司	41. 宝马金号
42. 景兴号	44. 新鸿基金业有限公司
46. 立信	47. 嘉信金业有限公司
48. 大福金业有限公司	50. 敏丰行
52. 佑荣金号	54. 贺利氏有限公司
55. 香港仟家信投资有限公司	56. 信诚金业有限公司
57. 金标国际（香港）有限公司	58. 景福金银珠宝钟表有限公司
59. 镒隆号	60. 金利丰金业公司
61. 黄沙有限公司	62. 金库贵金属贸易有限公司
64. 焯华贵金属有限公司	66. 鸿溢金号
67. 恒通金银投资有限公司	68. 顺隆金业有限公司
70. 皇家金业有限公司	72. 景诚金业财务有限公司
73. 齐荣金号有限公司	74. 金道贵金属有限公司
75. 晋安金号有限公司	76. 鑫隆行
79. 金天投资有限公司	81. 香港鑫圣金业集团有限公司
83. 怡利国际有限公司	84. 林大成金号

85. 永富金银业有限公司	87. 日升金银业有限公司
88. 金日利有限公司	89. 永安金号
90. 公利	94. 恒益
95. 盈汇金银珠宝有限公司	96. 万宝发金行
97. 顺利金号	98. 利昌金铺有限公司
100. 百滙金业有限公司	102. 英皇金号有限公司
103. 标准(香港)控股有限公司	105. 鸿光金业
106. 大时代贵金属有限公司	108. 张氏金业有限公司
110. 得发金银交易有限公司	111. 工银亚洲金业有限公司
112. 侨丰贵金属有限公司	113. 钜成号
114. 第一亚洲商人金银业有限公司	115. 大唐投资（金业）有限公司
116. 大亨行	117. 华亚香港集团有限公司
118. 金鹰金号	119. 加福金业
120. 佑生金号有限公司	121. 万澍投资有限公司
125. 盈旺金业有限公司	126. 百利好金业(香港)有限公司
129. 首华金业有限公司	130. 创丰金业有限公司
131. 金汇贵金属有限公司	132. 永盛隆金铺有限公司
136. 万銮国际金号有限公司	138. 宏陆金业有限公司
139. 富士金业有限公司	140. 中国金（亚洲）有限公司
141. 中天香港集团有限公司	143. 滙富金银贸易有限公司
145. 东方滙富金号有限公司	146. 亚洲太和金融有限公司
147. 博信金银业有限公司	148. 滙凯金业有限公司
149. 周大福珠宝金行有限公司	150. 新富金号有限公司
151. 永利国际(香港)有限公司	152. 新业行(金号)有限公司
155. 金辉亚太投资有限公司	156. 德盛金号
157. 宝泰行	158. 万利丰行金号
159. 美辉金业有限公司	160. 坚固金融有限公司
161. 宝丰金融公司	162. 经烈金号
163. 亨达金银投资有限公司	167. 利家安贵金属有限公司

续表

170. 富衡	171. 永来
172. 平和金银有限公司	173. 恒昌金号
174. 协联金业有限公司	176. 晋隆金号
177. 致富金号	182. 金城金号
183. 高晟金业集团有限公司	184. 万利达金融集团有限公司
186. 谢瑞麟珠宝有限公司	187. 瑞昌行
191. 灏天金号	192. 广发
194. 达进投资有限公司	196. 承德金号
197. 奇盛金号	198. 百裕金业公司
199. 金宝金号	202. 安达金号
203. 创律金号	204. 汇丰金融服务(亚洲)有限公司
208. 大唐金号有限公司	210. 恒信贵金属有限公司
212. 六福金号有限公司	213. 公和投资有限公司
214. 大生银行有限公司	216. 美建金业有限公司
217. 德裕金号集团有限公司	218. 金兴金号有限公司
219. 佳盛发展有限公司	222. 华诚金业有限公司
224. 中国亿高金业有限公司	226. 伟豪金业公司
229. 万隆金银业有限公司	231. 华大
232. 联兴公司	233. 新永源金号
234. 德信	235. 贤昌投资有限公司
239. 富昌金业有限公司	240. 宝能威有限公司
241. 一通商品有限公司	242. 兴茂祥有限公司
243. 永盛昌	247. 恒生金业有限公司
248. 安隆金银有限公司	249. 南华金业有限公司
250. 天华金号有限公司	251. 天发黄金有限公司
252. 黎氏金号	253. 名汇金业有限公司
257. 周生生金号有限公司	258. 海华金号
259. 永亨期货有限公司	260. 万成号
261. 中大香港集团有限公司	

注意事项之一：以上所罗列的交易平台全部来自"香港金银业贸易场会员名单"，并经过笔者的详细整理，截止时间为 2012 年 5 月 31 日。投资者或投机者在选择交易平台的时候，要查询最新的"香港金银业贸易场会员名单"。具体可以咨询香港金融管理局的相关单位。

注意事项之二：即使在"香港金银业贸易场会员名单"最新的名单中，笔者也同时发现下列情况：有相当部分的机构"尚未取得贵金属市场交易许可证"、"暂停交易"，还有的机构可能已经停业或发生其他不可预知的情况，所以投资者或投机者务必要十分谨慎。

（二）内地：上海黄金交易所、上海期货交易所

目前，上海黄金交易所和上海期货交易所是我国内地为投资者提供黄金及其他贵金属场内交易服务的合法场所。

自 2001 年黄金流通管理体制改革以来，我国黄金市场发展十分迅速，初步形成了现货与衍生品相结合、面向机构和个人的多层次黄金市场格局，对促进黄金产业结构调整升级，推动金融市场体系完善发挥了重要作用。同时，受黄金交易价格上涨较快、投资者投资热情高涨的影响，近年来也出现了部分地方、机构自设交易所（黄金、白银等贵金属交易平台）的现象，这些交易所管理不规范，违法违规问题突出，风险逐步暴露。

为维护黄金市场秩序，2011 年 12 月 27 日，中国人民银行、公安部、工商总局、银监会和证监会五部委联合发布了《关于加强黄金交易所或从事黄金交易平台管理的通知》（银发 [2011]301 号，以下简称《通知》），对设立黄金等交易所或在其他交易场所内设立黄金等交易平台的相关活动进行规范。《通知》明确，除"上海黄金交易所"和"上海期货交易所"外，任何地方、机构或个人均不得设立黄金等贵金属交易所（交易中心），也不得在其他交易场所（交易中心）内设立黄金等贵金属交易平台。正在筹建的，应一律终止相关设立活动；已经开业的，要立即停止开办新的业务。

1. 上海黄金交易所

上海黄金交易所是经国务院批准，由中国人民银行组建，在国家工商行政管理局登记注册的、不以营利为目的、实行自律性管理的法人；遵循公开、公平、公正和诚实信用的原则组织黄金、白银、铂金等贵金属交易；上海黄金交易所于 2002 年 10 月 30 日正式开业。上海黄金交易所实行会员制组织形式，会员由在中华人民共和国境内注册登记，从事黄金业务的金融机构，从事黄金、白银、铂金等贵金属及其制品的生产、冶炼、加工、批发、进出口贸易的企业法人，并具有良好资信的单位组成。截至 2010 年 3 月，上海黄金交易所共有会员 166 家，目前会员中，国内金融类 26 家、外资金融类 8 家、综合类 129 家、

自营类 3 家(详见表 1-16 至表 1-19),分散在全国 26 个省、市、自治区。金融类会员可以进行自营和代理业务及批准的其他业务,综合类会员可进行自营和代理业务,自营类会员仅可进行自营业务。

作为广大非黄金交易所会员的普通投资者或投机者,目前参与投资或投机的途径,主要通过“金融类会员”单位的委托代理业务或参与其自营的贵金属业务进行贵金属交易。

表 1-16　　　　　　　　　　　国内金融类会员名单

(1)中国工商银行	(2)中国建设银行
(3)中国银行	(4)中国农业银行
(5)中国金币总公司	(6)上海浦东发展银行
(7)招商银行	(8)中信银行
(9)深圳发展银行	(10)交通银行股份有限公司
(11)华夏银行	(12)光大银行
(13)上海银行	(14)广东发展银行股份有限公司
(15)平安银行股份有限公司	(16)兴业银行股份有限公司
(17)中国邮政储蓄银行有限责任公司	(18)富滇银行股份有限公司
(19)中国民生银行股份有限公司	(20)中钞国鼎投资有限公司
(21)申银万国证券股份有限公司	(22)恒丰银行股份有限公司
(23)厦门银行股份有限公司	(24)北京银行股份有限公司
(25)深圳金融电子结算中心	(26)上海农村商业银行股份有限公司

表 1-17　　　　　　　　　　　外资金融类会员名单

(1)汇丰银行(中国)有限公司	(2)渣打银行(中国)有限公司
(3)加拿大丰业银行有限公司广州分行	(4)澳大利亚和新西兰银行(中国)有限公司
(5)瑞士信贷银行股份有限公司上海分行	(6)大华银行(中国)有限公司
(7)英国巴克莱银行有限公司上海分行	(8)摩根大通银行(中国)有限公司

表 1-18　　　　　　　　　　　综合类会员名单

(1)内蒙古乾坤金银精炼股份有限公司	(2)长城金银精炼厂
(3)江西铜业股份有限公司	(4)山东金创股份有限公司
(5)铜陵有色金属集团控股有限公司	(6)上海大有黄金有限公司

（7）山东招金集团有限公司	（8）中国黄金集团公司
（9）上海狮王黄金有限责任公司	（10）崇礼紫金矿业有限责任公司
（11）广东金鼎黄金有限公司	（12）中金黄金股份有限公司
（13）山东黄金集团有限公司	（14）山东金洲矿业集团有限公司
（15）紫金矿业集团股份有限公司	（16）浙江省遂昌金矿有限公司
（17）山东天承生物金业有限公司	（18）上海老凤祥有限公司
（19）中矿金业股份有限公司	（20）桦甸市黄金有限责任公司
（21）山东恒邦冶炼股份有限公司	（22）四川爱心珠宝旅游产品有限公司
（23）灵宝金源桐辉精炼股份有限公司	（24）武汉新世界珠宝金号有限公司
（25）辽宁金银销售中心	（26）洛阳紫金银辉黄金冶炼有限公司
（27）沈阳萃华金银珠宝股份有限公司	（28）海南恒昌金银珠宝实业有限公司
（29）京沙金业投资管理（北京）有限公司	（30）北京菜市口百货股份有限公司
（31）广东大哥大集团有限公司	（32）中国工艺美术（集团）公司
（33）大冶有色金属有限责任公司	（34）浙江明牌珠宝股份有限公司
（35）大同银星金店	（36）海南鑫生实业股份有限公司
（37）中艺珠宝首饰国际贸易（北京）有限公司	（38）上海老凤祥珠宝首饰有限公司
（39）上海老凤祥首饰研究所有限公司	（40）南京金陵金箔股份有限公司
（41）成都天鑫洋金业有限责任公司	（42）宝泉钱币投资有限公司
（43）苏州汇盈贵金属有限公司	（44）广东粤宝黄金投资有限公司
（45）西安一得贸易有限公司	（46）江苏弘业股份有限公司
（47）上海老庙黄金有限公司	（48）福州福辉珠宝有限公司
（49）深圳市金福佳金银珠宝有限公司	（50）广州金银首饰有限公司
（51）河南轩瑞产业股份有限公司	（52）湖南辰州矿业股份有限公司
（53）中国黄金集团江西金山金矿有限公司	（54）上海金币投资有限公司
（55）南京宝祥金店	（56）汕头市金信黄金投资有限公司
（57）上海今亚珠宝有限公司	（58）上海千石投资发展有限公司
（59）深圳市艺华珠宝首饰股份有限公司	（60）西部黄金股份有限公司
（61）中国黄金集团资产管理有限公司	（62）新疆黄金工业有限责任公司
（63）佛山市工艺总厂有限公司	（64）深圳市金大福珠宝有限公司

（65）深圳宝昌钻石饰品实业有限公司	（66）深圳坤厚珠宝首饰有限公司
（67）深圳市甘露珠宝首饰有限公司	（68）深圳市福麒珠宝首饰有限公司
（69）贺利氏（招远）贵金属材料有限公司	（70）山西华茂黄金交易有限责任公司
（71）深圳市翠绿投资有限公司	（72）深圳市百泰珠宝首饰有限公司
（73）深圳市粤豪珠宝有限公司	（74）北京工美集团有限责任公司
（75）贵州西南黄金经营中心有限公司	（76）山东黄金矿业股份有限公司
（77）上海黄金公司	（78）深圳市安盛华实业发展有限公司
（79）常州瑞银汇鑫黄金经营有限公司	（80）南京宝庆银楼首饰有限责任公司
（81）中博世金科贸有限责任公司	（82）东莞市金龙珠宝首饰有限公司
（83）广东省贵金属交易中心有限公司	（84）云南铜业股份有限公司
（85）湖南株冶有色金属有限责任公司	（86）广东明发贵金属有限公司
（87）云南黄金矿业集团股份有限公司	（88）万向资源有限公司
（89）甘肃西脉新材料科技股份有限公司	（90）北京和祥通实业公司
（91）有研亿金新材料股份有限公司	（92）深圳市龙嘉珠宝实业有限公司
（93）深圳市吉盟珠宝股份有限公司	（94）上海怡亚投资管理有限公司
（95）苏州市投资有限公司	（96）深圳宝福珠宝首饰有限公司
（97）灵宝黄金股份有限公司	（98）经易金业有限责任公司
（99）上海亚一金厂有限公司	（100）江苏恒生联合投资有限公司
（101）武汉金凰珠宝股份有限公司	（102）山西宏艺首饰股份有限公司
（103）湖北金兰首饰集团有限公司	（104）上海灵瑞黄金投资有限公司
（105）深圳市国富黄金股份有限公司	（106）上海仟家信投资管理有限公司
（107）成都高赛尔金银有限公司	（108）广东金业贵金属有限公司
（109）山东方泰循环金业股份有限公司	（110）深圳市厚成贵金属有限公司
（111）深圳市德致金商投资管理有限公司	（112）杭州航民百泰首饰有限公司
（113）深圳市素养投资发展有限公司	（114）湖北众联黄金投资有限公司
（115）烟台国大萨菲纳高技术环保精炼有限公司	（116）深圳市意大隆珠宝首饰有限公司
（117）深圳市百爵实业发展有限公司	（118）烟台鹏晖铜业有限公司
（119）山西银河金银珠宝有限责任公司	（120）北京金海投资有限公司
（121）内蒙古汇鑫投资股份有限公司	（122）广州富埌黄金交易有限公司

续表

（123）北京黄金交易中心有限公司	（124）河南豫光金铅股份有限公司
（125）石家庄江南房地产开发有限公司	（126）三门峡金渠集团有限公司
（127）深圳市黄金资讯有限公司	（128）深圳市众恒隆实业有限公司
（129）北京大德新福珠宝金行有限公司	

表1-19 　　　　　　　　　　　自营类会员名单

（1）苏州市恒孚首饰集团有限公司	（2）上海造币有限公司
（3）沈阳造币有限公司	

2. 上海期货交易所（上海期交所）

上海期货交易所上市黄金期货品种，经由我国证券会批准，于2008年1月9日正式挂牌交易，是我国国内另一家黄金场内交易市场。

黄金期货，是指以国际黄金市场未来某时点的黄金价格为交易标的的期货合约。主要功能是价格发现和套期保值，实物交割不是其主要目的。同时，期货交割规则对不同类型的投资者有一系列要求及规定，这正是期货市场与现货市场的区别。如果自然人（投资或投机者）确实需要购入现货黄金，那么应当通过商业银行网点或现货市场交易等渠道实现。

黄金期货主要面向黄金生产、加工、流通企业，金融机构及投资者或投机者三大市场主体。推出黄金期货，完善黄金市场体系和价格形成机制，形成现货、远期交易市场与期货市场互相促进，共同发展；维护投资者合法利益；利用黄金期货的价格发现和套期保值，提高风险管理水平，增强国际竞争力。

投资者或投机者参与市场的途径：只要在合法的期货公司开户，均可以参与黄金品种交易。

金手指

延伸阅读

国内黄金等贵金属交易市场之乱象

看一则短文《湖南维财金交易所谢幕　高管被拘3.7万人受害》（资料来源：2012年1月7日00:44《华夏时报》）。其中提到，湖南维财金大宗贵金属交易所有限公司（简称维财金）已被长沙警方立案侦查，包括法定代表人楚维在内的公司多名高管已被刑事拘留；维财金也成为国务院38号文件和5部委决定出台后，全国第一家被警方立案侦查的黄金电子盘交易所；维财金交易所百倍配资涉嫌非法期货、虚拟配资并存在恶意代客刷盘等违规举动；维财金客户初步统计达 37 100 人。

　　再看一则短文《黄金交易市场整肃　"天通金"正式叫停》（资料来源：2011 年 12 月 31 日 08:56:04，《每日商报》）。其中写道，以天交所的"天通金"为例，取得交易所会员资格的交易商在各地广泛发展代理商，以黄金持续上涨等宣传吸引本来不具备相关专业知识和风险承受能力的客户参与炒金，代理商、交易所会员则分食其中来自高昂手续费和对手盘的巨大利润。28 日晚间，天交所挂出《关于暂停新客户开展黄金现货延期交收交易业务的通知》称，根据要求，该所即日起暂停新客户开展黄金现货延期交收交易业务，但银、铂、钯等其他品种交易业务照常进行。而对于天交所的结局，业内人士大多态度悲观，拿掉最热门的黄金，其他的银、铂、钯产品没有了杠杆也很难做，何况这些交易品种的商品属性更多一些，很难成为其后。依照早前国务院的文件，不能放大倍数，不能保证黄金交易，天交所的业务自然会逐渐萎缩。

　　2012 年 2 月 8 日，笔者再次得到消息，天津贵金属交易所的黄金业务有可能再次合法化。两天之后，2012 年 2 月 10 日 07：11，每经网（每日经济新闻）刊发的一篇文章《天交所否认、做市商质疑　"天通金"品种仍正常交易》对此消息提供了佐证。

　　可以想象，牌照之争将愈演愈烈。监管机构权力之大、利益之巨，也令笔者深感担忧。本回合过招之后，最大的赢家只能是上海黄金交易所与上海期货交易所，以及上海黄金交易所与上海期货交易所的各级会员单位，即国内的商业银行、期货经纪公司为代表的交易平台（跑道）。目前，天津贵金属交易所及其会员代理商也被列入我国贵金属市场体系。同时，投资者或投机者可以进一步清楚地看到：在内地，通过上海黄金交易所与上海期货交易所及天津贵金属交易所的各级会员单位参与贵金属市场的交易才是唯一的正道。

　　看到这里，读者应已初步了解这一市场。反复阅读、理解前文所述内容，做一些知识准备，可为今后的交易做理论上的铺垫，机会总是眷顾有知识准备的人。理论与实践虽然有着本质的区别，但是充沛的知识储备将会使投资者或投机者在最困难的情况下，做到心中有数。"不畏前路重险阻，吹尽黄沙始到金"。

第二部分

宏观之论

——山舞银蛇　原驰蜡象

一、贵金属市场的基本面

影响贵金属价格的因素较多,正相关、负相关因素俱在,包括国际政治、经济、军事、汇率、主要经济体国家利率、货币政策、黄金储备、开采成本、工业和饰品用量等,因此,要想把握价格的短期走势,难度较高。考虑上述因素,并参照黄金与美元、石油、股市之间的关系,以及黄金与大宗商品联动、季节性供求因素、国际基金的持仓情况等因素,可对金价走势作相对准确的判断和把握。

对目前贵金属市场的基本面分析见表2-1。

近年来,金价不再与美元直接挂钩,逐渐市场化,影响因素日益增多。笔者认为:基本面可以参考;不过,同一种基本面的改变对于不同的投资者或投机者可能会有截然不同的判断,故而对于此种情况的出现不必过分解读,保持清醒的头脑至关重要。

表2-1 　　　　　　　　　　对贵金属市场的基本面分析

(1)供给因素	全球现约存13.74万吨黄金,存量每年大约以2%的速度增长。年供求量约为4 200吨,每年新增黄金约占年供应量的62%。
(2)采金成本	黄金开采平均总成本不到260美元/盎司。成本在过去20年来持续减少。
(3)主要采金国家的政治、军事、经济因素	黄金生产国政治、军事、经济影响黄金产量,进而影响全球黄金供给。
(4)主要经济体央行黄金吸售	各国央行持有黄金最多,黄金由储备资产转变为金属原料,抛售用于改善国际收支,抑制金价。近年来,发达国家央行黄金储备下降速度降低,新兴国家黄金储备量增加。
(5)需求因素	需求与用途有直接关系。关注黄金实际需求量(首饰业、工业等)的变化。
(6)保值需要	黄金储备用作防范通胀、调节市场。经济不景气时金价上涨,比如美国国际收支逆差趋势严重,美元贬值,美国赤字增加,再如中东产油国形势不稳定等,也会导致金价大幅上升。
(7)投机性需求	生产商套期保值远期卖盘、买盘头寸的方向;对冲基金公司有机会建立何种方向的头寸,这两种力量决定了金价中期与短期价格的走势。
(8)美元汇率	相反关系,美元汇率上升金价则会下跌;美元汇率下降金价则会上涨。比如,美元走强,意味着经济状况良好,股票、债券会受到追捧,黄金贮藏功能受到削弱;美元走弱,意味着通胀来临,股市低迷,金价则会上升。
(9)货币政策	宽松货币政策,利率下降,货币供给增加,通货膨胀,黄金价格上升。

续表

（10）通货膨胀	通胀在正常范围,金价波动不大。黄金仍是对付通货膨胀的重要手段。
（11）贸易、财政、外债赤字	债务、经济停滞、金融崩溃、维持经济、储备黄金,均会导致金价上涨。
（12）国际重大政治事件、战争等相关因素	各国政府为战争、维持国内经济平稳、支付费用,投资者转向黄金保值投资,这些因素都会扩大对黄金的需求,刺激金价上扬。
（13）股市行情	股市下跌,金价上涨;投资增加,金价下跌。
（14）石油价格	油价上涨,通胀随之而来,金价上涨。
（15）黄金在清算手段中的作用	随着电子化发展、欧元诞生、国际储备结构改变,黄金作用和需求受到影响,金价下降。

注意事项之一:其他贵金属价格趋势一般来说与金价呈正相关关系,了解到金价的大致走势就基本掌握了其他贵金属的价格趋势。当然,也会有例外情况的发生。

注意事项之二:任何情况的出现如果有利于加强黄金的地位,金价必坚挺,价格预期上涨;如果对黄金的地位作用有所削弱,金价必疲软,价格预期下跌。

注意事项之三:先区分某种因素是短期、中期还是长期影响黄金的地位,是主要因素还是一般因素,投资者就不难分析出黄金价格的短、中、长期的价格趋势。

二、贵金属市场的技术面

从香港盘与内地盘不同的生存业态情况看,前者的风险和机遇均为后者的几十倍。基于风险才是考虑问题的基点(出发点),如果在前者市场可以生存,那么在后者市场的生存与发展就肯定没有问题。现将两个市场合并,进行统一的叙述。

在此,笔者作如下两个约定:
其一,本文后继章节只介绍高杠杆的情况下如何交易(低杠杆可以参考)。
其二,交易软件基于MT4,因MT4是国际通用贵金属交易软件(其他软件可供参考)。

（一）模拟盘口情况及如何操作(实盘前哨战)

1. 如何"开立模拟账户"（以某经纪公司为例）

（1）进入此经纪公司主页面,双击"开立模拟账户"(见图2-1);

图 2-1　开立模拟账户界面

（2）出现如图 2-2 所示的界面，按要求填写相关内容，双击"下一步"；

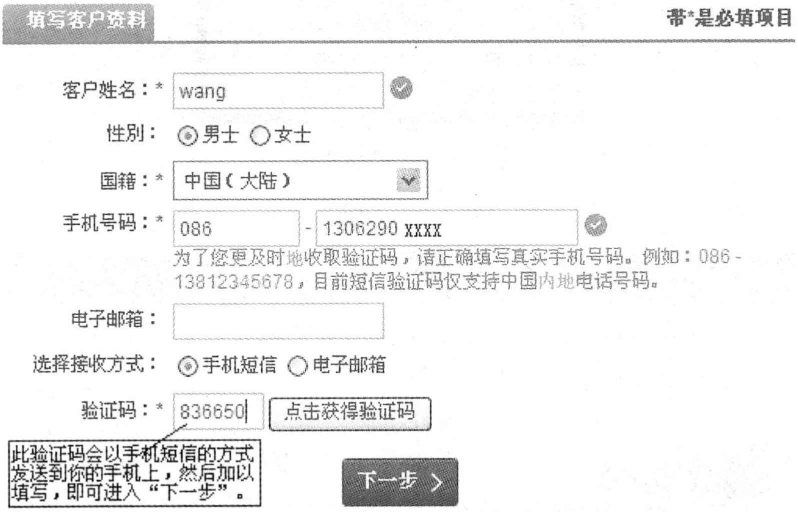

图 2-2　填写客户资料界面

（3）出现如图 2-3 所示的界面，记录下你的"账号"与"密码"即可。

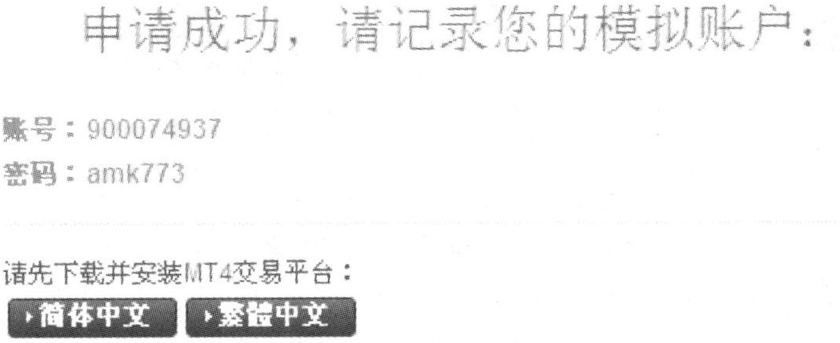

图 2-3　申请成功界面

注意：如果你的申请总是不能成功，可以让对方的客服人员代为申请。

2. 如何下载模拟盘所用的交易软件 MT4

（1）在主页面的左上角，双击"交易平台下载"（见图 2-4）；

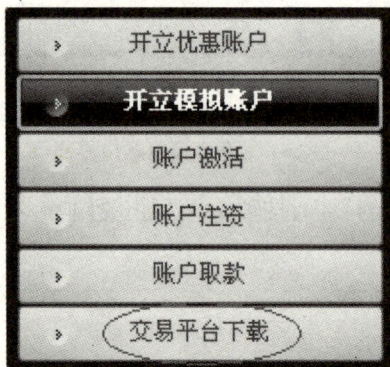

图 2-4　下载界面

（2）出现如图 2-5 所示的界面，双击"立即下载"；

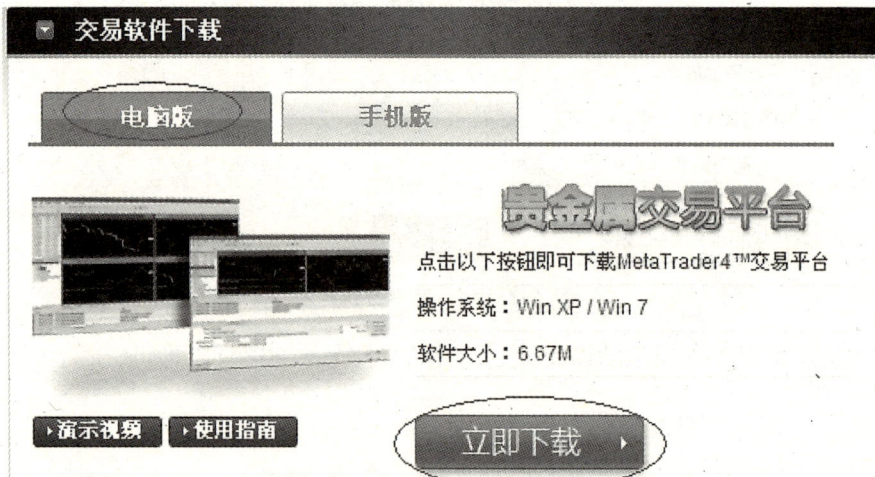

图 2-5　立即下载界面

（3）出现如图 2-6 所示的界面，就可以指定下载路径（通过"浏览"方式）。

注意事项之一：一般来说，不要下载到 C 盘，否则重做操作系统时，文件即丢失。同时，C 盘的文件不要太多，以免造成拥堵。

注意事项之二：将"快捷方式"放到桌面，方便操作。

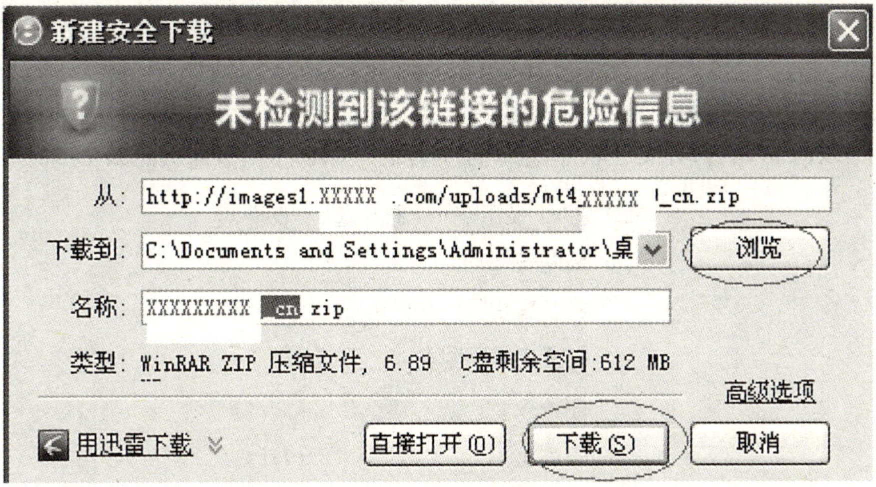

图2-6 下载路径界面

下面的操作按照提示的要求进行操作,即可完成。

注意事项之一:如操作有困难,可咨询对方客服人员,还不行的话可以申请远程协助(QQ方式)。

特别要提醒的是,规范的经纪公司在远程协助的时候,均不会要求客户提供"实盘账号与密码"(模拟盘无碍)。出现索要实盘账号与密码的情况时,不提供,并向当地的金融监管机构提出申诉。

注意事项之二:模拟盘与实盘的一致性。MT4模拟盘与MT4实盘"交易界面"的显示与"功能键"的诸多功能等方面完全一致。只是交易单位的大小会有所区别。比如,此经纪公司最小的模拟盘交易单位是一手黄金或白银,但实盘最小的交易单位是0.05手黄金与白银。借助模拟盘的模拟交易功能有助于投资者迅速熟悉MT4的各项功能以及建立自身的交易思路。

注意事项之三:模拟盘的必要性。有人认为模拟盘与实盘区别极大,并美其名曰:在岸上学游泳不如到大江大海中锻炼。在笔者看来,此话不无道理。不过,个人认为模拟盘的经历十分必要,建议此过程绝对不可以忽略,不过这并无强人所难的意思。

注意事项之四:模拟盘的长期性。现在境内香港与境内内地经纪公司对于模拟盘多数情况下不再有时间的限制,早先许多的经纪公司仅给予一周的模拟盘时间,即一周后需要再次申请,以往的交易记录不再保留(这点可以理解,因为经纪公司需要交易者进行交易才可以收取手续费用,体现了让投资者或投机者迅速进入交易状态的思路)。不过,此类做法值得商榷,从长远来看,对于经纪公司未必有好处。笔者建议:选择经纪公司,此点较为重要,一周模拟盘的时间无法追踪交易思路成功与否,更无法建立相对成熟的交易模式。

3. 如何使用模拟盘

(1)双击 MT4,打开交易软件,选择左上方的"文件"→"登录",见图 2-7;

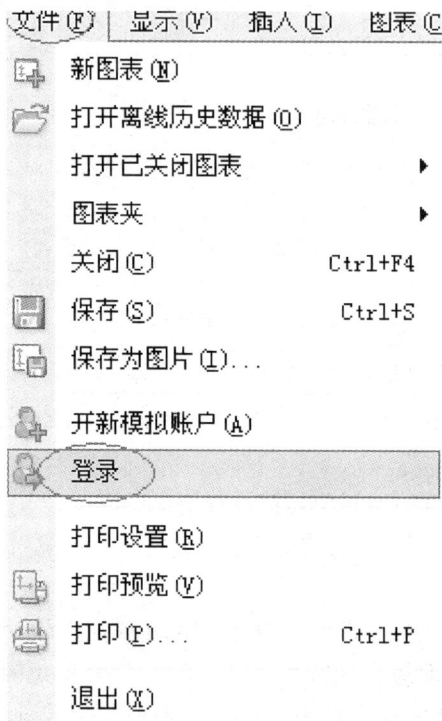

图 2-7　选择登录界面

(2)出现如图 2-8 所示界面,填写相关信息,最后"登录";

(3)出现如图 2-9 所示界面,即主要的"交易功能区"与"功能键"集中的界面。

注意事项之一:所有界面的形式逐一打开,所有的功能键建议要一项项地分析与使用。

注意事项之二:对于投资者或投机者本身没有太多用处的界面与功能,可以通过"重置"加以取消! 如果还是有不能取消的内容,那么可以重新解压缩 MT4 交易软件,达到彻底清除的目的。

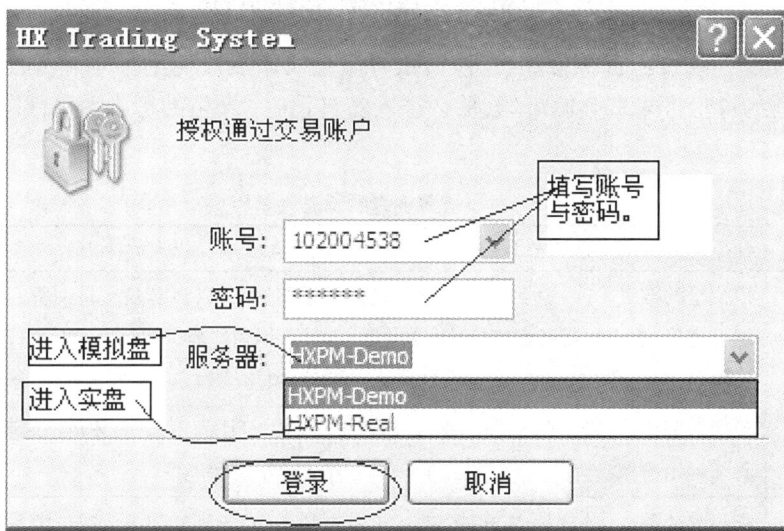

图 2-8　账号登录界面

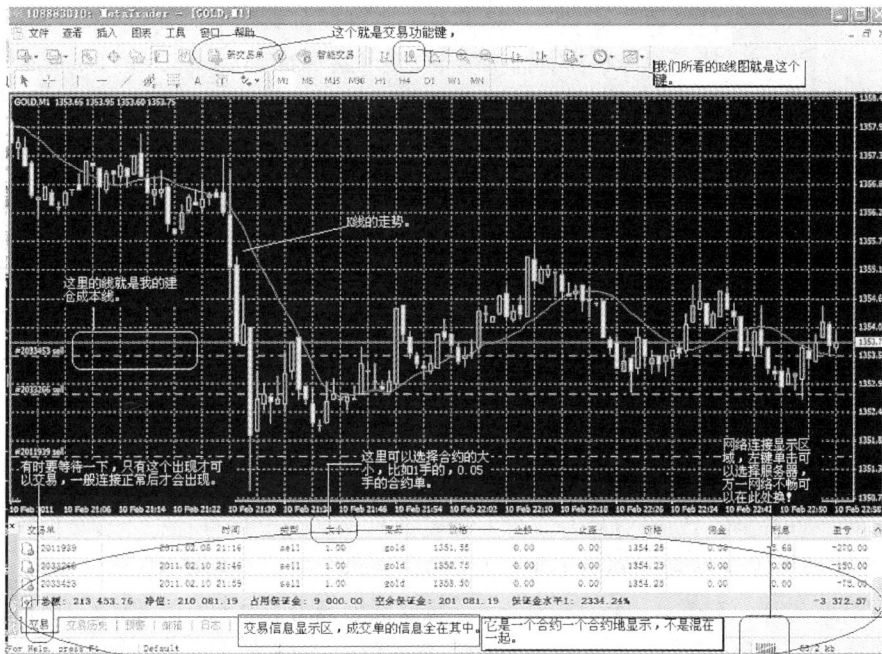

图 2-9　交易界面

（二）进入实盘的标志性事件

如果投资者或投机者准备在黄金、白银等贵金属市场长期生存并有所收获，而不是以一个赌徒的身份进入贵金属市场，那么进入实盘是有"严格的标志性事件"的，详见表2-2。

表2-2　　　　　　　　　　　　　　进入实盘的标志性事件

1. 时间	模拟盘的时间：至少达到1年以上，否则心理上无法承受巨大的压力。
2. 数量	模拟盘的数量：至少达到10万次，否则训练量明显不够，在实盘交易中所有的技术动作都会变形，心态更是一塌糊涂，无法做到心到、手到的境界。即每天500次（不是500手）的模拟交易，按220个实际交易日计算，一年做到。
3. 爆仓	模拟盘的爆仓：此经历十分重要，交易者才会知道纪律的重要性，才可以看到风险极大。必须利用模拟盘强行爆仓数次，看到几十万美元在瞬间消失。
4. 资金	模拟盘的资金：将模拟资金完全看成投资者的本金，否则任何由此获得的交易技巧与能力都是假的。比如，有的投资者在操作模拟资金的时候，过分随意，一掷千金，做对了，几分钟获利1万美元，试问：实盘你有胆量将数年的积蓄以如此的方式投入贵金属市场吗？所以以实盘的心态对待模拟资金的使用，才能获得真正意义上的实战能力与技巧，否则模拟交易耗尽十年光阴也没有用处。
5. 程式化	模拟盘程式化：交易系统形成（进场、持有、保护、出局），并严格执行。赚取自身交易系统之外哪怕仅一分钱，都不是合格的交易者。此点最难做到。赚钱不难，自律难，而将其他交易机会看成是对自身交易体系的伤害，则是难上加难。
6. 阶段	模拟盘周获利：连续六个月完成"周获利"指标（职业化的前提）。水平达到"闲云野鹤"的阶段，才是进入实盘较为理想的标志。这点很难做到！

（三）实盘的盘口情况及如何操作（人性的历练）

实盘的盘口情况与模拟盘完全一致，操作完全相同。何惧之有！现在，唯一产生奇妙变化的是心态，唯一妨碍交易者充分发挥模拟盘水平的也只有心态。真金白银决战的关头，大多数人无法做到内心的平和。只因为钱而来，所以为钱所累、为钱所困。挣钱，吓死；赔钱，气死。涨与跌，无论有利无利，都是恐惧万分。人性中恐惧的一面使得此类人受伤甚深。到此为止，对这类人来说，退出是最好的选择。

世上从来不缺聪明人，甚至于聪明绝顶之人，虽然只是较少的一类群体。只因太过聪明,不缺技术,浑身的武艺,一身的才华;眼见与未见的猎物都是猎取的对象,所以面对的诱惑太多,遗憾的是最终也伤得不轻。

如果无法面对诱惑,即便你是智者,笔者还是建议你到此为止。如果将其他交易机会看成是对自身交易系统的一种伤害,告诫自己其他的交易机会只是"陷阱"旁边的一块肉、一条鱼,那么诸如此类的诱惑就可以坦然面对,甚至是主动回避。那时,你才可能淡然一笑,轻声地对市场说:"不要美酒,如何醉我?不近女色,安能神伤?"

这就是人性的历练!真正高手的比拼不再是技术,更不会是技巧,只是"对过分欲望的控制"。简单地说,赢家之间,绝非彼此的对决,角斗只是凡夫俗子的荒唐。不再与人争执,后悔与人争执过;不再需要聪明,后悔曾经聪明过;不再需要心明眼亮,后悔追求过此等境界,归化于平静。因为他们深知,即使是尧舜禹汤、秦皇汉武、天地英雄,最终的归宿也仅一抔黄土、两行热泪罢了。

他们的眼中,没有浮华、喧嚣的尘世,没有他人,唯有自己的存在;所要战胜的,只剩下内心的魔鬼,每天所做的事情,只是内心的自省与独白。已然平淡,已经无为,早已波澜不惊,故而是潜水的鱼。其实他们就生活在你我之中,可能是你的邻里、乡亲、故旧、叔伯兄弟,或者说只是一位身处角落的听众,额头上写着沧桑的老者;他们所要的生活,只是在山水之间,听风、看山、知鸟音,享受那如画的人生!

现举一例加以说明,如图 2-10 和图 2-11 所示。

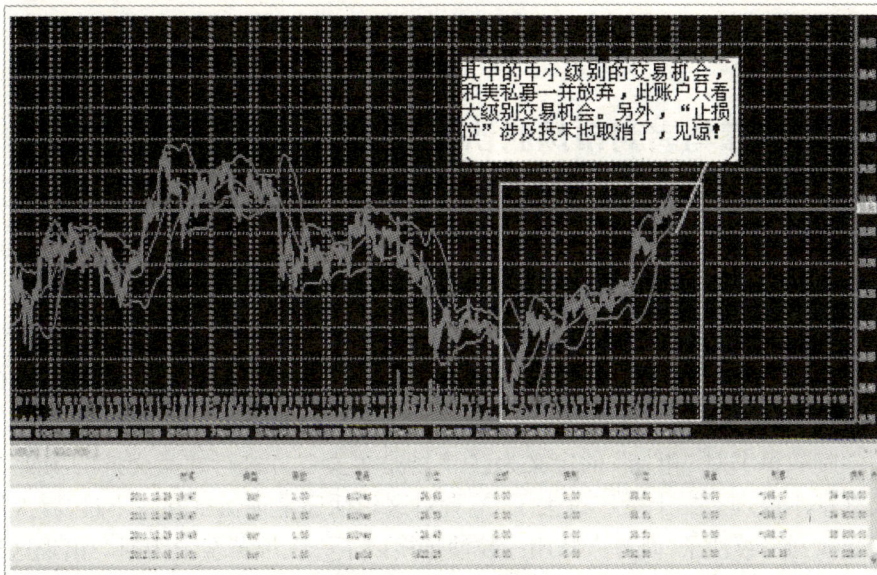

图 2-10 交易界面

价位	止损	获利	价位	佣金	利息	获利
26.63	0.00	0.00	33.51	0.00	-168.17	34 400.00
26.53	0.00	0.00	33.51	0.00	-168.17	34 900.00
26.45	0.00	0.00	33.51	0.00	-166.17	35 300.00
1622.25	0.00	0.00	1732.50	0.00	-138.33	11 025.00

余额: 59 316.44　净值: 174 808.60　已用保证金: 2 930.00　可用保证金: 171 858.60　保证金比例: 5925.72%

交易 | 账户历史 | 警示 | 邮箱 | 日志

从2011年12月29日持仓以来，到2012年1月30日，资产从60 000美元增加到170 000美元。其间，中小级别的交易机会全不要，只要战胜自己，无人可以伤害你。

只用了三手银和一手金就可以做到。

保证金比例从来没有低于2 000%，否则停止交易，处理手中现有持仓。

假如你的心不是很大，假如12万美元足够你一年的开销，假如这12万美元只是意外之财，那你感觉如何呢？然而一年之中，如果你天天空仓，只是等待这样级别的一个机会，那我可以告诉你，至少有十几个。

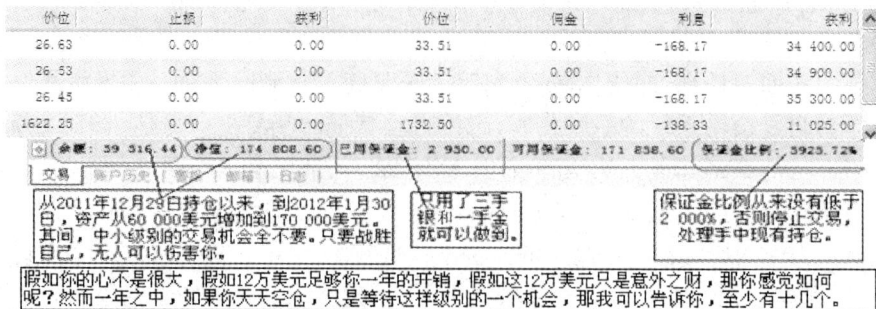

图 2-11　交易界面的分析

如果投资者或投机者按照前文所述的方式进行交易，那么笔者可以告诉你的是，贵金属市场已经无法战胜你。"简单的动作，不断地重复"这就是挣钱的不二方法。好吧，说得再直白一些，就是"休息→盯住市场→寻找'属于你的机会'→举枪→击发→收获"，并以此循环！

那些所谓的高手如你一样，都是天造地设，并无不同。最后你可以发现：原来自己真的有"如大禹般的智慧"！哪怕没有上过几天的学，你也一样可以挣钱。

不过，笔者还是要说：你挣钱的可能性低于10%，挣大钱的可能性低于1%，成为大师的可能性低于万分之一。生活就是这样；人生不过如此；命运从来荒唐；经历依旧坎坷。靠天之人，天不眷；靠地之人，地不应；靠己之人，天地长相托。

三、不同市场参与者对市场的认识

如果有一天，江苏卫视的《非诚勿扰》节目不再解决男女之间的婚姻大事，天津卫视的《非你莫属》节目不再解决年轻人的择业问题，江苏卫视的《非常了得》也不再表演"益智答题脱口秀"节目，而是办一个"非常市场"，那么也许仅一天时间，可能就会有数亿件商品呈现在交换者的面前——好的坏的、不好的不坏的、不坏的不好的、坏的好的，应有尽有。交换者纷至沓来，只是其中有需要的东西，并希望用相对不值钱的物品交换所需要的"玩艺"，所谓"无利不起早"嘛！

商学院教科书对"市场"的定义为："市场是买卖双方进行商品交换的场所。"等价交换是其基本原理。二十余年过去了，笔者对这句话还是记忆犹新。不过，有人用一堆金钱仅交换到一粒沙子，而有人却用一粒沙子换回了一大堆黄金。为何会出现这种情况呢？每个人不都智慧如"大禹"吗？只是，此"鱼"非彼"禹"也。"人吃人"在此处释意为：

"禹(鱼)吃鱼"者也。

市场是什么？教科书的定义不尽如人意！ Requiescat[1]认为："市场就是你认为它是的那种东西。"颇以为然也！笔者认为"市场就是你'总'认为它是的那种东西。"譬如"盲人摸象"，笔者认为，大象就是盲人所摸索到的那个东西。大象就是一根柱子、一面墙、一根软管、一把扇子、一条尾巴。上述观点并没错，错在一会儿把大象当成柱子，一会儿当成墙、管、扇、尾，错在同时把它当成"柱墙管扇尾"。如果当成柱子，总有让你摸索到是柱子形状的时候；当成一根软管，总有以软管示人的时刻。由于以柱子形态出现的概率超过了 50%，所以你"总是"赢家；由于以软管示人出现的概率少于 50%，所以你"总是"输家。

Requiescat 认为，市场背景或环境都无法认知，并且不关心这种认知的人，怎么能指望在环境内成功或适应呢？而"市场是什么"，恰恰决定了在双向市场中，一切重要的方法和路径。没有对这个问题的思考和定型，一切方法和技术都毫无基础，如同在旋涡中的树叶，找不到可以稳定的流向和希望，在市场中也就无法成功，甚至无法走上可能成功之路。而对市场的思考和定型才是构成交易模式的主要基石与手段。

Requiescat 还写道："世界的存在犹如一颗钻石，人类现阶段水平的认知无法把握整体，只能把握钻石的某些刻面，并在这个刻面的局限内取得现实的成功和成功的重复——这也许才是人类所谓客观的真实含义。

在交易高手的"法眼"中，世界上没有不同的市场，没有不同的品种，没有需补充的知识，没有需要重新学习的技术，不需要学得更多只需要学得最少，市场有定式定形并不重要，自己不重要，别人不重要，对错不重要，交易时间段不重要，预测与预期不重要，技术不重要，情绪反应与控制不重要，收获不重要而承受才重要，疲劳与体力充沛不重要，职业不重要而不要职业才重要，专家是个失败的笑话当然更不重要，盈亏不重要而敢亏敢盈才重要……交易交易，买卖而已，快乐买卖而已……"

人只能在自己的能力范畴内吃饭。"一"个人在"一"个时刻只能踏入"一"条河流。如果上帝给芸芸众生有每天取水的任务，那么笔者的建议是永远去你熟悉的那条河流，在同样的时段，同样的地点，用同样的动作去汲等量的水，只要河流还在！重复简单的动作。因为简单，所以快乐；因为只是重复，所以随心所欲；因为只是简单而重复的动作，所以其他的人与学富五车的人站在同"一"个起跑点。这就是交易方式的根本出发点。

(一)短线投机者眼中的市场

Requiescat 写道："市场只是一个池塘，以池塘的方式进行着震荡。自己要做的事，

[1] 注：一位不知名的网络写手。

不过是成为一片树叶,在池塘中起伏飘荡,不可能沉没而已。

在合格的短线投机者眼中,主力、大户、中户、散户、机构、厂商和政府都不存在,也没什么多仓、空仓、震荡、持仓、指标等这些乱七八糟的东西,更不会去寻找任何因果关系或因果逻辑的操作依据,操作手法也极为单纯,仓位和资金管理、锁仓、套利这些技术手法都没什么用。市场在他们的眼中,除了单一的市场本身,其他所有一切都被过滤了!仅仅琢磨市场这个单一自足的"池塘"的个性,这"池塘"有它自身的生理或情绪反应,并且在多数情况下都是处于连续的演化状态中。

短线投机者要做的只是两件事:

(1)把握住池塘的个性和演化的最一般模式(注意,不是"定形"!)。

(2)将池塘的存在内化在自己体内,并逐步做到自己与池塘的合一。

市场在合格的短线投机者的眼中,不过是单纯得不能再单纯的存在(虽然单纯远远不是简单),他们想要成为的角色,也不过是卑微得不能再卑微的一片随波逐流并因此而不可能沉没的树叶而已。真正短线投机者的市场是一个娱乐和游戏的地方。短线与其说是一种技术,不如说是一种修养;市场与其说是一种艰苦的职业,不如说是用于休息的地方⋯⋯"

不过,在笔者看来,他们都是一群佝偻着腰,只是捡起沙粒,辛勤劳作的人。其中缘由,可观后文。

(二)中线投资者或投机者眼中的市场

在中线投资者或投机者眼中,市场只是较池塘大一些的溪流,以天为时间单位的方式进行着震荡。自己要做的事,不过是成为一段树干,在溪流中起伏飘荡,不可能沉没而已。

在中线投资者或投机者眼中,市场以唯一的方式运行着,没有了微小的波动,更没有湍急的险滩,只是均匀流淌着的潮起潮落。他们用尺子丈量着日常的波峰波谷,用时间丈量着潮起潮落的周期。除了单一的市场本身,其他所有一切都被过滤了!仅仅琢磨市场这一溪流的个性,这溪流有它自身的生理或情绪反应,并且在多数情况下都是处于连续的演化状态中。

中线投资者或投机者要做的只有两件事:

(1)把握住溪流以天为时间单位的个性和演化的最一般模式(注意,不是"定式")。

(2)将溪流的存在(个性)内化在自己体内,并逐步做到自己与溪流的合一(共生性)。

市场在中线投资者或投机者的眼中,没有了涟漪,只有潮汐。他们想要成为的角色,也不过是日出而行且日落靠岸的一段树干,并因掌握着潮起潮落的规律而不可能沉没的那段树干而已。

他们认为市场行进的唯一方式就是由一系列潮汐所组成,并且周而复始。当有一天暴雨如注,那段树干就会潜到水下,努力地使自己不沉没到水底。等待风和日丽、云开雨霁的那一天,浮出水面,抖动一下湿漉漉的身体,再次随着潮汐前进。

在笔者看来,他们都是一群智者,一天一次的劳作已经足够休养生息并且日有结余。

(三)长线投资者或投机者眼中的市场

在长线投资者或投机者的眼中,市场只是较溪流更大一些的江河,以月或年为时间单位的方式进行着震荡。自己要做的事,不过是成为一叶轻舟,在江河中顺流而下,不可能沉没而已。

在长线投资者或投机者眼中,市场以唯一的方式运行着,没有了涟漪,没有了潮汐,只有大风大浪。他们用尺子丈量着日月星辰,用时间丈量着岁月轮回。除了单一的市场本身,其他所有一切都被过滤了!仅仅琢磨市场这一顽劣的个性,这个顽劣有它自身的生理或情绪反应,并且在多数情况下都是处于重复的状态中。他们常说的是"历史往往重演,历史惊人地相似"。

长线投资者或投机者要做的只有两件事:

(1)把握住江河以月或年为时间单位的个性和演化的最一般模式(注意,不是"定式")。

(2)将江河的存在(个性)内化在自己体内,并逐步做到自己与江河的合一(共生性)。

长线投资者或投机者想要成为的角色,就是变成为搏击风浪的一叶轻舟,并因手法纯熟而不可能沉没的那叶轻舟而已。他们想写的就好比只是一部传记文学作品《水手与海》———一部海明威传世名作《老人与海》的姊妹篇。

长线投资者或投机者认为市场行进的唯一方式就是由一系列大风大浪所组成,间隔着潮汐与波纹,并周而复始。当有一天江河显露出她温情的一面,波澜不惊,这叶轻舟就会驶进港湾,收拾起行囊,等待再一次的洪波涌起,惊涛拍岸。他们会一起唱"东临碣石,以观沧海",然后奋不顾身地驶入极目无垠、海天一色的江海中,体验着生命中征服的快感。他们有着无比的耐心,可谓千年等一回。斯坦利·克罗 (Stanley Kroll) 就是这个群体的一员。

在笔者看来,长线投资者或投机者才是顶天立地的英雄,有着欲与天公试比高的境界。后发而先至!

(四)大型对冲基金眼中的市场

在大型对冲基金眼中,市场只是池塘、溪流、江河的组合体,以组合水体的方式进行着震荡,其中,鱼虾混杂,鲨鲸出没其间。大型对冲基金所要做的事,不过是成为一位伪装巧妙的怨妇,在月色下翩翩起舞,成为主角,但从来没有考虑过"沉没"。

在大型对冲基金的眼中,散户、中户、大户、机构、厂商、国家都是猎物。兴之所至,时而上下翻飞,卷起千堆雪,形成滔天巨浪;时而睡意蒙眬,水波不惊;时而躲在花丛中,惹得游人醉。无需琢磨这个组合水体的个性,因为它们的个性就是水体的生理或情绪反应。

大型对冲基金要做的只是两件事:

(1)把握住水体中大多数鱼虾的个性和随波逐流的最一般模式(注意,不是"所有的鱼虾")。

(2)将水体的存在内化在自己体内,并逐步做到自己与水体的合一(同一性)。

市场在大型对冲基金眼中,不过是单纯得不能再单纯的存在。他们一直在研究鱼虾心理学、鱼虾从众学、不同地域鱼虾的行为特征。终于有一天,研究出了一系列捕食的方法,包括:如欲取之,必先予之;搅得周天寒彻、乱七八糟;半路杀个回马枪;一路走到黑等。

大型对冲基金也深知,自己绝非万能。有的鱼虾确实能够生存,但大型对冲基金的缺点在于自己身形巨大,无法快速转身;还有的只是一两只鱼虾,如果行动起来,自己非饿死不可,只有成吨的鱼虾,能形成潮汛时,才会激发它们的兴趣。

做得过分了,不小心伤了自己人,引起了众怒。有"人"来"管"的时候,装成可怜巴巴的样子,楚楚动人、惹人怜爱;不时还会低眉顺目地给管理员献上殷勤,敲敲背,揉揉腿。于是,管理员对着水体大声嚷嚷:是哪位鱼虾(交易员)动错了鳍(手指头)。

在笔者看来,鲨就是鲨,鲸就是鲸,食肉本是天性,天然所成的秉性不可能改变。它们就是资本的化身,力量的源泉,市场始作俑者。有它,可恶;无它,心想。这真是一个奇妙的世界。

(五)生产商眼中的市场

在生产商眼里,市场只是一个组合水体,以水体系统的方式进行着震荡。自己要做的事,不过是在维护着这片水体的起伏飘荡、生态循环,不可能消失而已。没有它们,所有的鱼、虾、鲨、鲸都将会成为化石。在这片水域生态系统中,它们才是最原始状态的缔造者:池塘、溪流、江河。

在生产商的眼中,散户、中户、大户、主力、机构、厂商和政府、大型对冲基金都存在,都是生态系统的一员,不可或缺。没有什么多仓、空仓、震荡、持仓、指标等这些乱七八糟的东西,更不会去寻找任何因果关系或因果逻辑的操作依据,操作手法也极为单纯,仓位和资金管理、锁仓、套利这些技术手法都没什么用。市场在他们看来,除了单一的市场本身,其他所有一切都被过滤了! 他们仅仅琢磨市场能够带来的价值。

生产商要做的只是两件事:

(1)维护好正常的生态环境,必要时叫上管理员。

(2)利用市场的流动性进行对冲交易行为,从而实现最重要的目标——套期保值(排他性)。

市场在生产商的眼中,不过是单纯得不能再单纯的存在。所有的参与"者"(包括池塘、溪流、江河、树叶、柴草、轻舟、人群、理论、观点、看法、感受、雄心)都只是他们的避险工具,有百利而无一害。越跌越买,越涨越卖。顺势交易唯恐避之不及,对于至高无上的顺势交易理论而言,其行为简直愚不可及、无可救药。不过,他们心甘情愿地做着人们心目中的那头蠢驴,义无反顾地做着反面教材而乐此不疲。只要市场存在一天,就决心永远这样做下去。

在笔者看来,生产商是一群十分聪明的人,小心地呵护着自己未来的财富。

(六)西方发达国家集团眼中的市场

在西方发达国家集团眼中,市场只是一个组合水体,以组合水体的方式进行着震荡。自己要做的事,就是成为一名管理员。在有机的水生环境中享受着起伏飘荡的快乐,直到地老天荒。

在西方发达国家集团眼中,除了单一的市场本身,其他所有一切都被过滤了! 仅仅琢磨市场能否给自己带来最大的战略利益,那就是对大宗战略资源的垄断地位,进而实现国家利益的最大化。

西方发达国家集团要做的只是两件事:

(1)维护好正常的生态环境(市场的存在),必要时叫上"小兄弟"[①]。

(2)将市场的存在内化在自己身体中,并逐步做到自己就是市场,市场就是自己(管理属性)。

市场在西方发达国家集团的眼中,不过是单纯得不能再单纯的存在。想要成为的角色,也不过是"卑微得不能再卑微"的水生动植物管理者。天生尤物、百媚千娇,集万千宠爱于一身。天地间,谁奈我何?!

---

① 　"小兄弟"是指其他利益关系的国家。

在笔者看来,西方发达国家集团才是这个市场真实的主角,真正的影帝,现实版的上帝。

(七)市场评论"家"眼中的市场

在市场评论"家"眼中,市场只是一堆饭碗,以饭碗的方式进行着震荡。自己要做的事,不过是在大大小小的饭碗中起伏飘荡,并寻找那只最大的饭碗而已。

市场评论"家"的眼中,散户、中户、大户、主力、机构、厂商、政府、大型对冲基金都不重要,有人关注最重要;懂不懂也不重要,装作很懂最重要;多仓、空仓、震荡、持仓、指标等这些乱七八糟的东西不重要,什么都能说上一些最重要;任何因果关系、因果逻辑、操作依据、操作手法并不重要,能够指点江山最重要;仓位、资金管理、锁仓、套利技术手法更不重要,可以吸引人的眼球最重要;事前不重要,事后诸葛最重要。

市场评论"家"要做的只是两件事:

(1)把握住饭碗存在的个性和演化的最一般模式(注意,不是"定型"(即固定的评论模式)。多数人对此类评论风格已觉腻味,换个风格)。

(2)将饭碗的存在内化在自己体内,并逐步做到自己与那只最大饭碗的合一(寄生性)。

市场在这些评论"家"眼中,不过是单纯得不能再单纯的存在。他们想要做的,就是寻找那只最大的饭碗。言者,言由心生。不过,笔者看来,大多言不由衷。所比者,只是谁的嗓门大,谁的理论更极端,谁爆的料更多、更离奇、更荒唐。由此观之,评论都可付诸笑谈中。

笔者认为,在普通民众之中,不必有过分惊人的言辞。打动人心未必需要走极端,和风细雨才滋润。在笔者看来,评论的现象总是存在的,不必介意,姑妄说之、姑妄听之吧。交易者自己的分析最为重要!

(八)经纪商眼中的市场

在经纪商的眼中,市场只是一个赌场,以赌场的方式进行着震荡。自己要做的事,不过是成为一位收银员,在赌徒中起伏飘荡,绝无沉没的可能性而已。经纪商眼中,散户、中户、大户、主力、机构、厂商和政府都存在。来吧,五湖四海的朋友!八方宾客齐相聚,来者都是客,都有茶一杯。套用古玩界的一句俗语:都是好东西。

海量的交易(一周30亿美元的成交量),惊人的理论(多头、空头、震荡、持仓、指标、仓位、资金、管理、锁仓、套利、套保、止损、对冲、流动性、价格发现、套期保值、风险管理等),神话般的交易大师("世界首富"、"打败英格兰银行的人"),令人咋舌的操作手法(20个点的波动做出了200个点的价差),传奇的经典战例(走在曲线前面、世界金融海啸、亚洲金融风暴、欧洲债务危机),这一切都让人眼花缭乱、目不暇接,使得市场热气腾腾。

市场在他们的眼中,除了单一的市场本身,其他所有一切都被过滤了! 仅仅琢磨市场这个单一自足赌场的个性,这赌场有它自身的生理或情绪反应,并在多数情况下处于"凑热闹的旅鼠效应"的演化状态中。

经纪商要做的只是两件事:

(1)把握住赌场存在的最一般模式——合法牌照的取得。

(2)将赌徒的存在内化在自己体内,并逐步做到影响赌徒的思维习性(以爱的名义)。

市场在经纪商的眼中,不过是单纯得不能再单纯的存在,虽然单纯远远不是简单,市场是个娱乐和游戏的地方。市场与其说是一种艰苦的环境,不如说是来数钱的地方……

Requiescat(拉丁文,意为天主教的安魂祷告、安魂祈祷)仙女("先"生、"女"士的统称)究竟是谁? 不知(虽然笔者很想结识他)! 短线池塘理论是否由仙女原创? 依然不知! 只是有一点不解:Requiescat为何不再写了? 江郎才尽了吗? 不可能,妙笔生花呀! 笔者思忖:其一,仙女是短线交易高手,短线手法见长;其二,期货业的业内人士,故而仙女只想公开短线交易的池塘理论。交易者都去做短线,仙女们可就梦里都会笑醒。如果仙女的身份是业内人士,那么笔者丝毫不会感到奇怪。不过,对于Requiescat的水平,笔者并不怀疑,是有真货色的。

在笔者看来,聚赌抽头是经纪商人的本质,热气腾腾只是交易场所的表征。众人亏损累累是永恒不变的统计事实,交易大师的名头只是一将功成万骨枯的真切写照。

(九)笔者眼中的市场

在笔者眼中,市场只是一个污秽的烂泥塘,以烂泥塘的方式进行着震荡。自己要做的事,不过是成为一位太极推手,在烂泥塘里起伏飘荡,出淤泥而不染,濯清涟而不妖,不可能沉没而已。

市场在笔者的眼中,除了单一的市场本身,其他所有一切都被过滤了! 仅仅琢磨市场这个单一自足的烂泥塘的个性,这烂泥塘有它自身的生理反应或情绪反应,并且在多数情况下都是处于众人皆醉我独醒的连续演化状态中。

笔者要做的仍然只是两件事：

（1）把握住烂泥塘的个性和演化的最一般模式（注意，不是"定式"）。

（2）将烂泥塘存在内化在自己体内，并逐步做到自己与烂泥塘的合一（借力打力）。

市场在笔者眼中，不过是单纯得不能再单纯的存在，虽然单纯远远不是简单，想要成为的角色也不过是卑微得不能再卑微的随波逐流、"同流合污"的太极推手，并因随波逐流、"同流合污"不可能沉没而已。市场是个娱乐和游戏的地方，也是实现人生理想的舞台。

在笔者看来，简单的动作，不断地重复。其实生活就是这样简单！

多数人的立场永远是错的，这是由"交易"所带来的必然属性。不论参与者操盘的手法有多么高明，不外乎短线、中线或者长线；不管投资者或投机者是谁，持有的头寸不外乎多头或空头。不过，手法并不重要，再好的手法只要头寸的方向（或者说主要头寸的方向）是错的，也一样赔得精光，只是时间的长短而已，所以重要的是立场。市场必向着多数人立场相反的方向运行。市场的走向由资本决定，而资本从来只为少数人所掌控。

多数人的观点也是错觉居多，这是由于只看表面现象的必然结果。比如，多数人认为，当今的中国到处都是金钱，已经没有穷人。以经济发达地区的江苏省为例，以户为单位，截至 2011 年底，银行人均存款额也只有 7.5 万元人民币，即户（以 3 人计）均银行现金总存款额尚不足 25 万元人民币。在社会、医疗、教育、养老、住房等保障不足的今天，在面临相当大通胀压力的情况下，这些现金承载了一个家庭多大的期望值？笔者不知，但深信这些远远不够。因此，交易者需要有独立特行的思维特质，能在热闹非凡的市场中看到危机的本领。

因此，拥有不一样的立场，保持独立特行的思维特质是贵金属市场长久取胜之道。笔者建议，投资者应努力地站在少数人一边，在看不清楚的时候选择离场。

1. 市场的完全控盘性

郎咸平先生的"西方阴谋论"，还有李骏先生的"美联储的话要听"，特别是笔者多年来对于市场的观察，无不说明一个基本的事实：国际大宗商品（尤其是战略商品）的定价权（其实何止是定价权，连同话语权、需求、原材料等）完全由西方发达国家集团所控制支配。

看看橡胶、大豆、石油、黄金、白银、铜、铝、铅、锌等品种的长期价格走势就知道了，眼见为实。金融是一场超级战争,远非热战可比。原马来西亚总理马哈蒂尔曾指出,亚洲金融风暴,吹走了马来西亚经济 10 年发展的成果。以中国为例,30 年经济发展所带来的外汇储备量,如果折算成可购买原油的数量,那么笔者认为这是一桩赔本的买卖。

国内经济学家也不蠢,只是没有办法。如果外汇储备不以美元的形式存在,而以黄金等贵金属(或其他方式)的形式存在,那么必有人使得美元坚挺无比;如果以美元的形式存在,那么黄金等贵金属的价格将持续走强。总之,好处是一点也占不到的。国内专家们采用了你中有我、我中有你的做法,即混合持有、交叉持有的模式,以默认西方主导地位为代价,牺牲较少的利益,起到并实现保护国家根本利益的战略目的。不过,笔者却从国内相关部门主动与西方"交叉持有、混合持有"的联姻方式中看出了"西方对市场的完全操纵性"。

对于西方来说,垄断是永远追求的梦想,欲望无法停止。纽约泛欧证券交易所 2012 年 2 月 2 日宣布,正式终止与德意志交易所集团涉及 95 亿美元的并购案。欧盟委员会 2012 年 2 月 1 日发布公告称,鉴于德意志证券交易所和纽约泛欧证券交易所的合并,有可能引发欧洲金融衍生品市场交易的垄断。[1]从此段短文中可以管中窥豹略见一斑。

我们将视线转到贵金属市场,从图 2-12 和图 2-13 中,可以看出:在没有任何基本面改变的情况下,黄金、白银的日 K 线图会走出价格如此震荡剧烈的行情,充分说明了市场的可控盘性。

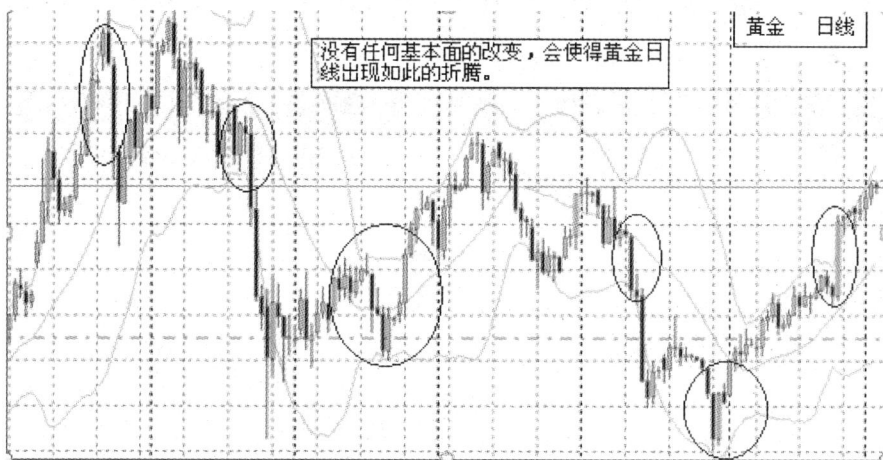

图 2-12　交易界面分析一

---

① 资料来源:新华网,纽约,2012/02/02 日电。

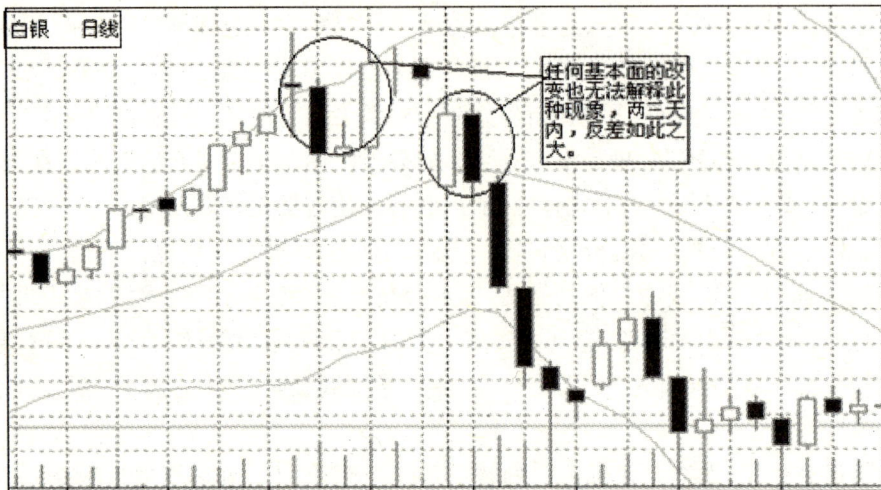

图 2-13　交易界面分析二

2. 市场短期的无序性与中长期的有序性

受多种因素的影响,贵金属价格的短期方向不明,也无法明确。比如,前文所述的基本面多因素的综合影响;再如,市场参与人士各式各样的进场与出局理论;还有,大型对冲基金搅乱市场的动机等,就像一个火车站,让你无法预测随后的一分钟是进站的人多,还是出站的人多。

在笔者看来,基于闪电图、M1 与 M15 的时间指标进行交易的交易模式均为失败模式。从图 2-14 至图 2-16 中,读者就可以清楚地看出这点。

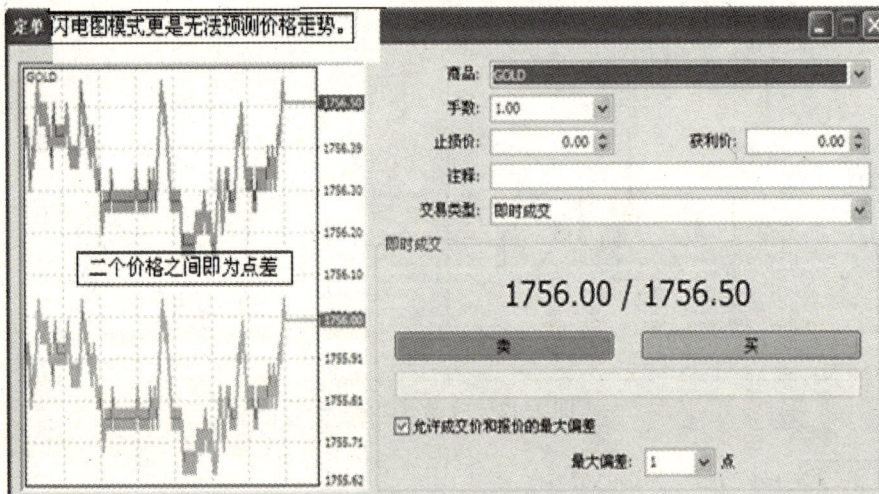

图 2-14　闪电图界面

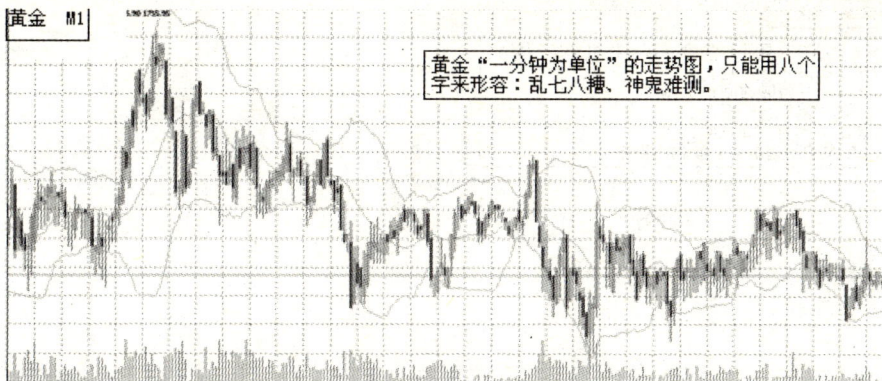

图 2-15　M1 的交易模式界面

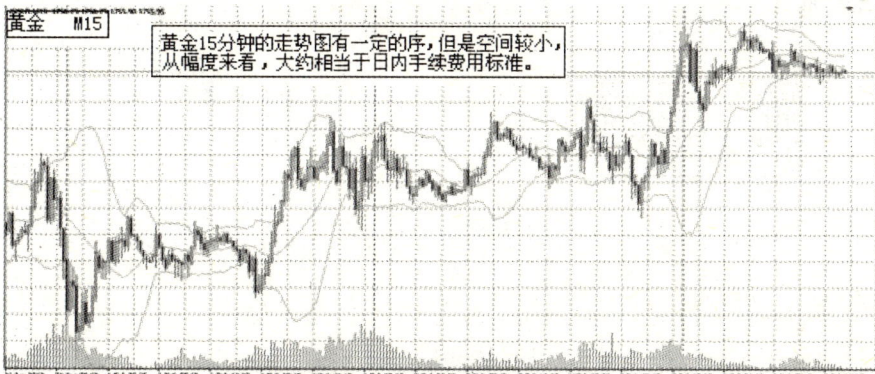

图 2-16　M15 的交易模式界面

受主要因素影响,不论此主要因素是出于基本面,还是出于重大消息面(突发事件),抑或出于技术面(主要是国际大型对冲基金的行为),此时才具备走出较长时间即持续行情的前提,才可能为投资者或投机者参与交易腾出操作上的空间。

对于投资者或投机者而言,充分利用交易方向上的持续性与空间高度的可操作性,寻找并建立自身的交易模式极为重要。一张图,耐下性子看一天或一周,必定有极大的收获。

譬如,从图 2-17 至图 2-21 中,就可以清楚地看出行情的有序性,因而就具备了参与的可能性。

黄金　M30

M30是有交易经验的投资者与投机者最常见的
(1) 时间不长不短。
(2) 行情反映时间也足够快。
(3) 交易机会较多。
(4) 有序有空间高度。
最大的问题是：主要骗线集中区。

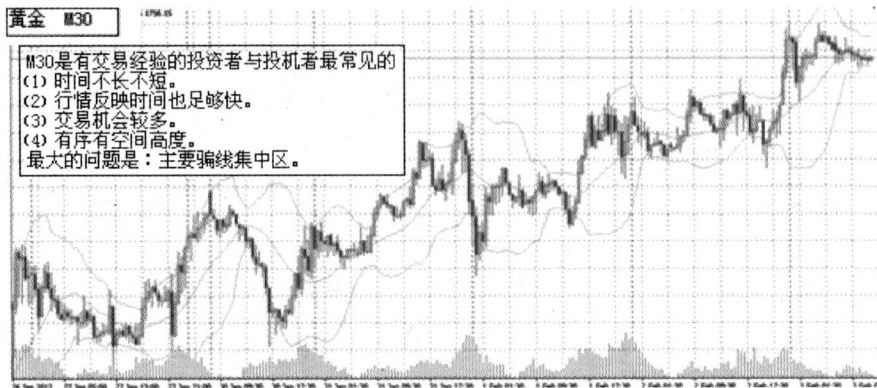

图 2-17　M30 的交易模式界面

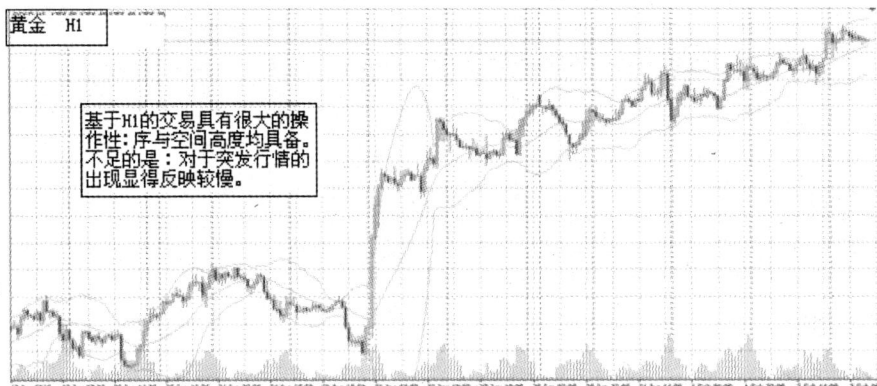

黄金　H1

基于H1的交易具有很大的操
作性：序与空间高度均具备。
不足的是：对于突发行情的
出现显得反映较慢。

图 2-18　H1 的交易模式界面

黄金　日线

优点：
有序，有空间高度。
缺点：
(1) 交易机会较少；
(2) 日线也是骗线集中区。

图 2-19　黄金日线界面

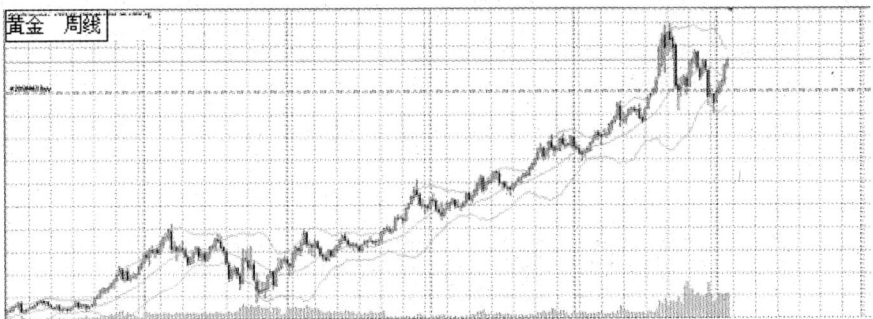

图 2-20　黄金周线界面

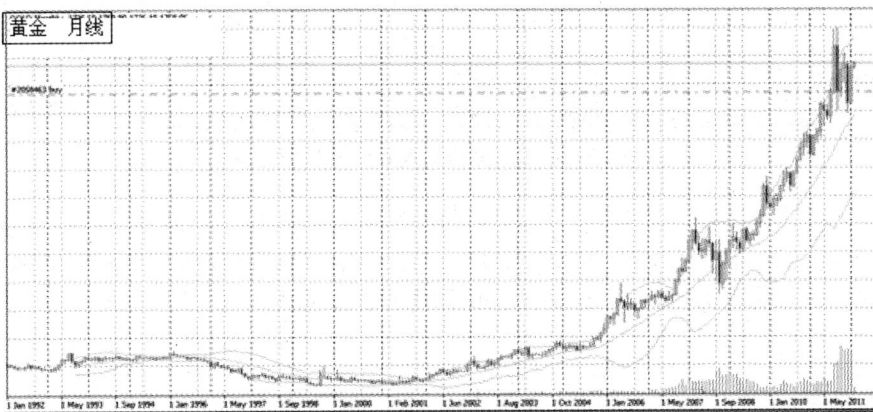

图 2-21　黄金月线界面

在笔者看来，基于"中长时间周期"进行交易，并以此确立交易模式的思维方式是正确的。至于最终成功与否，则是另一回事，取决于多种因素的综合。

3. 市场的连续性

为何会出现价格走势的连续性呢？究其原因，主要有两点：

（1）由于短期因素并不能从整体上影响价格的中长期走势，所以价格不会出现持续性。不过，主要因素的出现就会打破现有多空力量的平衡，使得价格的走势出现单边趋势。

（2）大型对冲基金的刻意行为：放大行为。一般来说，市场有两种力量，即做跟随的趋势单与做震荡的高抛低吸的手法。趋势、震荡手法在同一个位置上的观点完全相反，比如在布林线的上轨，做趋势单的人认为行情会持续向上，买入多单，做震荡单的人认为应逢高做空,买入空单。在行情上涨的过程中,对冲基金集群利用盘中的震荡来达到有效地减少多头持仓量的目的,套住亏损的空单,并且不断地吸引新增空单的进场,从而导致持续性行情必然出现,譬如图 2-22 所示的情况。

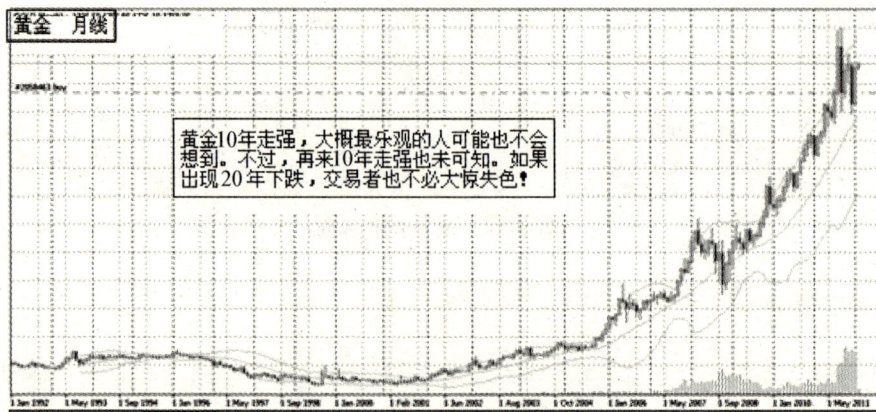

图 2-22　黄金月线界面及分析

　　至此,读者应已进一步了解贵金属交易市场。反复阅读、理解前文所述内容,做更多的知识准备,机会总是眷顾有知识准备的人。接下来,笔者将针对技术面做更深入的探讨,着重于交易模式的确立。"不畏前路重险阻,吹尽黄沙始到金。"

第三部分

微观之策

——知否知否　应是绿肥红瘦

一、程式化交易

　　根据其交易策略是否实现模型化、系统化,交易商可划分为系统交易商及直觉交易商(经验交易商)。系统交易商根据对市场的理解,结合数学原理,开发出基于历史行情数据的包含买卖策略、资金管理、风险控制等要素的计算机程序交易模型,即本文所述的程式化交易。

(一)程式化交易的含义

　　简明地说,程式化交易就是用交易系统来进行自动化交易处理的方式。

　　具体地说,程序化交易就是在指定模型约束下,按照模型给出的指令买入和卖出的交易行为。流程为:交易哲理的确立——建立相应的规则或者计算机算法(基于数学或非数学的方法)——由机器决定建仓的方向、点位、量(合约的手数)、止损与对冲、平仓等。

　　现阶段,由程式化交易所产生的交易量已占相当比例,是国际金融市场常用的交易方式,也是趋势化的必然。对于程式化交易而言,符合交易规则的失败是可以接受的,偏离交易规则的成功是断然不可以接受的。

(二)程式化交易哲学、交易方法与检验方法

　　交易哲学:源于交易者对于市场差异化的认知。基于基本分析、技术分析(数学理论、数据统计分布的数学模型、图形形态、时间周期、空间理论)、博弈理论、大众交易心理分析等较为常见。

　　交易方法:由"进场、持有、止损与对冲、出局"四部分的主要内容所构成。

　　检验方法:系统检验一般遵循"最差"原则,即进场的价位、时间最差等。交易系统是否基于安全模式、系统信号是否有效且数量足够、稳定性是否好(资金增长曲线平稳,资金最大即时回撤率在合理的范围内)、年获胜率是否超过 50% 等是检验的主要内容。

(三)程式化交易的必要性与可行性

　　程式化交易从根本上改变了交易的主体(由人变成机器);从根本上回避了人类难以克服的共同弱点,即恐惧与贪婪;能够把投资者或投机者从巨大的精神压力下解放出来;能够把生命中最宝贵的时间还给投资者或投机者。

　　人人都是程式化交易者。读者可能会认为,一般投资者或投机者没有能力、时间、条件进行程式化交易,从专业投资的角度看,此话不无道理。不过,广义的程式化交易也可以由交易者自行完成。比如,交易者总是以固定的方式方法参与贵金属交易,或者说借

助交易软件中的自动交易功能进行程式化交易行为。

没有最好的程式化公式，也就是说，不同时间段或不同的价格运行模式下，基于不同的程式化公式所取得的效果大为不同，即在一种情况下取得较好效果的公式用在其他情况下的效果可能较差，交易者切勿轻易对此程式化公式做改变，因为程式化公式是基于大数量的统计规律性所生成的交易理念。过度追求更好的程式化交易模式，是不可取或者说是有害的。

（四）程式化交易内容

> 本文在此处作几个约定：
>
> 其一，本文并不涉及程式化交易软件的编写（如有需要请与笔者联系），只触及交易理念的确立。对于准备进行全自动化操作的专业投资者来说，可将交易理念提交给专业的计算机软件开发公司集成程式化交易软件，进行"外挂软件"模式的交易。
>
> 其二，对于绝大多数一般投资者或投机者而言，本文的程式化交易可以视为交易理念，即交易模式的确立。

1. 选择经纪公司（资金安全性、回款便利性、杠杆、滑点控制、费用、资讯）

经纪公司的选择十分重要，投资者或投机者主要可以从以下几个角度观察。笔者认为，如果投机者属于风险嗜好型，那么香港贵金属市场是可行的选择；如果只是投资于贵金属市场或是稳健型操作风格的投机者，那么参与内地贵金属市场的交易也是相当不错的选择。具体分析见表3-1。

表3-1　　　　　　香港贵金属市场与内地市场的对比分析

资金安全性	香港资金的安全性较差；内地资金的安全性可以得到充分地保障。
回款便利性	香港回款的便利性较差；内地的回款方式方便快捷。
杠杆	香港杠杆很大，适合风险嗜好者；内地杠杆较小，适合稳健投资者。
滑点控制	香港通用MT4（MT5）交易软件对于滑点的控制较好；内地有差距。
费用	香港费用较低；内地费用较高。
资讯	香港、内地在此处相差不大，基本一致。

下文从"专业的角度"去对比各类经纪公司的优势与劣势。最适合投资者或投机者个性操作风格的经纪公司才是最为有利的投资或投机交易平台。普通投资者与投机者从中可以看出专业的投资或投机机构是如何选择符合自身要求的、合适的交易平台的。

笔者亲耳所闻,大量的经纪公司市场推广人员在向客户推荐其所代理的交易平台时,无法展现其专业水准,结果可想而知。此类情况的出现从另一方面也反映出经纪公司的培训工作没有到位。

比如,常见错误之一在于混淆了杠杆与保证金的关系。正确的说法是"浮动杠杆固定保证金"(外盘一般采用此类标准)或"固定杠杆浮动保证金"(内盘一般采用此类标准)。常见错误之二是认为杠杆仅由合约的大小所确定。以白银为例,比如合约的大小 2 500盎司 /1 手,市场推广人员认为其杠杆就是 2 500 倍。正确的理解是杠杆不只是由合约的大小所确定,而且与保证金的数量有关系。

现在笔者就专业投资人所关注的几个内容加以罗列,普通投资者可以加以参考与比对。需要注意的是,以下的交易规则虽经笔者整理,但具体的内容是由相应的经纪公司所确定,随时都可能产生一定的变化,且不同的经纪公司也会有所差别。参与者不妨在投资前通过咨询的方式对相关主要要素加以最后的确认。

(1)香港经纪公司:从事伦敦金、香港本地贵金属市场的经纪业务(内地参与者一般称其为外盘)。不过,香港经纪公司一般采用的是单一经营模式,即大多数只从事伦敦金市场经纪业务的推广。现以两家香港经纪公司为例加以说明,如表 3-2 和表 3-3 所示。

表 3-2 金道贵金属的交易规则

序	经纪公司名称:金道贵金属		
1	交易品种	黄金	白银
2	合约大小	黄金 100 盎司 /1 手	白银 5 000 盎司 /1 手
3	保证金数量	1 000 美元 /1 手	650 美元 /1 手
4	杠杆的大小	浮动杠杆	浮动杠杆
5	滑点控制	用 MT5、GTS 交易软件加以控制	
6	最小交易单位	0.05 手	0.05 手
7	最小价格单位	0.01 美元	0.01 美元
8	最小价格变动单位(一个点代表)	0.01 美元	0.01 美元
9	双向还是单向占用保证金	锁仓:单边保证金的一半,即总持仓的 1/4 未锁仓:单边保证金 以黄金为例:二多二空,占用 1 000 美元 二多一空,占用 1 500 美元(500+1 000)	

10	手续费用的构成	点差	0.5 美元	0.04 美元
		佣金	0 美元	0 美元
		过夜费用	多头年利率的 1.25%；空头年利率的 0.75%	
11	天结算时刻		周一至周五 4：00，周六 3：00	
12	周六周日节假日的过夜费用		有	有
13	非周末国际节假日的过夜费用		有	有
14	有无手续费用的优惠		有客户等级之分，手续费用有所差别	
15	何时返还——即时、天、周、月		没有	
16	手续费用单向收取还是双向收取		建仓时单边收取	建仓时单边收取
17	有无从建仓到平仓时间的限定		只要 50% 的仓位不在 5 分钟之内平仓就可以	
18	有无对冲时间的限定		锁单算成是不同的操作，正向单与反向单没有时间间隔的要求	
19	交易时间，有无不允许交易的时间段		只要在开盘期间，连续 24 小时进行交易	
20	实盘与模拟盘的手续费用		一致	一致
21	模拟盘的有效期		30 天，到期后可以重新申请	
22	模拟盘的账号与密码		参与者自行申请	参与者自行申请
23	交易软件是何种		MT5 或 GTS	MT5 或 GTS
24	资金托管，是否可以自行转账		咨询 WWW.24K.HK	
25	强平(强行平仓)保证金比例		20%	20%
26	负额追讨(由于强平不及时，造成账户的净值为负数的情况)		不会向客户追讨所欠款项	
27	取款有无时间与次数的限制		没有	没有
28	到账时间		工行、建行、招行、农行均 2 小时内到账	
29	咨询时间		全天 24 小时	全天 24 小时
30	如何申请代理		内地公司及个人均可申请代理	
31	个人参与者如何退出		将账户内的余额从此经纪公司取回即可	

表 3-3   恒信贵金属的交易规则

序	经纪公司名称: 恒信贵金属			
1	交易品种		黄金	白银
2	合约大小		黄金 100 盎司 /1 手	白银 5 000 盎司 /1 手
3	保证金数量		1 000 美元 /1 手	650 美元 /1 手
4	杠杆的大小		浮动杠杆	浮动杠杆
5	滑点控制		用 MT4 交易软件加以控制	
6	最小交易单位		0.05 手	0.05 手
7	最小价格单位		0.01 美元	0.01 美元
8	最小价格变动单位(一个点代表)		0.05 美元	0.01 美元
9	双向还是单向占用保证金		锁仓: 单边保证金, 即总持仓的 1/2 未锁仓: 单边保证金 以黄金为例: 二多二空, 占用 2 000 美元; 　　　　　　　二多一空, 占用 1 000+1 000=2 000 美元	
10	手续费用的构成	点差	0.5 美元	0.04 美元
		佣金	0 美元	0 美元
		过夜费用	多头年利率的 1.25%; 空头年利率的 0.75%	
11	天结算时刻		周一至周六 3 : 30 分	
12	周六周日节假日的过夜费用		有	有
13	非周末国际节假日的过夜费用		有	有
14	有无手续费用的优惠		黄金 8 美元 / 手, 白银 10 美元 / 手	
15	何时返还——即时、天、周、月		在此经纪公司规定的时间(周末)集中加以返还	
16	手续费用单向收取还是双向收取		建仓时单边收取	建仓时单边收取
17	有无从建仓到平仓时间的限定		只要 50% 的仓位不在 10 分钟之内平仓就可以	
18	有无对冲时间的限定		锁单算成是平仓操作, 正向单与反向单有时间间隔的要求, 一般要求 6 分钟之上	
19	交易时间, 有无不允许交易的时间段		只要在开盘期间, 连续 24 小时进行交易	
20	实盘与模拟盘的手续费用		一致	一致

续表

21	模拟盘的有效期	没有期限,此项制度对于交易模式的确立很有好处。参与者可以长期追踪资金的变化情况并不断修正自己的交易模式	
22	模拟盘的账号与密码	参与者自行申请	参与者自行申请
23	交易软件是何种	MT4	MT4
24	资金托管,是否可以自行转账	咨询 WWW.HX9999.COM	
25	强平(强行平仓)保证金比例	30%	30%
26	负额追讨(由于强平不及时,造成账户的净值为负数的情况)	不会向客户追讨所欠款项	
27	取款有无时间与次数的限制	没有	没有
28	到账时间	工行、农行、建行、招商银行 2 小时内到账	
29	咨询 24 小时	全天 24 小时	全天 24 小时
30	如何申请代理	内地无代理机构,采用的方式是直销模式	
31	个人参与者如何退出	将账户内的余额从此经纪公司取回即可	

以上两家经纪公司都是非常典型的香港盘的交易平台,同质化的倾向明显。不过,它们之间的差别也是十分明显的。比如前者,对于锁单的保证金占用比例更低,把锁单看成是不同的交易性质,同时对于建仓与平仓在时间上也没有过多的要求;后者由于把锁单看成是一种平仓行为,且从建仓到平仓有 10 分钟的时间限定(50% 的仓单),短线基本无法操作。对于中长线投资者较为合适,且还有手续费用的优惠。

当然其他的香港交易平台也各有所长,如坚固金业有限公司、第一金等。本书由于篇幅所限,不再加以罗列。

(2)我国内地经纪公司:从事伦敦金、香港本地贵金属市场的经纪业务(内地参与者一般称其为外盘),以及内地贵金属市场的经纪业务(内地参与者一般称其为内盘)。从这种意义上讲,内地的代理经纪公司大多数采用混业经营模式。现以内地某贵金属代理经纪有限公司为例(见表 3-4 和表 3-5),说明内地经纪公司的业务发展与生存业态。

表 3—4　　　　　　　　　　　　内地经纪公司的交易规则示例一

序	经纪公司名称:某贵金属代理经纪有限公司(代理香港天誉金号有限公司)		
1	交易品种	黄金	白银
2	合约大小	黄金 100 盎司 /1 手	白银 5 000 盎司 /1 手
3	保证金数量	1 000 美元 /1 手	1 000 美元 /1 手
4	杠杆的大小	浮动杠杆	浮动杠杆
5	滑点控制	用 MT4 或网页版交易软件加以控制	
6	最小交易单位	0.1 手	0.1 手
7	最小价格单位	0.01 美元	0.01 美元
8	最小价格变动单位(一个点代表)	0.1 美元	0.01 美元
9	双向还是单向占用保证金	不对锁:占用 1 000 美元 / 手 对锁单:占用 100 美元 / 一手的对锁单(合计:二手) 如二多二空:100×2=200(美元) 如二多一空:1 000+100×1=1 100(美元)	
10	手续费用的构成	点差	0.5 美元	0.04 美元
		佣金	50 美元	50 美元
		过夜费用	多头年利率的约 2%;空头年利率的约 1%	
11	天结算时刻	美国时间——夏令时:3:00;冬令时:4:00(大概夏令时在北京时间的 3~11 月份,冬令时在北京时间的 11~ 次年 3 月份。此节点时刻对于操作没有什么影响)	
12	周六周日节假日的过夜费用	有	有
13	非周末国际节假日的过夜费用	有	有
14	有无手续费用的优惠	咨询此经纪公司	
15	何时返还——即时、天、周、月	咨询此经纪公司	
16	手续费用单向收取还是双向收取	建仓时收取佣金,平仓时收取点差	
17	有无从建仓到平仓时间的限定	没有,即只要交易不至于过分频繁即可	
18	有无对冲时间的限定	没有,即正向单与反向单没有时间间隔的要求	
19	是否 24 小时连续交易,有无不允许交易的时间	只要在开盘期间,连续 24 小时进行交易	
20	实盘与模拟盘的手续费用	基本一致	基本一致

续表

21	模拟盘的有效期	没有期限,此项制度对于交易模式的确立很有好处。参与者可以长期追踪资金的变化情况并不断修正自己的交易模式	
22	模拟盘的账号与密码	申请方式见表中图示	申请方式见表中图示
23	交易软件是何种	MT4、网页版、下载版	
	（1）MT4 交易软件的下载网址		
	http://www.prestigegroup.com.hk/gb/page/newgg/index.php		
	 MT4 可以自行注册,下载交易软件,申请账号与密码		
	（2）网页版交易软件的下载网址		
	http://www.prestigegroup.com.hk/gb/page/olpt/index.php		
	网页版可以自行注册,下载交易软件,但需要向经纪公司客服人员申请账号与密码		
	（3）下载版交易软件的下载网址		
	http://www.prestigegroup.com.hk/gb/page/olpt/index.php		

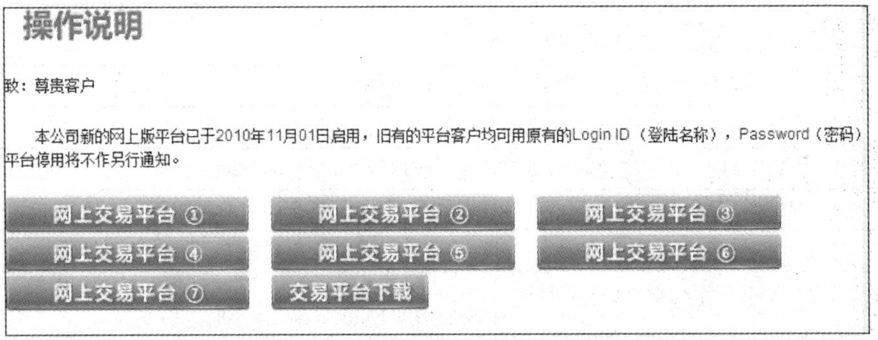

交易平台下载

系统要求：

　A. Window 2000 / XP 或以上的操作系统平台；

B. Intel Pentium 4以上的微处理器；

C. 至少512MB RAM(建议1024 MB)；

D. 必须的Microsoft附件： Microsoft .NET Framework 2.0.

Microsoft .NET Framework 2.0.下载： *（Vista 或 Windows 7 以上视窗系统用户不用下载）*

下载简体　下载繁体　Download　*(下载后并安装)*

(完成D部分后再下载E部分)

E.交易平台下载

Prestige.zip　Prestige.rar

(只需下载其中一个放于桌面)

下载版可以自行注册,下载交易软件,但需要向经纪公司客服人员申请账号与密码

24	资金托管,是否可以自行转账	咨询 www.prestigegroup.com.hk
	⊕ 银联网上存款 网上存款是现时最方便的转款方式。客户可透过「银联」网上转账系统,足不出户轻松进行资金转账。 UnionPay 中国银联 China UnionPay　银联网上转账系统　操作说明	
25	强平保证金比例	没有　没有
26	负额追讨(由于强平不及时,造成账户的净值为负数的情况)	不会向客户追讨所欠款项
	不会追讨是指:其一,除了前面的负额不会追讨;其二,比如同一账户再次入金1 000 美元,前面的负额是500 美元,则客户的第二次本金是1 000 美元,而不是500 美元(1 000–500)。	
27	取款有无时间与次数的限制	没有　没有
28	取款到账时间	上午 12 点之前取款,下午到账;下午和晚上取款,第二天上午到账

29	咨询事项	
	（1）经纪公司的网页	咨询此经纪公司
	经纪公司的咨询时间	咨询此经纪公司
	（2）香港天誉国际的网页	http://www.prestigegroup.com.hk/gb/index.php
	香港公司的咨询时间	香港咨询电话 24 小时,真正处理业务的香港客服人员的工作时间从早上 9：00 到晚上 6：00
30	责任确认	经纪公司提供资金安全担保。此点很重要
31	如何申请代理	咨询此经纪公司或与香港公司联系
32	个人参与者如何退出	销户可以直接与此经纪公司客服人员取得联系

表 3—5　　　　　　　　　　内地经纪公司的交易规则示例二

序	经纪公司名称:某贵金属代理经纪有限公司(代理湖南创新贵金属交易所)				
1	交易品种	白银		铂金	钯金
2	合约大小	50 千克	20 千克	1 千克	1 千克	1 千克
3	保证金数量	2%	2%	20%	20%	20%
4	杠杆的大小	固定杠杆				
5	滑点控制	用 ET5 交易软件加以控制				
6	最小交易单位	1 手	1 手	1 手	1 手	1 手
7	最小价格变动	0.001 元	0.001 元	0.001 元	0.01 元	0.01 元
8	最小价格变动单位（1 个点代表）	0.001 元	0.001 元	0.001 元	0.01 元	0.01 元
9	双向还是单向占用保证金	不对锁：占用 2% 对锁单:锁单不加保证金				
10	手续费用构成	点差	0.006		0.06	0.06
		佣金	双边万分之十二			
		过夜费用	多空单都为万分之一			
11	天结算时刻	周一早 8：00 至周六早 4：00				
12	国内节假日收过夜费	有		有		有
13	有无手续费用的优惠	无		无		无

续表

14	何时返还——天、周、月	代理商月结
15	手续费用如何收取	双向收取,建仓时收取佣金,平仓时收取点差
16	有无从建仓到平仓时间的限定	没有从建仓到平仓时间的限定
17	有无对冲时间的限定	锁单算成是不同的操作,与反向单没有时间相距的要求
18	是否24小时连续交易,有无不允许交易的时间	结算休市时间:交易日内,凌晨 4:00 至 6:00
19	实盘与模拟盘的手续费	不一致
20	模拟盘的有效期	无限期
21	模拟盘的账号与密码	需要向经纪公司客服人员申请账号与密码
22	交易软件	ET5
	交易软件下载网址	咨询此经纪公司

▌创新交易软件

创新_order客户端安装程序下载

23	资金的托管与转账方式	入金没有限定,出金每天 50 万封顶,可以自行转账
24	强平保证金比例	爆仓全部是 100% 爆仓,达到 120% 时提示
25	取款有无时间与次数的限制	出金每天 50 万封顶
26	存取款到账时间	入金每天早上 9:00 到晚 9:00,1 秒钟到账;出金早上 9:00 到下午 5:00,最迟 18 分钟到账
27	咨询事项	

续表

28	（1）经纪公司的网页	咨询此经纪公司
	经纪公司的咨询时间	咨询此经纪公司
	（2）湖南创新贵金属交易所的网页	http://www.cxpme.com
	湖南创新交易所的咨询时间	咨询时间是早上 9：00 到下午 5：30
29	责任确认	经纪公司提供资金安全担保
30	如何申请代理	咨询此经纪公司或与湖南创新贵金属交易所联系
31	个人参与者如何退出	销户可以直接与此经纪公司客服人员取得联系

　　从手续费用等诸多标准来看，内地的代理经纪公司并不占优势。不过，由于就近、方便、服务到位等特点，再加上资金的安全性可以由经纪公司提供担保(此点是投资者最为关心的)，因此这类经纪公司也是市场参与者相当不错的选择。

　　根据杭州中润贵金属有限公司的周特青女士介绍，这家总部位于杭州萧山的经纪公司现代理"建行金"、"上海T+D"、"天通金"等交易平台。她曾坦言，公司会依据国家的法律法规，结合市场的成熟程度以及参与者的认知、接受程度，慎重选择交易平台，以保证广大投资者或投机者的切身利益，最终达到共赢的目标。

　　据华富集团旗下的玖誉贵金属有限公司的负责人张义强先生介绍，这家地处江苏省扬州市的"天通金"的江苏地区总代理只花了不长的时间，业务便有了长足的发展，2012年4月份在扬州市召开的大型投资推荐会受到了广大投资者与投机者的热烈追捧。他们认为贵金属市场是一个朝阳产业，在未来的10年内必将成为投资市场的主角。

　　当然内地其他交易平台也各有所长，如辽宁皇亚、江苏世纪银、金汇海纳、无锡易昊大通等。由于篇幅所限，这里对上述交易平台的各级代理公司不再详述。

　　（3）内地商业银行系统与内地期货经纪公司：从经纪公司业务的角度看其所代理的黄金等贵金属交易，一般来说，它们只从事内地贵金属市场的经纪业务(内地参与者一般称其为内盘)。从这种意义上讲，此类代理经纪公司大多数采用单一经营模式。

　　由于较小的杠杆所必然带来的低风险效应，因此，对于部分投资者或投机者仍具有相当的吸引力。在笔者看来，从性格分析的角度着眼，绝大多数人还是属于偏保守的交易风格，主要看重的是资产的保值。因此，无论外盘的吸引力有多么大，商业银行系统与期货经纪公司都不会缺少拥趸,而且此类代理经纪公司在不远的将来仍将成为贵金属交易市场的主流。

笔者也常在想,作为中国贵金属市场最高监管者之一的中国人民银行及其他五部委(发展改革委、工业和信息化部、财政部、税务总局和证监会)应站在全局的高度慎重处理现阶段并行的两个市场。笔者认为,香港贵金属市场与内地贵金属市场已经融合并形成了一个有机的整体。国务院总理温家宝2012年3月28日主持召开国务院常务会议,决定设立温州市金融综合改革试验区。温州将试点个人境外直接投资。正如天生万物各得其所,每个市场都必有其偏好者,每个市场都应寻找适合自身交易制度的参与者,而不应将交易的清淡归咎于其他市场的存在。

2. 建立两条交易跑道

高杠杆的风险交易对于整个网络的要求较高,无论是电脑还是网络出现了问题,其后果都难以想象。对于有条件的投资者或投机者而言,建立备用交易平台是需要考虑的事情。

处理的方式有两种:

其一,在同一个地点使用两台电脑,电脑发生故障影响交易的风险可以有效地回避;

其二,在不同的地点(最好靠近)使用不同的网络运营商的网络通道,出现诸如运营商网络不畅之类问题时,启用备用交易平台,就可以有效地规避此类风险。

3. 对表

境内香港的经纪公司,一般来说,对于短线投机者有持仓时间的限制,要求尽可能在5分钟以上完成整个交易。如果整个交易过程用时少于或等于5分钟,那么此类交易的交易总量不得高过相应经纪公司规定的一个固定百分比,具体可以咨询对方客服人员。

短线交易者最好将电脑的时间向后推1分钟,以确保完成整个交易的用时达到5分钟或以上,以免发生不必要的纠纷。具体方式如下:

(1)利用搜索引擎——输入"北京时间",如图3-1所示。

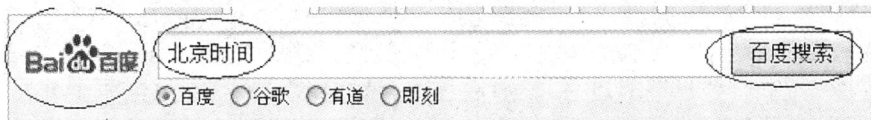

图3-1 用百度搜索"北京时间"的界面

(2)出现如图3-2所示界面,对表就可以了。

图 3-2　搜索结果界面

内地的商业银行或经纪公司无此项规定,此步骤不必考虑,跳过即可。

4. 交易软件

香港:建议使用 MT4 或 MT5。

内地:建议使用所在的交易平台默认的交易软件。

注意:本书主要基于香港所使用的 MT4 和 MT5 交易软件,因为两者是国际通用的主流交易软件,内地所使用的其他交易软件可以作相应地参考。特此再次说明。

5. 界面的选择(技术指标、成交量、时间指标)

图 3-3 所示的界面即为 MT4 交易软件的行情界面。打开"显示",选取"工具栏",将一些常用的功能键放置到前台,可方便交易者操作。

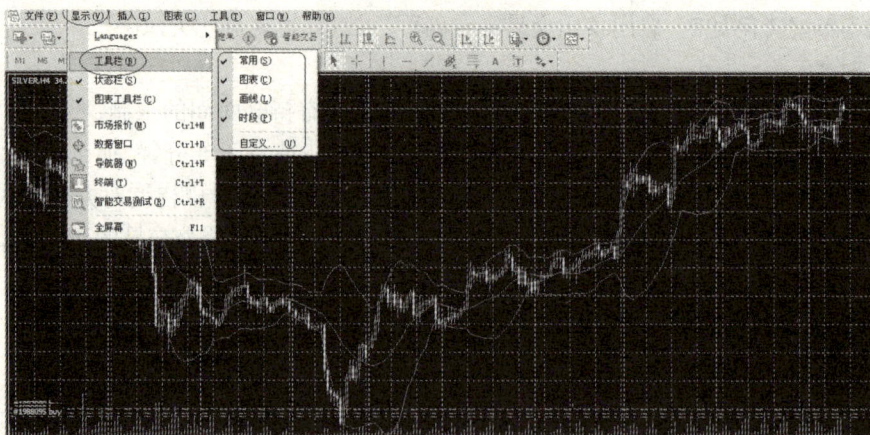

图 3-3　MT4 交易软件的行情界面

一般投资者或投机者可能认为,交易大师们所使用的也许是比较特别的界面与功能,其实这只是一种错觉,他们所使用的界面及相应的功能键与一般人并无不同。即主要包括三部分的内容——技术指标、成交量指标、时间指标,桌面显示远比一般人想象的要简洁得多。

（1）技术指标：林林总总，选择一个比较熟悉、适合自身操作风格的常用指标就可以了。

（2）成交量：非常有效且重要的指标，交易老手对此都会比较认同。

（3）时间周期：由投资或投机者的操作手法所决定。

在图 3-4 所示的界面可以选择交易者所使用的技术指标。

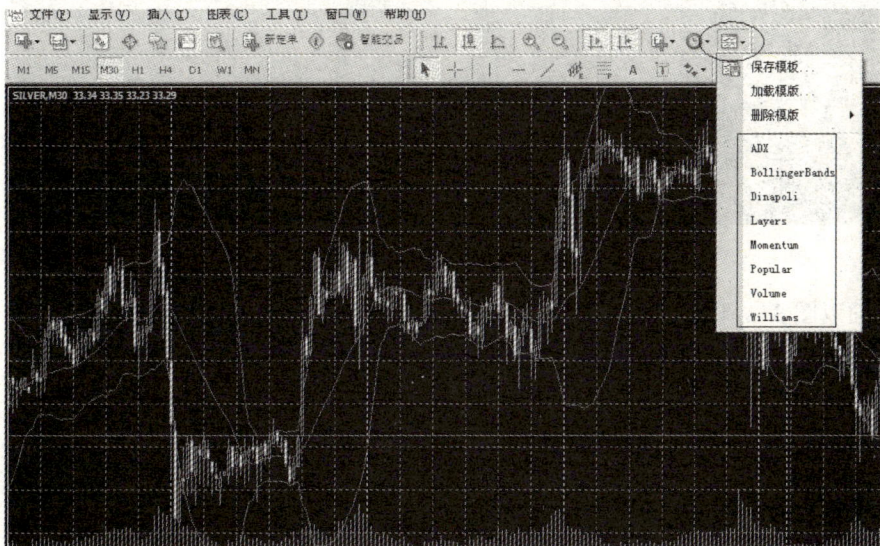

图 3-4 选择技术指标的界面

在图 3-5 所示的界面可以选择交易者所使用的成交量指标。

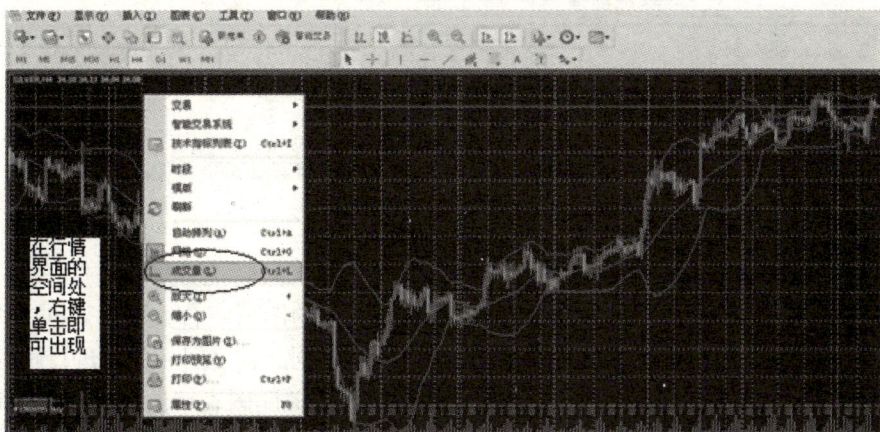

图 3-5 选择成交量指标的界面

在图 3-6 所示的界面可以选择交易者所使用的时间周期指标。

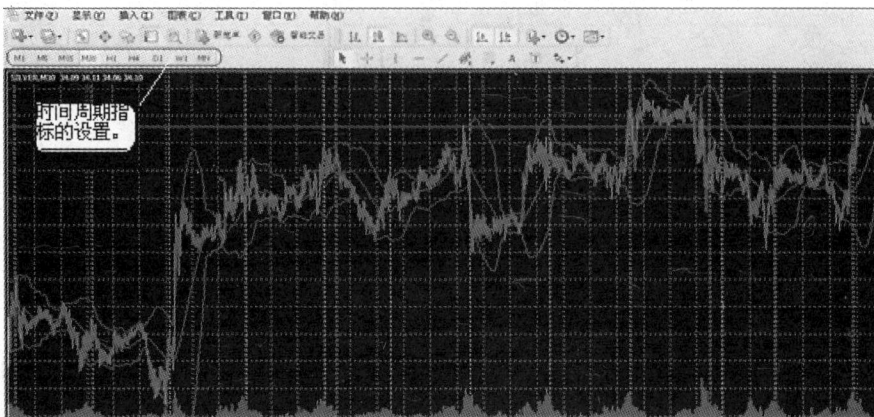

图 3-6　时间周期指标界面

下面以图 3-7 对其他一些要素作相关说明。

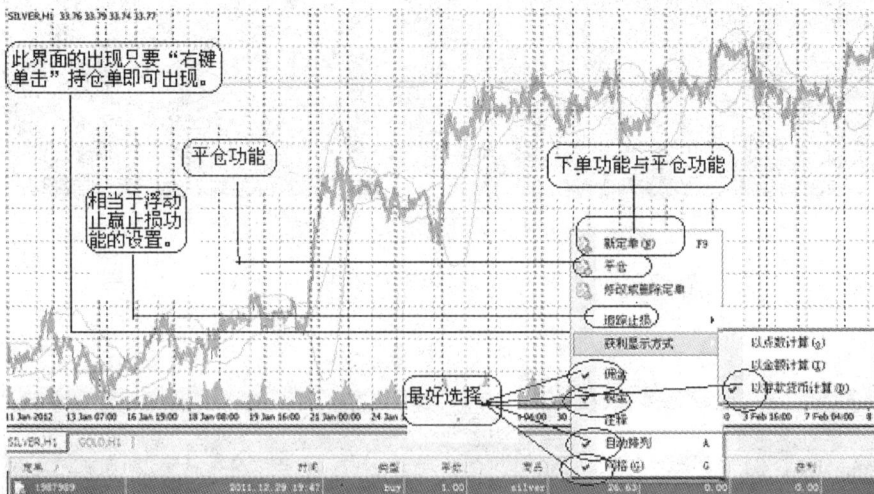

图 3-7　要素说明

6. 组合界面的选择

在 MT4 组合界面的情况下,交易者可以看到不同的图形组合。可以对同一个品种的不同时间周期的价格行进模式进行比对,也可以对不同品种之间的关联进行跟踪。

图 3-8 为前期准备工作。操作方法:文件—打开已关闭图表—选择所需要同时显示

的品种。

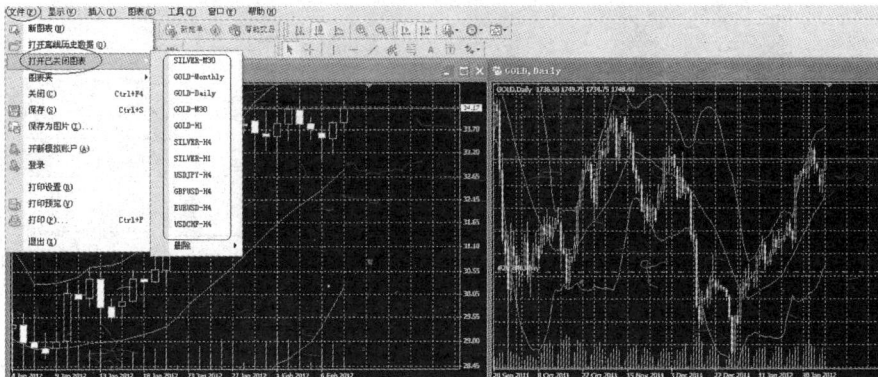

图 3-8　前期准备工作

图 3-9 为白银品种合约"日线"与"M30"的组合界面。操作方法：窗口—纵列。

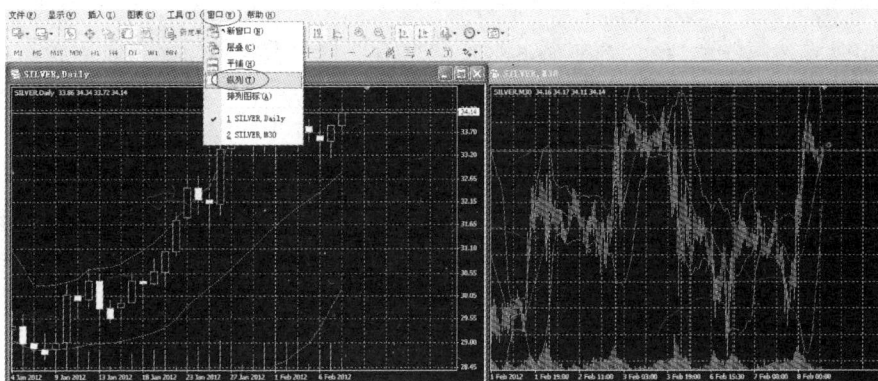

图 3-9　组合界面之一

图 3-10 为白银品种"日线"与黄金品种"日线"的组合界面。操作方法：窗口—纵列。

7. 滑点控制

滑点，是指交易者下单价位与实际成交价位有差异的交易现象。

滑点产生的主要原因如下：

（1）交易平台的软、硬件设施不符合要求：正常状态下，数据往来传输一次也需要 0.6 秒左右；不符合要求的软件、服务器加剧了网络延时。

（2）防火墙的设置：防火墙的设置也会造成无法即时成交。

图 3-10　组合界面之二

（3）价格波动剧烈：在主要交易时段，价格波动很大，价格不具有稳定性，从而造成滑点。

（4）资金的流动性：当某个价格成交后，多余的资金量只能成交下一个价位，从而造成滑点。

（5）交易商操纵行为：贵金属交易中投资者或投机者是通过交易商的平台或银行交易平台进行交易的。利用滑点，使得成交价不利于交易者，而交易商与银行均有利可图。

回避滑点的方法主要有：

（1）交易平台的选择：服务器好，软件先进，口碑好，无不良记录。

（2）直接跑道而非间接交易平台：直接跑道即时与国际市场接轨；间接交易平台需要通过转接，致使报价失真，滑点的出现难免。

（3）利用 MT4 的功能键加以控制，如图 3-11 所示。

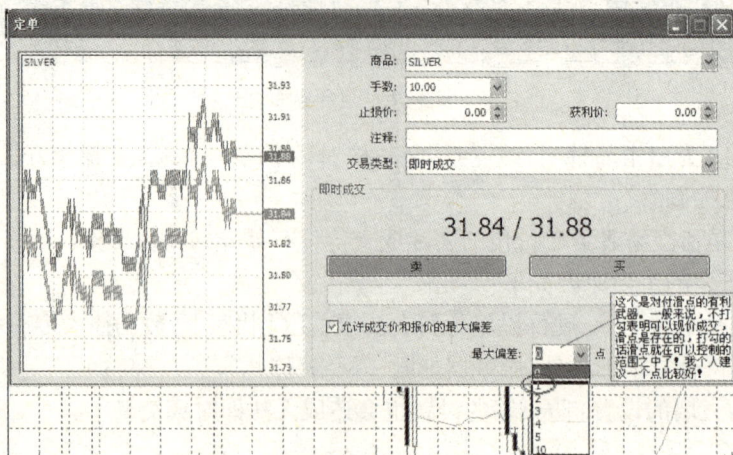

图 3-11　控制滑点的界面

注意：MT4 交易软件的早期版本中没有此项功能,新增此项功能说明滑点问题不容回避。

8. 四种类型的挂单

MT4 交易软件提供了强大的自动交易功能(含避险作用),此交易平台有四种类型的挂单可供投资者或投机者选择,即挂单操作可以分为以下四类(如图 3-12 所示):

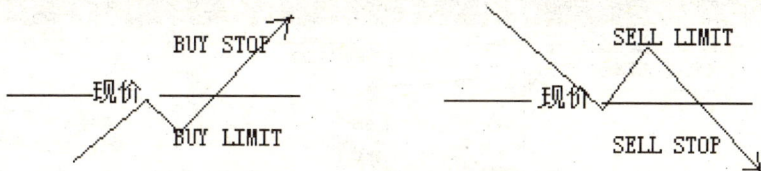

图 3-12　四种类型的挂单

(1)Buy Stop:止损买进,是指相对于现价而言,高于现价的价格挂单的买进操作指令。

(2)Buy Limit:限价买进,是指相对于现价而言,低于现价的价格挂单的买进操作指令。

(3)Sell Stop:止损卖出,是指相对于现价而言,低于现价的价格挂单的卖出操作指令。

(4)Sell Limit:限价卖出,是指相对于现价而言,高于现价的价格挂单的卖出操作指令。

需要说明的是,前两类属于建立多头头寸的挂单行为,后两类属于建立空头头寸的挂单行为。

挂单具备一定价位的要求(以某经纪公司为例,见表 3-6),否则无法使用这四种挂单。

表 3-6　　　　　　　　　　　　　挂单价位要求示例

黄金	白银
现价与挂单价至少相差 300 个点,即 3 美元	现价与挂单价至少相差 20 个点,即 0.2 美元
1 个点:0.01 美元。最少变动价位:黄金 5 个点(0.05 美元),白银 1 个点(0.01 美元)	

具体说明如下:

(1)Buy Stop:止损买进是指相对于现价而言,高于现价的价格挂单的买进操作指令。

① 属于买单,用于建立多头的头寸;同时属于追单性质,用于建立比现价要高的多头头寸;　还可以用于建立已持有浮亏空单的对冲单,对风险进行有效控制。

② 具体操作说明。

比如,白银现价 38.85 美元 / 盎司,投资者欲在价位 41 美元 / 盎司处,使用 Buy Stop 建立 8 手多单。行情界面—行情界面右键单击—交易—限价买,填写如图 3-13 所示的方框中的内容。

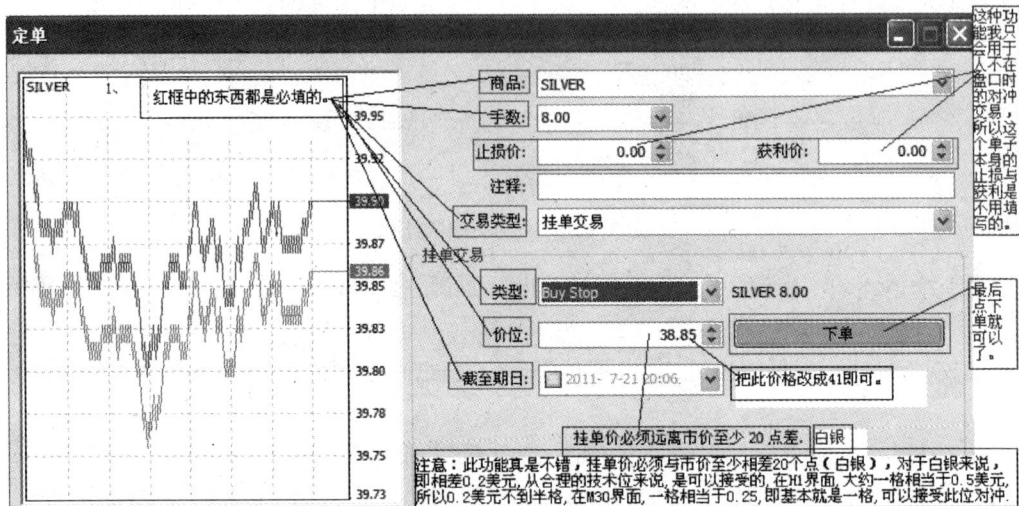

图 3-13　Buy Stop 的操作说明

注意:进入此界面的方式有多条途径,其他的方式读者可自行摸索。

点击"下单"按钮后,就会出现如图 3-14 所示的界面。

在点击"确定"按钮后,在成交栏下方(即"金额"这一栏的下方)就会出现如图 3-15 所示的界面。

如果要取消这一挂单,那么操作如下:选择这一订单—右键单击—修改或删除定单—删除—已删除—确定。

如果挂单成交,就会作为普通的成交单出现在成交栏(即"金额"这一栏的上方)中,见图 3-16。

(2)Buy Limit:限价买进是指相对于现价而言,低于现价的价格挂单的买进操作指令。

① 属于买单,用于建立多头的头寸;不属于追单性质,可用于建立比现价要低的多头头寸;基本不可能(除非价格发生大幅下跌)用于建立已持有浮亏空单的对冲单,无法对风险进行有效地控制。

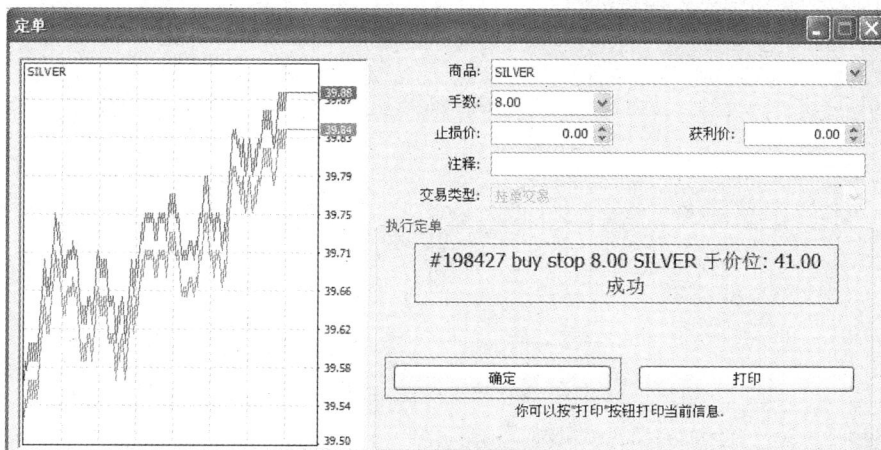

图 3-14　下单后的界面

图 3-15　确定后的界面

图 3-16　挂单成交界面

② 具体操作说明。

比如,白银现价 37.50 美元 / 盎司,投资者欲在价位 36.50 美元 / 盎司处,使用 Buy Limit 建立 8 手多单。行情界面—行情界面右键单击—交易—限价买,填写如图 3-17 所示方框中的内容。

注意:进入此界面的方式有许多条途径,其他的方式读者可自行摸索。

点击"下单"之后,就会出现如图 3-18 所示的界面。

在点击"确定"按钮后,在成交栏下方(即"金额"这一栏的下方)就会出现如图 3-19 所示的界面。

如果要取消这一挂单,那么操作如下:选择这一订单—右键单击—修改或删除定单—删除—已删除—确定。

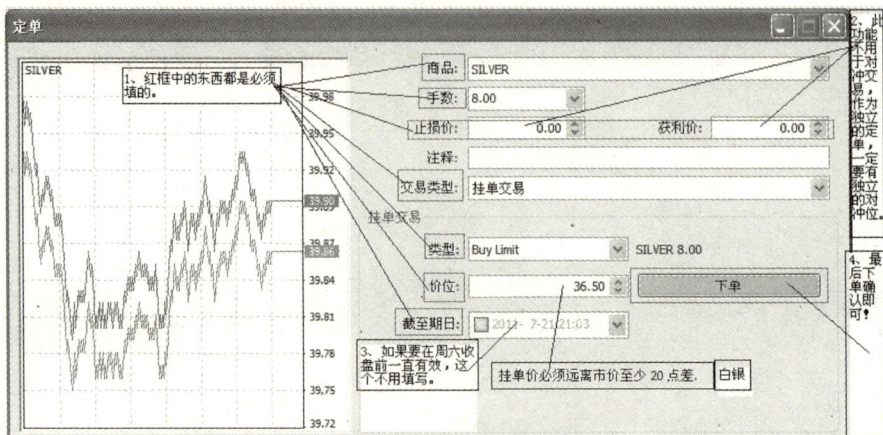

图 3-17　Buy Limit 的操作说明

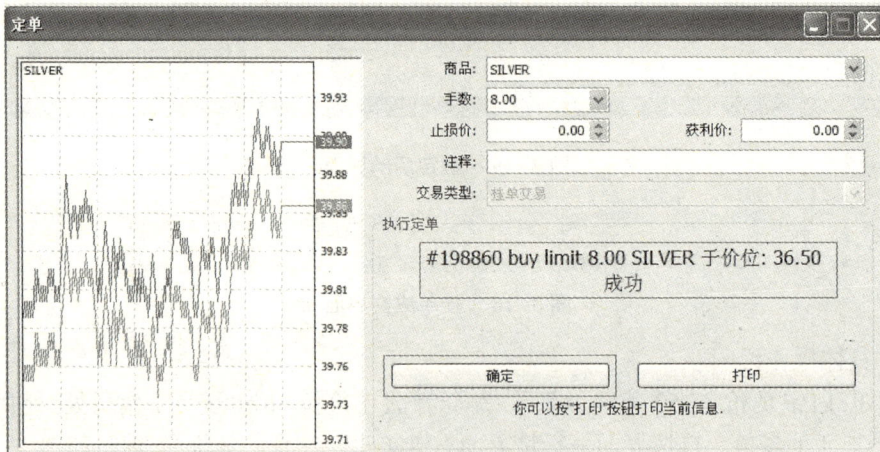

图 3-18　下单后的界面

图 3-19　确定后的界面

如果挂单成交,就会作为普通的成交单出现在成交栏(即"金额"这一栏的上方)中,见图 3-20。

图 3-20　挂单成交界面

（3）Sell Stop：止损卖出是指相对于现价而言,低于现价的价格挂单的卖出操作指令。

① 属于卖单,用于建立空头的头寸;同时属于追单性质,用于建立比现价要低的空头头寸;还可以用于建立已持有浮亏多单的对冲单,对风险进行有效控制。

② 具体操作说明。

比如,白银现价 41.50 美元 / 盎司,投资者欲在价位 39.31 美元 / 盎司处,使用 Sell Stop 建立 8 手空单。行情界面—行情界面右键单击—交易—限价买,填写如图 3-21 所示方框中的内容。

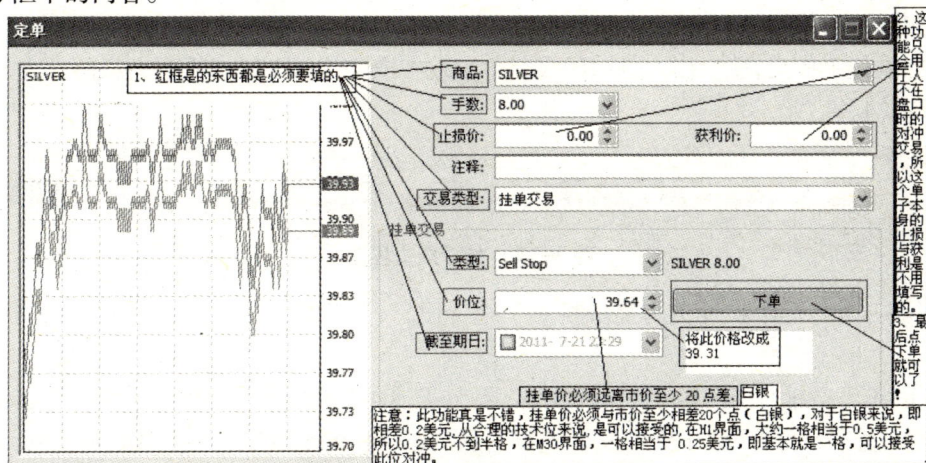

图 3-21　Sell Stop 的操作说明

注意:进入此界面的方式有多条途径,其他的方式读者可自行摸索。

点击"下单"按钮后,就会出现如图 3-22 所示的界面。

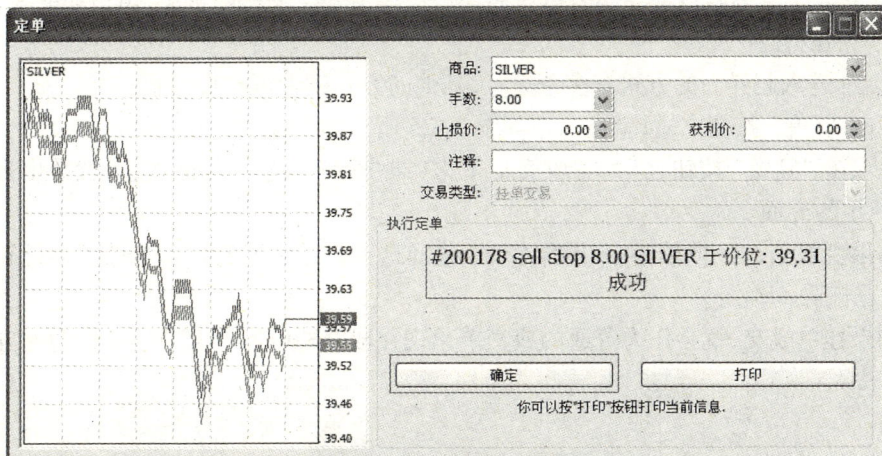

图 3-22　下单后的界面

155

在点击“确定”按钮后，在成交栏下方(即“金额”这一栏的下方)就会出现如图3-23所示的界面。

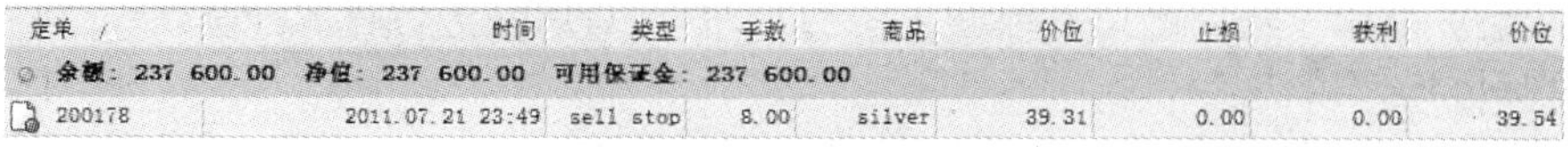

定单 /	时间	类型	手数	商品	价位	止损	获利	价位
余额：237 600.00 净值：237 600.00 可用保证金：237 600.00								
200178	2011.07.21 23:49	sell stop	8.00	silver	39.31	0.00	0.00	39.54

图 3-23　确定后的界面

如果要取消这一挂单，那么操作如下：选择这一订单—右键单击—修改或删除定单—删除—已删除—确定。

如果挂单成交，就会作为普通的成交单出现在成交栏(即“金额”这一栏的上方)中，见图3-24。

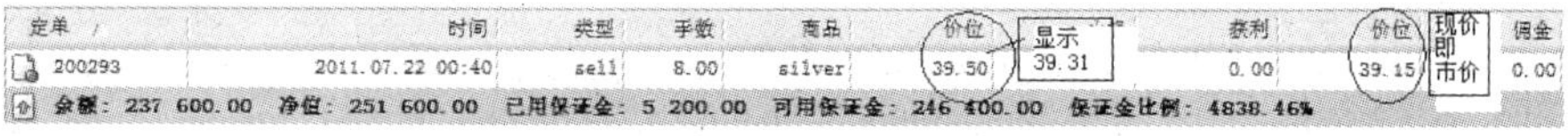

定单 /	时间	类型	手数	商品	价位		获利	价位	佣金
200293	2011.07.22 00:40	sell	8.00	silver	39.50		0.00	39.15	0.00
余额：237 600.00 净值：251 600.00 已用保证金：5 200.00 可用保证金：246 400.00 保证金比例：4838.46%									

图 3-24　挂单成交界面

(4)Sell Limit：限价卖出是指相对于现价而言，高于现价的价格挂单的卖出操作指令。

① 属于空单，用于建立空头的头寸；不属于追单性质，可用于建立比现价要高的空头头寸；基本不可能(除非价格发生大幅上涨)用于建立已持有浮亏多单的对冲单，无法对风险进行有效控制。

② 具体操作说明。

比如，白银现价37.50美元/盎司，投资者欲在价位39.84美元/盎司处，使用Sell Limit建立8手空单。行情界面—行情界面右键单击—交易—限价买，填写如图3-25所示方框中的内容。

注意：进入此界面的方式有多条途径，其他的方式读者可自行摸索。

点击“下单”按钮之后，就会出现如图3-26所示的界面。

在点击“确定”按钮之后，在成交栏下方(即“金额”这一栏的下方)就会出现如图3-27所示的界面。

如果要取消这一挂单，那么操作如下：选择这一订单—右键单击修改或删除订单—删除—已删除—确定。

如果挂单成交，就会作为普通的成交单出现在成交栏(即“金额”这一栏的上方)中，见图3-28。

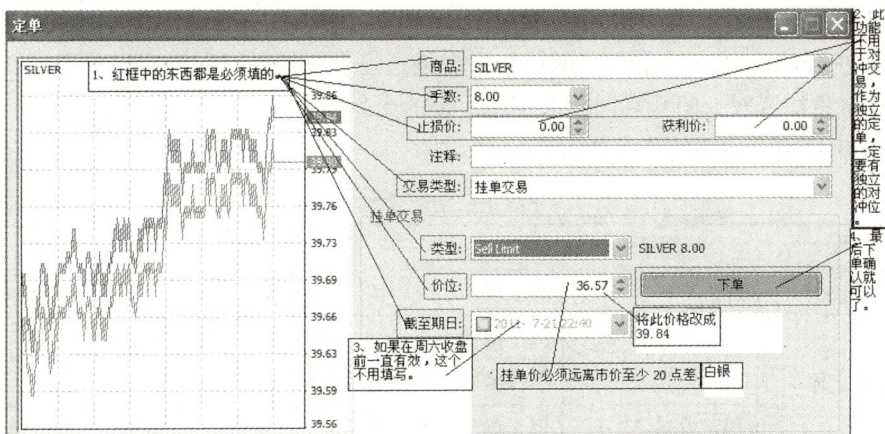

图 3-25　Sell Limit 的操作说明

图 3-26　下单后的界面

图 3-27　确定后的界面

图 3-28　挂单成交界面

9. 止赢止损功能

（1）止损（Loss Stop），俗语"割肉"，是指持有的合约亏损达到预定数额时，及时了结头寸,以避免形成更大亏损的交易行为。

（2）止赢(Win Stop),俗语"落袋为安",是指将合约的既得利润得以保全,及时了结头寸,以避免形成较大的获利回吐甚至于亏损的交易行为。

（3）止赢止损功能的分类如表3-7所示。

表3-7 止赢止损功能分类

种类	价格	性质
手动止赢止损	现价	用于操作短线行情,持续时间短,空间不大。盈亏皆有可能
自动止赢止损	浮动价格	用于操作中线行情,持续时间中等,空间较大 条件触发后且在有效期内,只赢不亏
	固定价格	用于操作长线行情,时间持续久,空间很大。盈亏皆有可能

特别需要注意的是:止赢止损功能十分重要,在高杠杆的贵金属交易市场,此项功能需要切实加以掌握并能够熟练使用。它是投资者或投机者能否实现稳定获利的关键!

① 手动止赢止损

手动止赢止损是指对已有的头寸进行手动现价平仓的交易行为。一般认为,手动止赢止损主要用于短线操作。

注意事项之一:没有触发的条件,是以现价为基础的止赢止损交易行为,方便、快捷。

注意事项之二:一般用于投资或投机者的现场交易操作。

注意事项之三:用于短线(日内基于闪电图、M1、M5、M15、M30)操作。

注意事项之四:长期使用会形成短线交易的交易习惯与风格。

注意事项之五:此操作法一般依据交易者的盘感与交易纪律进行交易。

注意事项之六:将交易过程的四部曲(进场—持有—保护—出局)简化为"进场—出局"。

注意事项之七:每天从事海量交易,平均单个交易日的交易量在100手左右。

注意事项之八:胜率一般不会较高。用此种操作手法进行交易的普通投资者或投机者一般存活期不会超过半年。

注意事项之九:"随心所欲"的交易高手会大量使用手动止赢止损功能。只不过他们不是单独使用此功能,而是与自动止赢止损操作等手法有机地结合起来。

【例一】

● 现有持仓:SILVER\ 多单 \1 手 \ 成本价 33.55 美元 / 盎司,要求当价位涨至 33.60 美元 / 盎司时,执行手动止赢止损交易。

● 情况说明：其一，笔者无意继续看多，担心价格的下跌将会使得赢利单变成亏损单，因此进行手动现价平仓交易。其二，依照短线有利就跑的原则，因此，在正向（同向）走势而非反向（回挡）走势时，进行低盈利的止赢止损操作。白银的手续费用相当于0.04美元/盎司，即4个点，如果价格涨至33.60美元/盎司，那么盈利0.01美元/盎司（33.60–33.55–0.04），即使考虑到滑点的因素，这0.01美元/盎司（相当于1个点）也可以确保至少不亏损，因此可以接受。其三，短线操作"止赢"的价格原则：成本（Cost，含滑点因素）+利润指标（点数），即成本（C）+1、成本（C）+2、成本（C）+3、成本（C）+4等。

● 具体操作如图3–29、图3–30所示。

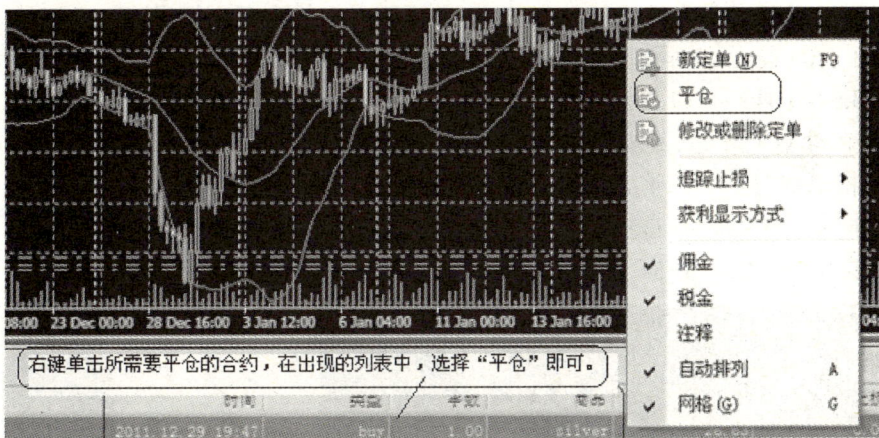

图3–29　手动止赢止损操作界面一

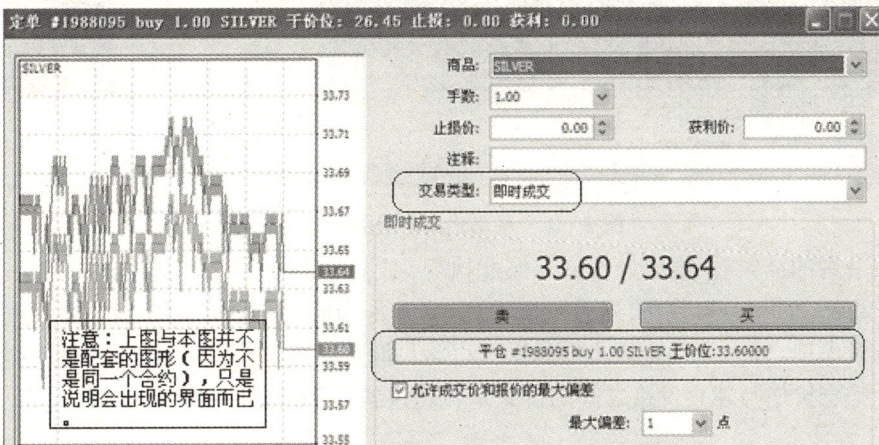

图3–30　手动止赢止损操作界面二

从最后的结果看,本次操作如果顺利进行,那么获利在 1 个点,即 0.01 美元 / 盎司,以白银为例,1 手 5 000 盎司,最后的获利为:0.01 美元 / 盎司 × 5 000 盎司 / 手 =50 美元 / 手。

【例二】

● 现有持仓:SILVER\ 多单 \1 手 \ 成本价 33.62 美元 / 盎司,要求当价位跌至 33.47 美元 / 盎司时,执行手动止赢止损交易。

● 情况说明:其一,笔者看多,故而持有多头的头寸。由于担心价格的下跌会使得亏损不可控制,因此,进行手动现价平仓交易。其二,依照短线不利就走的原则,因此,在正向(同向)走势而非反向(回挡)走势时,进行低亏损的止赢止损操作。白银的手续费用相当于 0.04 美元 / 盎司,即 4 个点,如果价格跌至 33.47 美元 / 盎司,那么盈亏情况为 33.47−33.62−0.04= −0.19 美元 / 盎司,即使不考虑滑点的因素,也将亏损 0.19 美元 / 盎司(相当于 19 个点)。不过,亏损仍在可以承受的范围内,因此可以接受。其三,短线操作"止损"的价格原则:成本(Cost,含滑点因素)+ 固定亏损指标(点数),即成本(C)+5、成本(C)+10、成本(C)+15、成本(C)+20 等。

● 具体操作如图 3−31、图 3−32 所示。

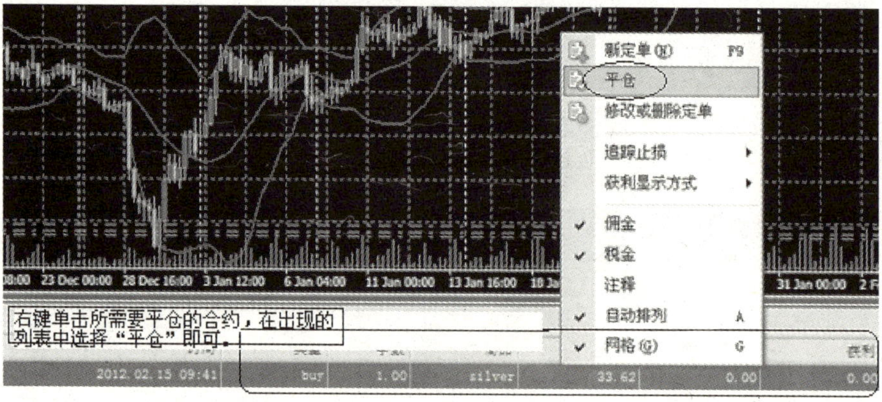

图 3−31　手动止赢止损操作界面三

从最后的结果看,本次操作如果照此执行,那么亏损为 19 个点,即 0.19 美元 / 盎司,以白银为例,1 手 5 000 盎司,最后亏损为:0.19 美元 / 盎司 × 5 000 盎司 / 手 =950 美元 / 手。

注意事项之一:手动止赢止损的操作思路只能是短线。结果既可能赢利也可能亏损,取决于平仓价格与建仓价格之间的价差是否超过各项手续费用之和。

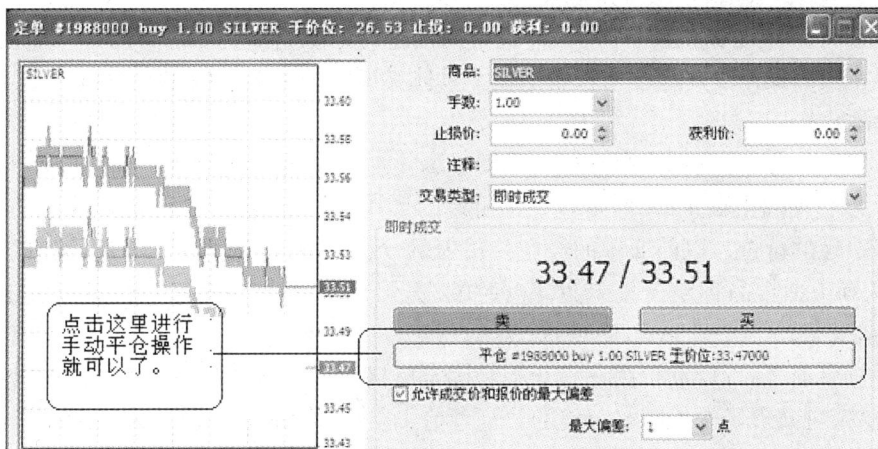

图 3-32 手动止赢止损操作界面四

注意事项之二:从大数量的数理统计角度来看,一般人看对的概率仅为 50%;所谓的交易高手,长期待在交易市场,看对的概率也不会超过 60%。这就必然得出如下结论:按照手动止赢止损进行短线交易的交易者,考虑到手续费用等成本因素,盈亏比一般不会超过 1:1,即但凡鼓动交易者进行短线操作的市场人士,要么是因为自己无知,要么就是交易平台的提供商或者其喉舌。笔者的观点是:对于本书所述的前五类人来说,被某些人视作双向市场箴言的操作手法"顺势 + 严格止损"如果用作短线交易,就是一个长期来看的必败模式;对于另一些人来说,"顺势 + 随意止损"则会走上赢利不确定,亏损、爆仓常伴左右的不测人生。当然对于第六种人来说,此类交易法早就视如敝屣,弃之不顾了。

注意事项之三:关于严格与随意止损。从市场波动的角度来看,价格的运行情况具有不可预测性,严格止损符合专业投资者或投资人的思维,因为面对浮亏的持仓,他们也深知价格有可能会有反复,甚至于浮亏的持仓也有反败为胜的可能性,只不过眼前的事实才是他们操作的依据;随意止损是普通投资或投机人的思维特质,他们将自己的未来寄予某种不可预测的东西之上,他们的确可以经常反败为胜,不过也正由于如此,就是依此操作法交易 10 年,也无法步入职业投资或投机者的行列,因为他们的收益与亏损情况取决于市场而不取决于交易者本身。在笔者看来,职业投资者或投机者是凭借自身而非市场的价格运行情况可以做到稳定获利的那类人,他们只能来自于严格止损并借助其他的手法战胜市场的人。

② 浮动"止赢止损"功能（追踪止损）

机器（自动）止赢止损，即用机器代替人工进行止赢止损交易的行为。一般认为，自动止赢止损的操作主要用于中长线操作。具体又可分为两类：浮动价格止赢止损和固定价格止赢止损。

注意事项之一：自动止赢止损与手动止赢止损有着很大的差别。自动止赢止损不是以现价为基础的止赢止损，而是以一个价差的形式存在；且挂单的价格与现价之间至少要相差一定的价位。以前文中的经纪公司为例，黄金品种挂单价至少与现价相差300个点（3美元），白银品种至少相差20个点（0.2美元）。黄金与白银每个点均为0.01美元，即1美分。

注意事项之二：浮动价格止赢止损和固定价格止赢止损究竟谁用于中线交易抑或是长线交易，对此市场人士是有分歧的。笔者前文所述浮动价格止赢止损主要用于中线交易，固定价格止赢止损功能主要用于长线交易也仅仅是基于更合理的盈亏比，对于不同交易风格的交易者也可以反过来使用，或者说这两者均可以用于贵金属市场的中线与长线交易。

浮动"止赢止损"功能（追踪止损）

● 此项功能的巨大优势：需要说明的是追踪止损功能的条件一旦被触发，当价格重新向着不利于交易者的持仓方向行进时，设置追踪止损的价位立即变成了止赢价位。所以说，追踪止损功能一旦启用，在有效期内（此功能一直有效）将不会使得赢利单变成亏损单。

● 触发存在前提条件：由于此项功能的巨大优势，所以在高杠杆的贵金属交易市场，此条件的触发将是交易者"梦寐以求"的事情。不过，它存在的前提条件是：只有在持仓处于赢利状态，且达到交易者自己设置的追踪"水平"时（黄金品种至少300个点，相当于3美元/盎司，白银品种至少20个点，相当于0.2美元/盎司）时，此功能才会被自动开启（如图3-33所示）。

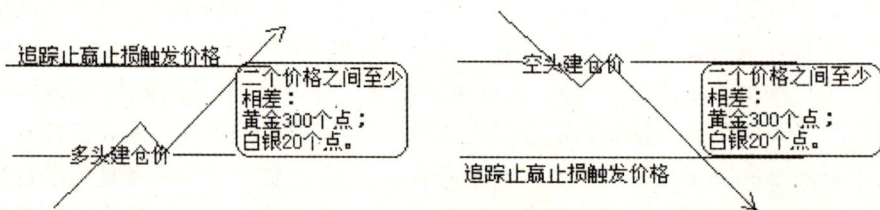

图3-33　追踪止损的前提

● 触发前的风险：在此功能未能启动之前，交易者仍有巨大的持仓风险，可以采用技术手段加以处理。

● 触发后的风险：条件被触发后仍存在有效期（即此项功能可以自动加以执行的期限），总而言之，触发＋有效期内——安全与获利确认无误；触发＋有效期过期——安全与获利无法得以保证。

注意事项之一：以此经纪公司为例，有效期是指每周一上午8：00至周六的凌晨3：29。不同的经纪公司会有所不同。

注意事项之二：以此经纪公司为例，具体到单个交易者而言，有效期是指在本周时间之内，交易者设置此项功能开始至本周六的凌晨3：29。不同的经纪公司会有所不同。

注意事项之三：以此经纪公司为例，国际节假日（非周六、周日的节假日），仍处于有效期之内，即此项功能不会被取消。不同的经纪公司会有所不同。

总结以上三个注意点：对于交易者而言，有效期就是指在本周时间之内，交易者设置此项功能开始至本周六的凌晨3：29。不同的经纪公司会有所不同。

注意事项之四：以此经纪公司为例，从本周六的凌晨3：30至下周一上午8：00，停止交易的期间内，此功能无效，并且此项动能被自动取消。

注意事项之五：下周一8：00开始，MT4交易软件目前并没有自动重新恢复交易者各项设置的功能，需要交易者重新设置。

注意事项之六：从理论上讲，由于此功能被取消，再加上全球周一开盘的时间有先后次序，以及交易者重新设置此项功能用时所造成的延时，对于短线交易者而言是有风险的，但对于中长线投资者或投机者来说，风险不大。

● 已经触发且在有效期内，浮动价格移动方向与价格形成机制。

浮动价格移动方向：以"有利于交易者的持仓方向进行移动"为原则。比如，交易者持有多头的头寸，浮动价格移动的方向只能向上移动；交易者持有空头的头寸，浮动价格移动的方向只能下行。如果交易者持有双向的头寸，那有利方浮动价格移动，不利方浮动价格是不动的。

价格形成机制的两种说明：价格形成机制的图示说明见图3-34，价格形成机制的表格说明见表3-8。

假设交易者持有黄金品种＼多头＼1手＼建仓价1 300美元／盎司，"水平（追踪止损价位）"设定300个点（3美元）。价格单位：美元／盎司。首触价格：第一次的触发价格；距离：现价与有效期内曾经到达过的价位之间的价差。

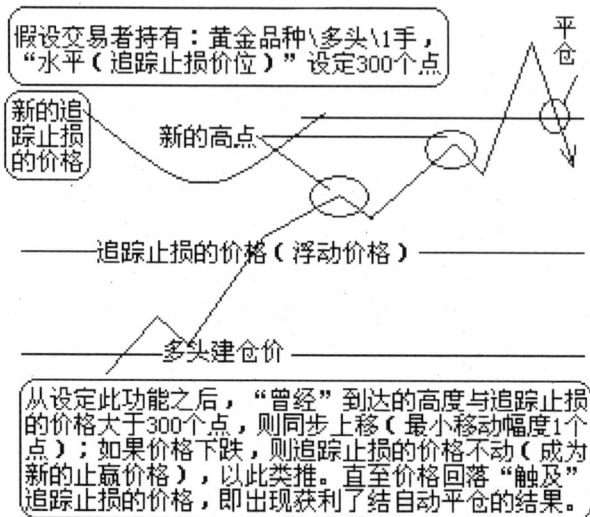

图 3-34 价格形成机制说明

表 3-8   价格形成机制说明   单位：美元/盎司

首触价格	现价	距离	最新触发价格
1 300+3=1 303	1 304	1 304-1 303=1<3	1 303
	1 303.5	1 303.5-1 303=0.5<3	1 303
	1 305	1 305-1 303=2<3	1 303
	1 306	1 306-1 303=3=3	1 303
	1 307	1 307-1 303=4>3	1 307-3=1 304
	1 307.5	1 307.5-1 304=3.5>3	1 307.5-3=1 304.5
	1 307	1 307-1 304.5=2.5<3	1 304.5
	1 306	1 306-1 304.5=1.5<3	1 304.5
	1 310	1 310-1 304.5=5.5>3	1 310-3=1 307
	1 308	1 308-1 307=1<3	1 307
	1 307	1 307-1 307=0	平仓

注意事项之一：黄金与白银的最小价格单位均为 0.01 美元/盎司（1 个点）。不过，黄金最小价格变动单位是 0.05 美元/盎司（5 个点）；白银最小价格变动单位是 0.01 美元/盎司（1 个点）。

注意事项之二：在实际的价格运行过程中，以水平 300 个点（3 美元/盎司）为例，距离（现价与有效期内曾经到达过的价位之间的价差）不会大于 3 美元，否则同步上移（多头）；距离小于或等于 3 美元时，出现的情况会是最新触发价格保持不变。

注意事项之三：从表 3-8 可以看出，如果现价在 1 304 美元/盎司，触发价格在

1 303美元 / 盎司,那么价格的短期震荡就随时可能引起自动止赢平仓操作的执行。具体又分两种情况,详见表3-9。

表3-9	价格短期震荡所引起的两种情况
交易者不再看多	不再重新设定触发价格。
交易者继续看多	笔者建议:对于中长线投资者来说,可以重新设定追踪止损(作用是止赢)。以此例来说,交易者可以取消1 303美元 / 盎司的触发价格(中止此价位的追踪止损功能),然后在1 301美元 / 盎司处重新设定追踪止损功能。结果形成三个价格:多头建仓价1 300美元 / 盎司;追踪止损触发价格1 301美元 / 盎司;现价1 304美元 / 盎司。结果如下:1 301-1 300=1(美元 / 盎司),1美元 / 盎司的价差保证了此单不会亏损;1 304-1 301=3(美元 / 盎司),保证了不至于盘中小级别的价格震荡造成自动平仓了结的现象出现。这样,对于投资或投机者进行中线与长线交易行为有比较大的实际可操作的意义。

举例说明如下:

● 现有持仓:GOLD\ 多单 \1 手 \ 成本价1 622.25美元 / 盎司,现价1 735.55美元 / 盎司,水平300个点(3美元 / 盎司),设置追踪止损功能。

● 情况说明:其一,笔者中长线看多,故而继续持有多头的头寸。由于担心价格的下跌会使得盈利变成亏损,或者使得盈利大幅减少,因此设置追踪止损功能。其二,300个点的幅度对于小级别的黄金价格震荡来说已经足够。故而设置水平为300个点。

● 具体操作:

第一步,进入行情界面,见图3-35。

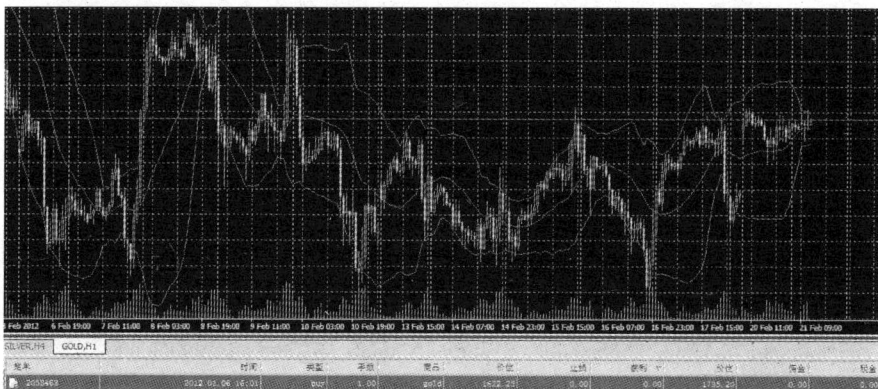

图3-35　行情界面

第二步,右键单击需要设定"追踪止损"的持仓,出现图3-36所示的界面,选择"追踪止损300点";也可以选择下面的"自定义"方式,效果相同。

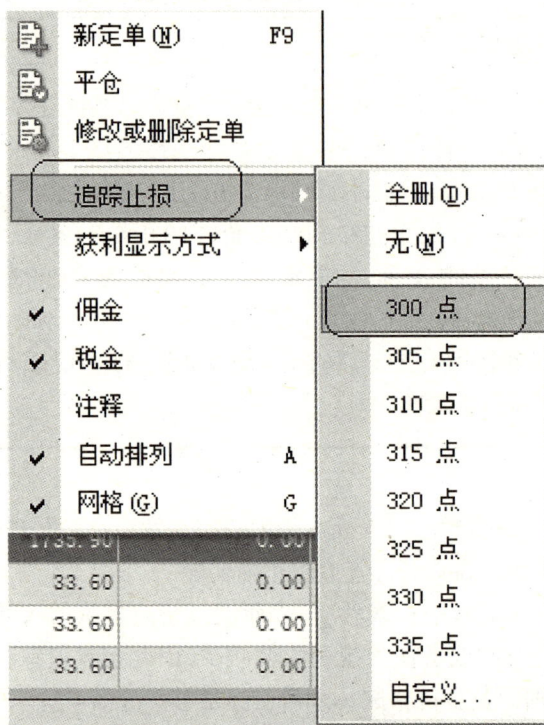

新定单(N)	F9
平仓	
修改或删除定单	
追踪止损 ▶	全删(D)
获利显示方式 ▶	无(N)
✓ 佣金	**300 点**
✓ 税金	305 点
注释	310 点
✓ 自动排列 A	315 点
✓ 网格(G) G	320 点
1735.90 0.00	325 点
33.60 0.00	330 点
33.60 0.00	335 点
33.60 0.00	自定义…

图3-36 设定追踪止损的界面

第三步,出现图3-37所示的界面,表明追踪止损功能设置完成。

建仓价　　追踪止损价　　现价与建立追踪功能时的价格1735.55美元会随着波动而产生价格差别　　现价

类型	手数	商品	价位	止损		价位
buy	1.00	gold	1622.25	1732.55		1735.50

图3-37 追踪止损功能设置完成的界面

第四步,出现图3-38所示的界面,左边的T字表明此订单设置了追踪止损功能。

定单		时间	类型	手数	商品	价位
2058463		2012.01.06 16:01	buy	1.00	gold	1622.25

图3-38 设置了追踪止损功能的订单显示

第五步,取消追踪止损功能的设置:只要再次选择已经完成设置的订单,右键单击,出现图 3-39 所示的界面,选择"追踪止损"。

"全删"是指所有设置了此项功能的订单均被取消了此项功能。

"无"只是指设置了此项功能的这份订单被取消了此项功能。

注意:此时并没有完成整个功能的取消,只是将追踪止损变成了固定价格(位置)止赢止损。即订单号前面的 T 字没有了,但止赢止损价位还是存在的。换言之,此时的浮动止赢止损功能变成了下文的固定价格止赢止损功能。

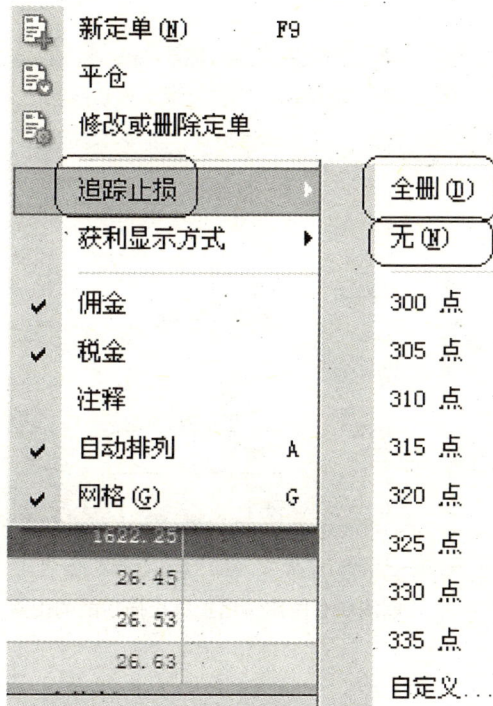

图 3-39 取消追踪止损功能的设置

第六步,固定价位止赢止损功能的取消:再次选择此订单,右键单击,出现如图 3-40 所示的界面。选择"修改或删除定单"。

第七步,在图 3-41 所示的界面中,将止损价格改成 0.00,即取消了原有的固定价格止赢止损功能的设置。

第八步,在图 3-42 中可以看到"止损"一栏中显示的价格为 0.00。

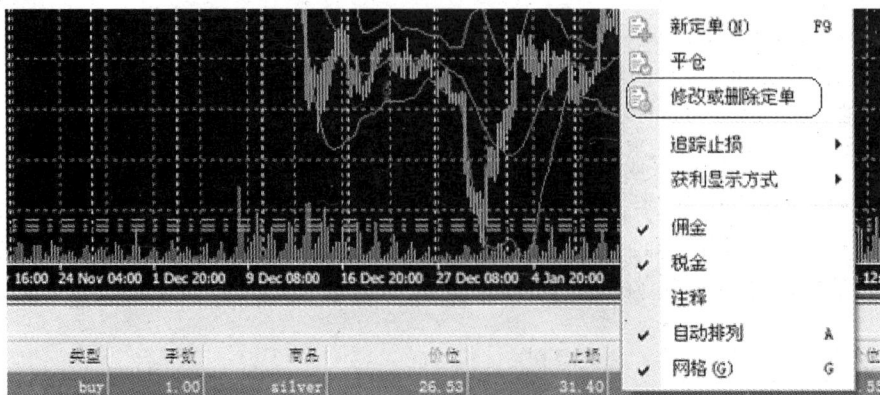

图 3-40 取消固定价位止赢止损功能

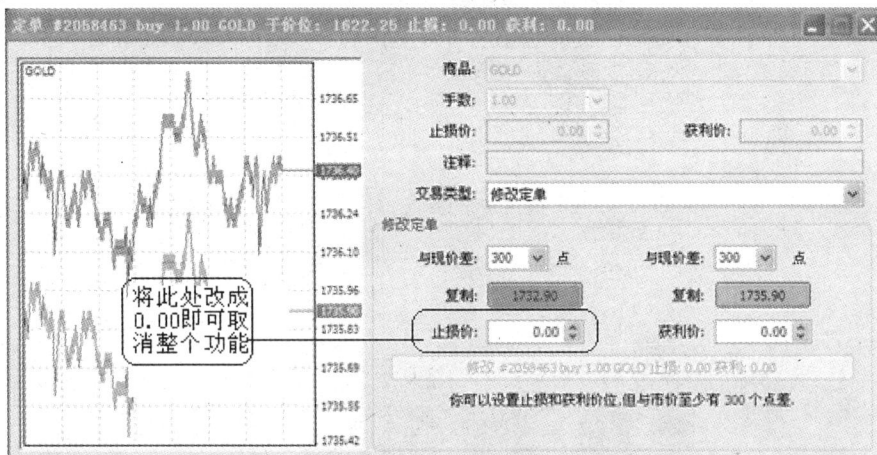

将此处改成0.00即可取消整个功能

图 3-41 取消原有固定价格止赢止损功能的设置

图 3-42 确认界面

固定价格止赢止损

为了更好地说明固定价格止赢止损的功能,以下三小段内容重复了上述浮动"止赢止损"功能(追踪止损)的部分内容。

机器(自动)止赢止损,即用机器代替人工进行止赢止损交易的行为。一般认为,自动止赢止损的操作主要用于中长线操作。具体又分为以下两类:浮动价格止赢止损和固定价格止赢止损。

注意事项之一：与手动止赢止损有着很大的差别。自动止赢止损不是以现价为基础的止赢止损，而是以一个价差的形式存在；且挂单的价格与现价之间至少要相差一定的价位，以此经纪公司为例，黄金品种挂单价至少与现价相差 300 个点（3 美元），白银品种至少相差 20 个点（0.2 美元）。黄金与白银每个点均为 0.01 美元，即 1 美分。

注意事项之二：浮动价格止赢止损和固定价格止赢止损究竟谁用于中线抑或是长线交易，对此的看法市场人士是有分歧的。笔者前文所述浮动价格止赢止损主要用于中线交易，固定价格止赢止损功能主要用于长线交易也仅仅是基于更合理的赢亏比，对于不同交易风格的交易者也可以反过来使用，或者说此二者均可以用于贵金属市场的中线与长线交易。

固定价格进行止赢止损操作的说明如下：

● 只有设置的条件：以此经纪公司为例，黄金品种的挂单价格至少与现价相差 300 个点，相当于 3 美元／盎司，白银品种的挂单价与现价至少相差 20 个点，相当于 0.2 美元／盎司时，此功能才可以被设置。

● 没有触发前提条件：并不要求持仓处于赢利状态，即只要此价位可以设置此项功能，那就相当于自动开启了此项功能。

● 触发的结果：只要价格触及了此预先设定的固定价位，就会出现自动平仓的情况，当然结果可能是赢利也可能是亏损。

举例说明如下：

● 现有持仓：SILVER\ 多单 \1 手 \ 成本价 40.35 美元／盎司，现价在 40.75 美元／盎司，要求当价位回落到 40.40 美元／盎司时，执行止赢交易。

● 情况说明：其一，笔者继续看多，因此并不进行手动现价平仓交易。其二，担心价格的下跌造成赢利单做成亏损单，因此设置自动止赢止损功能。其三，担心市场的震荡使得止赢条件被触发，因此设置低价位的止赢价格。白银的手续费用相当于 0.04 美元／盎司，即 4 个点，如果价格下跌到 40.40 美元／盎司，那么赢利 40.40－40.35－0.04＝0.01 美元／盎司，且止赢价位与白银现价相差达 40.75－40.40＝0.35 美元／盎司，符合至少 20 个点（0.2 美元）的要求。

● 具体操作：

第一步，进入行情界面，见图 3-43。

第二步，右键单击要设定"止赢止损"的持仓，出现图 3-44 所示的界面，选择"修改或删除定单"。

第三步，出现图 3-45 所示的界面，填写相应的内容。

图 3-43　行情界面

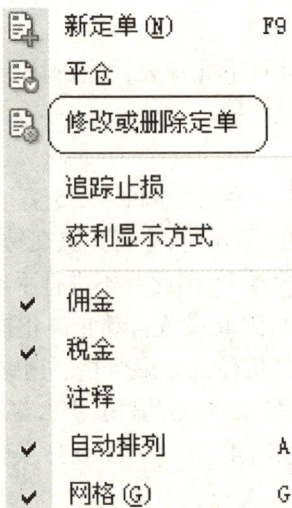

图 3-44　设定止赢止损的持仓

　　第四步,出现图 3-46 所示的界面,请等待。

　　第五步,出现图 3-47 所示的界面,点击"确定"按钮就可以了。

　　第六步,取消止赢止损功能的设置:只要再次选择已经完成止赢止损功能设置的定单,右键单击,出现图 3-48 所示的界面,选择"修改或删除定单"。

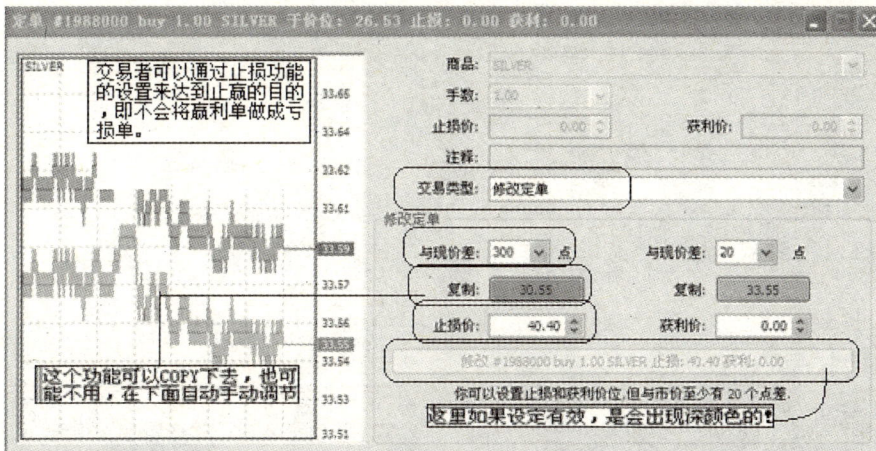

图 3-45　相关设定选项界面

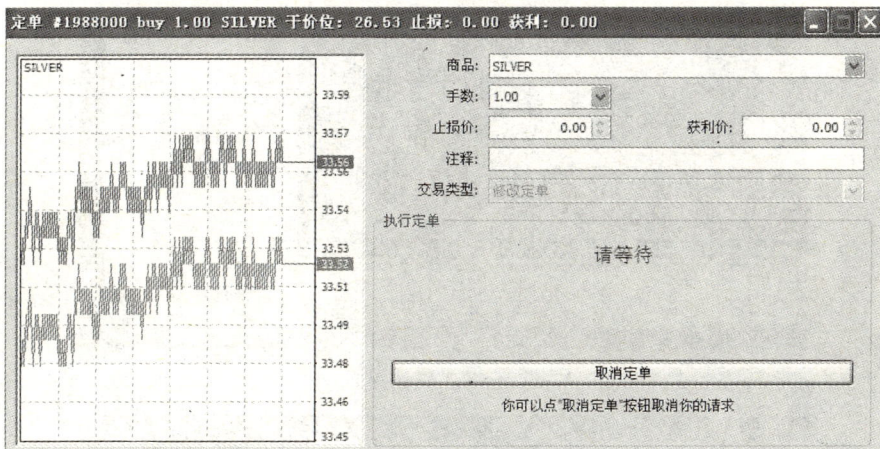

图 3-46　等待界面

　　第七步,在图 3-49 所示的界面中,将止损价格改成 0.00,即取消了原有的自动止赢止损功能的设置。

　　第八步,在图 3-50 中可以看到"止损"一栏中显示的价格为 0.00。

　　注意:止赢止损功能使用的最终效果是了结头寸,还有一个十分重要的内容是止赢止损功能是基于对同一个订单的处理,这两点与对冲功能及其使用有着本质的区别。

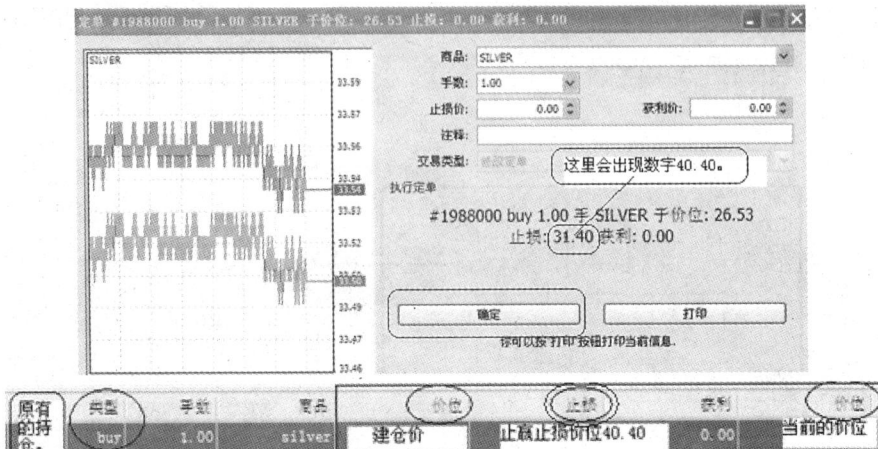

图 3-47　确定界面

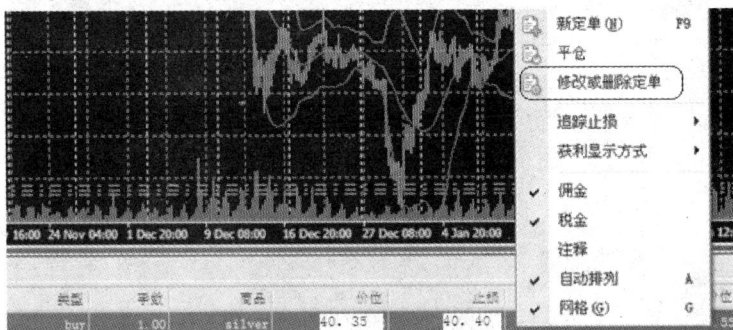

图 3-48　确认界面

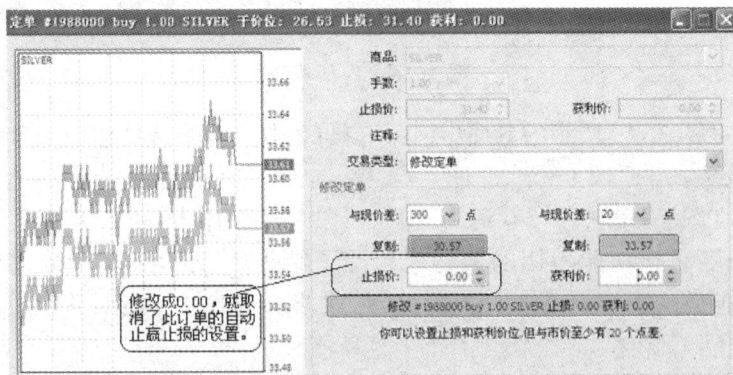

图 3-49　取消原有自动止赢止损功能的设置

图 3-50　止损价格显示

10. 对冲功能

对冲(hedge)，又称锁单，是指投资或投机者进行两笔行情相关、方向相反、数量相当、盈亏大致相等的交易行为。

（1）作用：用于代替止损、止赢操作，防止风险进一步扩大或者说保护既得利益。可用于已经产生浮亏的反向持仓或者说保护已获利的头寸。

（2）方式方法：手动或机器（自动）对冲交易。

（3）手动方式进行对冲交易：是指对已有的头寸以人工的方式进行对冲交易的行为（如图 3-51 所示）。

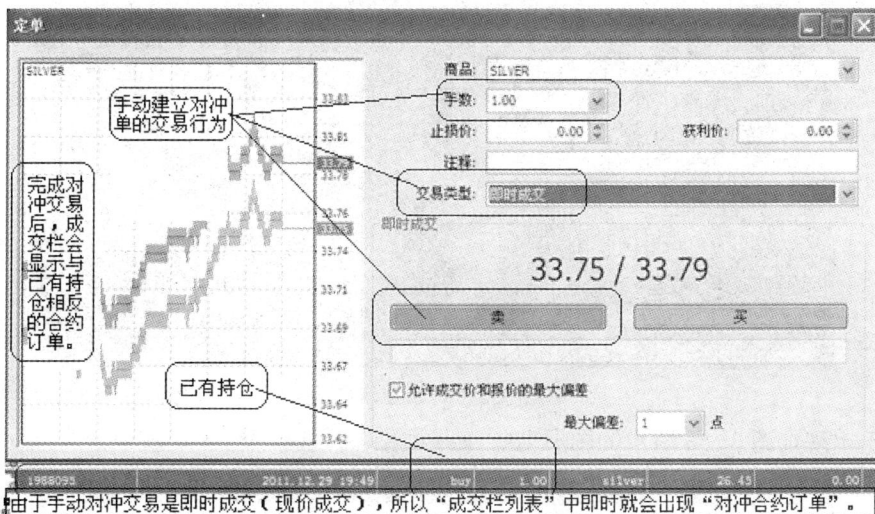

图 3-51　手动对冲交易操作说明

（4）机器（自动）方式进行对冲交易：用机器代替人工进行对冲交易的行为。

使用 MT4 交易软件的"Buy Stop、Sell Stop"功能键，进行对冲交易行为。Buy Stop：止损买进，是指相对于现价而言，高于现价的价格挂单的买进操作指令。Sell Stop：止损卖出，是指相对于现价而言，低于现价的价格挂单的卖出操作指令。具体操作法见前文。

现举一例说明自动对冲 Buy Stop、Sell Stop 功能的使用。

假设现在持有 SILVER\ 多单 \1 手 \ 成本价 38.00 美元 / 盎司，现价 37.50 美元 / 盎司，要求价位达到 36.25 美元 / 盎司时建立对冲空单。

1. 情况说明：其一，现价对于已持有的多头头寸而言处于浮亏的状态，亏损 37.50–38.00–0.04= –0.54 美元 / 盎司。总计亏损 0.54 美元 / 盎司 ×5 000 盎司 / 手 = 2 700 美元 / 手，以此经纪公司为例。由于价格的不确定性，也无法预测价格会不会持续下行造成爆仓风险，所以有必要对此种情况的风险加以控制。其二，对冲操作方法。由于已经持有浮亏的多头头寸，所以对冲功能只能使用 Sell Stop，切不可以使用 Sell Limit，因为无法预测价格会不会反向上行从而触发 Sell Limit，所以此处的 Sell Limit 无法对风险进行最终有效地控制。

2. 具体操作：

● 进入行情显示界面，选择"新定单"（见图 3–52）。

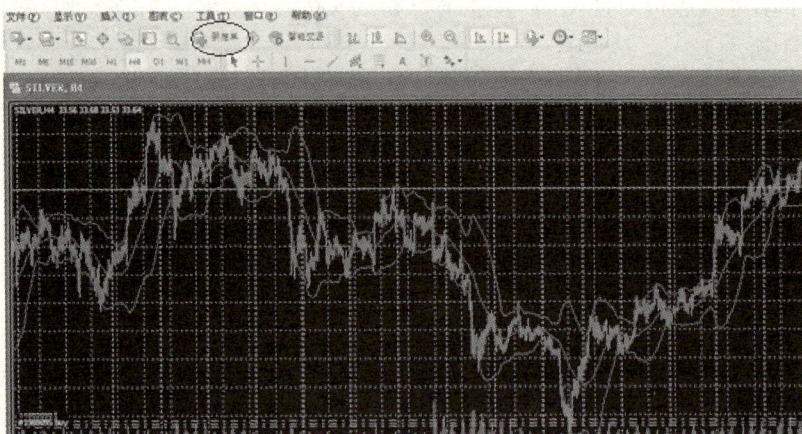

图 3–52　行情显示界面

● 出现如图 3–53 所示的图形，在"交易类型"中选择"挂单交易"。

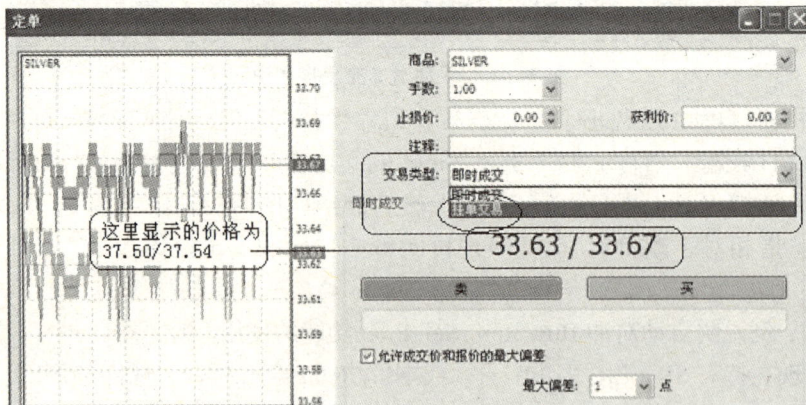

图 3–53　选择交易类型

● 出现如图 3-54 所示的图形,填写其中相关内容。

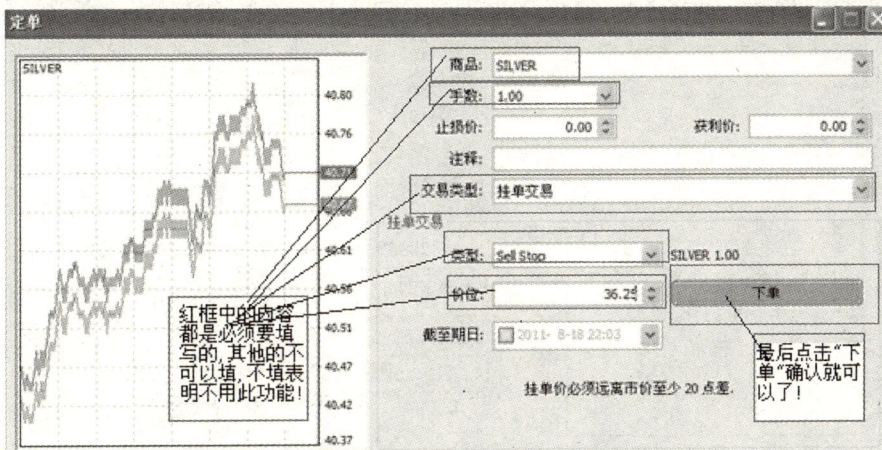

图 3-54 填写相关内容

● 出现如图 3-55 所示的图形,只需要等待。

● 出现如图 3-56 所示的图形,点击"确定"按钮即可。

行情界面会出现一根线(交易者自己设定的对冲位置),交易栏会出现一条提示信息(等待成交的对冲单显示信息)。此时就完成了"自动对冲功能"设定。

● 需要注意的是:由于"等待成交的对冲单"此时并没有完成成交,所以在成交栏的上半部分不会显示,只在下半部分显示(如图 3-57 所示)。

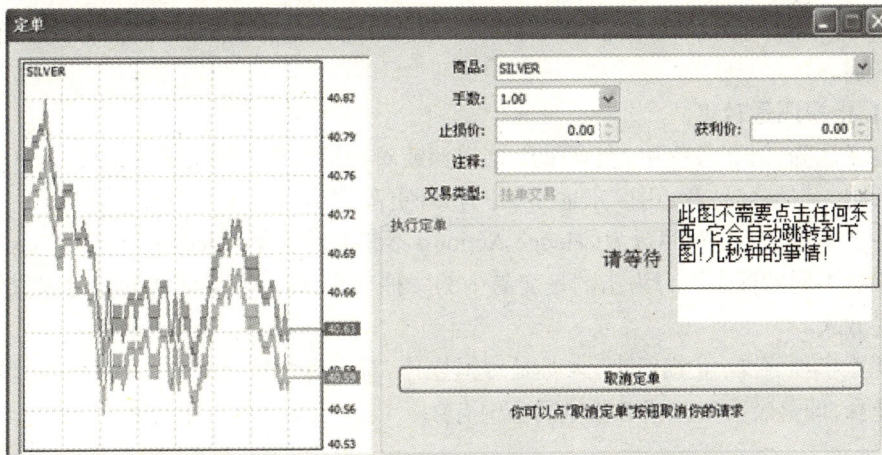

图 3-55 等待界面

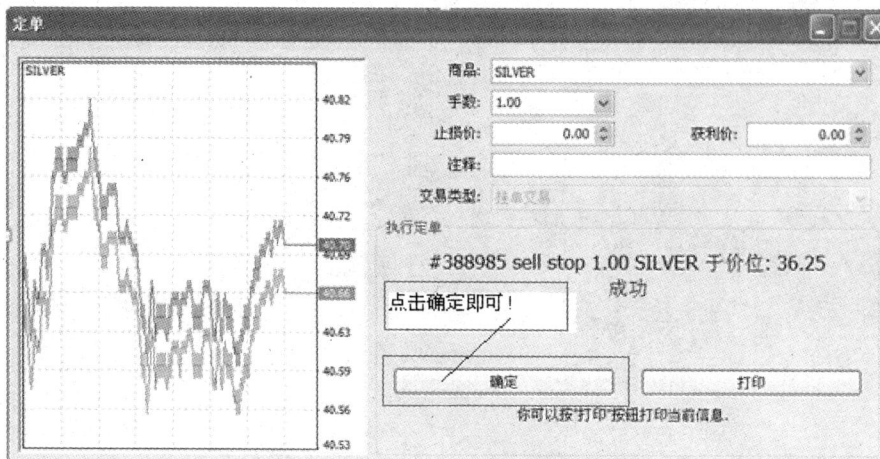

图 3-56　确定界面

图 3-57　成交单显示

注意:对冲功能使用的最终效果并非了结已有头寸,只是对已有头寸的风险进行有效地控制;还有一个十分重要的内容是,对冲功能一旦触发,最终将与原定单形成两个定单,而不是对同一个定单(原定单)的处理。这两点与自动止赢止损功能及其使用有着本质的区别。

11. 止损还是对冲

笔者认为,对于亏损单,究竟采用止损抑或对冲的交易行为是高杠杆交易市场中永恒的话题。它是交易者心中"永远"解不开、理更乱的"谜"。

注意事项之一:对冲行为(Hedge Action)不是对冲交易(Hedge Transactions),这是两个截然不同的概念。行为指的是交易中的一种动作,而对冲交易指的是博取价差的一种交易方式。

注意事项之二:止损行为,未必是亏损操作,对于有些持仓来说,止损行为起到的作用是止赢,即落袋为安。读者要做到心中有数。

关于止损

（1）何为止损

止损（Loss Stop）：俗语"割肉"，是指持有的合约亏损达到预定数额时，及时了结头寸，以避免形成更大亏损的交易行为。

目的：将投资或投机的损失限定在可控的范围内，同时又能够较大限度地获取成功的报酬，换言之，止损使得以较小代价博取较大利益成为可能。事实表明，一次意外的投资或投机失败便足以致命，止损能帮助投资者化险为夷。

（2）止损的必要性

市场最根本的特征是不可预测性，不确定性就是市场的确定性，即如果市场存在确定性的现象，那么唯一确定的现象就是市场永远处于不确定性中，这是市场存在的基础。不确定的现象必须得有措施来控制其风险的扩大，因此止损也就应运而生了。

留得青山在，不怕没柴烧；止损＝再生；鳄鱼法则；止损原则的核心在于不让亏损吞掉你的全部；顺势＋止损；进入交易市场，第一堂培训课老师教的内容是止损，第二堂培训课老师教的内容还是止损，最后一天的最后一堂课的主题依然是止损。论坛上诸如此类的话实在是太多了，足以说明止损操作的重要性。

（3）如何设置止损

何时进行止损操作，一般来说，以下几种方法较为常见：

① 最大亏损法

简单有效的止损方法，当亏损额达到资金承受的极限时，止损。

② 技术指标止损

EMA、SMA、MACD、TRIC 等指标也可以用于止损操作。

③ 布林线通道

利用布林线的上下轨进行止损操作。

④ K 线组合止损

K 线组合不利时，进行止损操作。

⑤ 关键心理价位止损

市场重大传闻出现，击穿大众心理支撑价位，进行止损操作。

⑥ 筹码密集区止损

多头与空头的成交密集区被有效地突破，亏损单应当进行止损操作。

⑦ 基本面止损

贵金属市场或与之相关联的大宗商品主要产生与消费国，发生重大基本面的改变，亏损单进行止损操作。

（4）止损的价位

对此没有统一的标准,一般来说,可以参考以下几种:

① 重要的阻力位与支撑位。

② 箱体的头部与底部。

③ 开仓点向上或向下一个固定的价位。宽或窄由各人的喜好来定,一般来说,短线设置较窄的止损位,长线设置较宽的止损位。

关于对冲

（1）何为对冲

对冲(hedge),又称锁单,是指投资者或投机者进行两笔行情相关、方向相反、数量相当、盈亏大致相等的交易行为。

目的:其一,用对冲来代替设置止损,主要是为已有的头寸提供安全保障。其二,可以有效地消除对止损的恐惧。

（2）对冲的必要性

市场是不可预测的,也无人可以预测。价格的运行只有两种方式,即涨或跌,但何时涨跌、以多大的级别涨跌却无从得知。最有经验的投资或投机者看对的概率比普通投资者稍好一些,不过看错也是难免的,对冲行为是一个不错的选择。它就像一根保险绳,使得参与者较好地克服了对市场的恐惧。

（3）如何设置对冲

进行对冲操作的时机与前面止损操作的时机相同。

（4）对冲的价位

一般来说,投资或投机者设置止损位的地方,就是比较合适的对冲位置。

注意:对冲功能使用的最终效果不是了结头寸,而是持有双边头寸,这一点与止赢止损功能有着本质的区别。

12. 预警设置

预警(报警)功能的设置对于交易而言是一个重要环节。充分利用此项功能可以使得交易者及时得到系统的提示,以免造成重大损失,同时也可以把握住关键的机遇期。在笔者看来,此功能相当于自动监盘系统。

（1）进入预警功能界面

图3-58为交易界面,在此界面下选择"警报"功能键。

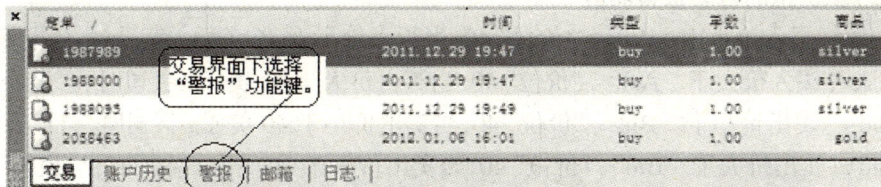

图 3-58　进入预警功能界面

出现图 3-59，依图中的提示进行操作。

图 3-59　创建预警功能界面

出现图 3-60，即进入预警功能界面。

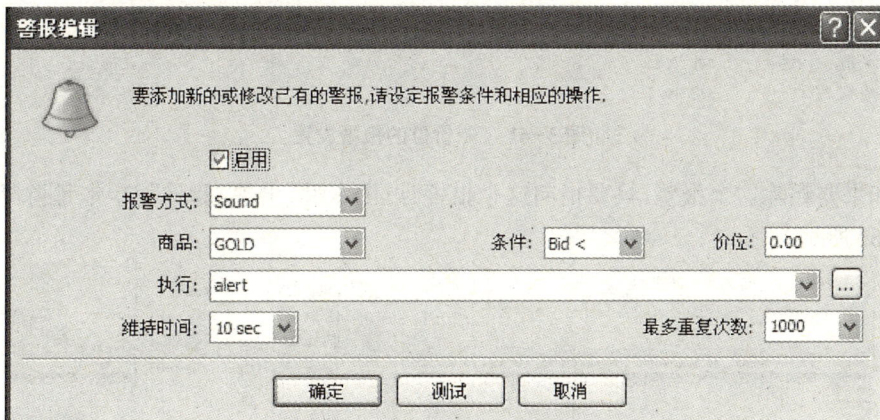

图 3-60　预警功能设置界面

现行版 MT4 交易软件提供了两种报警方式，即依"价位"和"时间"的自动报警功能。

（2）依价位的自动报警功能

Ask< : 买入价小于。Ask<,"价位" 40,当买入价小于 40 美元 / 盎司时,会报警。

Ask> : 买入价大于。Ask>,"价位" 40,当买入价大于 40 美元 / 盎司时,会报警。

Bid< : 卖出价小于。Bid<,"价位" 40,当卖出价小于 40 美元 / 盎司时,会报警。

Bid> : 卖出价大于。Bid>,"价位" 40,当卖出价大于 40 美元 / 盎司时,会报警。

现举例说明如下（见图 3-61）:

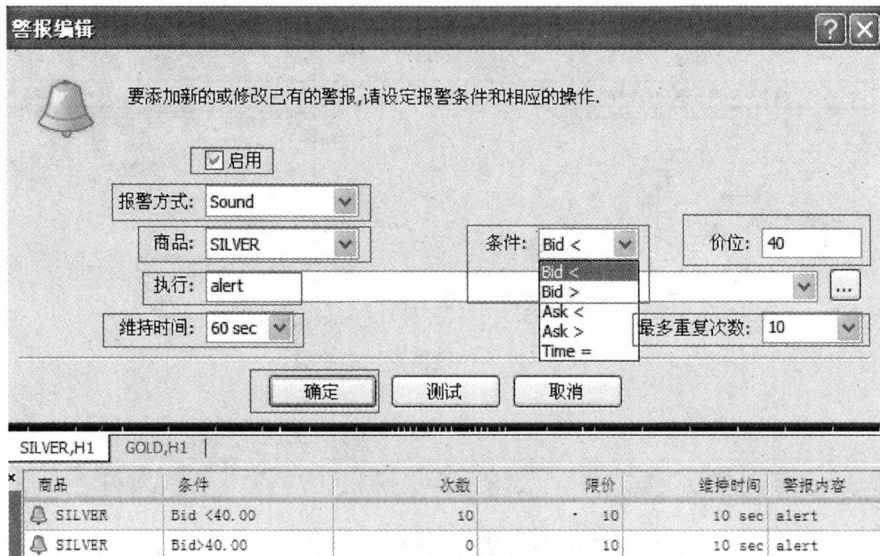

图 3-61 依价位的报警设置

如果要删除这个报警,只要指向这个报警,点击右键,出现"删除"选项,删除即可(如图 3-62 所示)。

图 3-62 报警的删除

（3）依时间的自动报警功能

条件：Time=，用来设置依时间来报警的功能。

价位：开始报警的时间。

维持时间：多少时间报警一次。

最多重复次数：根据交易者所需要报警的次数进行设置。

现举例说明如下（见图3-63）：

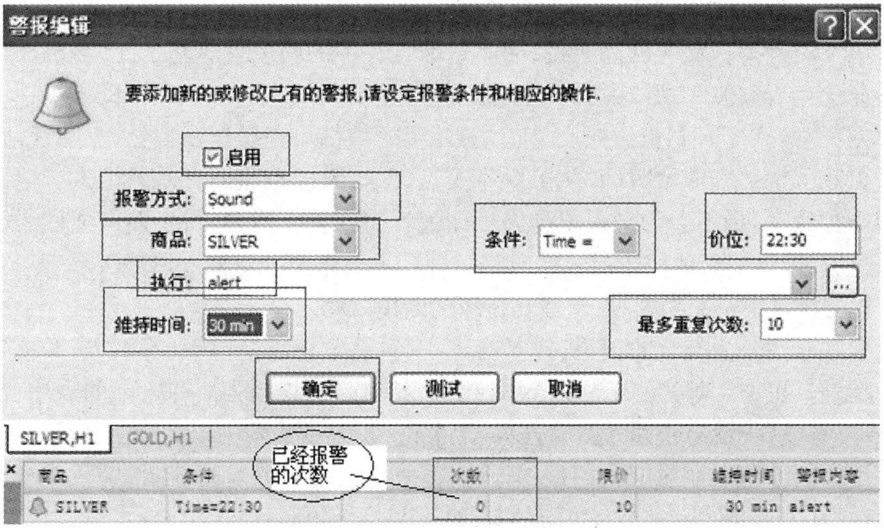

图3-63　依时间的报警设置

如果要删除这个报警，只要指向这个报警，点击右键，出现"删除"选项，删除即可（如图3-64所示）。

注意事项之一：设置的时间必须在当前时间之后的某个时刻，否则无效。

注意事项之二：报警开始的时刻是否为整点时刻没有关系，即不是整点也行。

特别注意：从现行版MT4交易软件的功能来看，没有依成交量进行报警的功能。

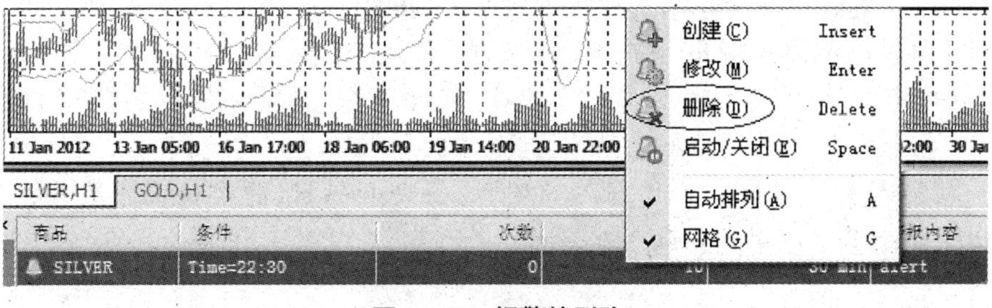

图3-64　报警的删除

13. 风险控制

优秀操盘手通常是指能够获取稳定且持续复利回报的交易人员。在笔者看来,此类"优秀"的操盘手未必是合格的操盘手,因为业绩不能够说明所有的问题。比如,有两位操盘手,其中一位的平仓业绩非常好,却会在某些时刻出现较大的资本回撤,还有一位的平仓业绩很是一般,然而在整个交易过程中最大资本回撤率控制在合理的范围内,那么前者基本不合格,后者则可以认定是一位合格的操盘手。

合格的操盘手,首先必须是风险厌恶者,然后才能提及其他。在贵金属交易市场中,和美所追求的是高杠杆下的高收益,而不是高杠杆下的高风险。基于此,合格操盘手的眼中必定没有"赌博"二字,从来不会说成败在此一举,更不会放出所谓的胜负手。笔者亲眼所见:有的人士来到贵金属交易市场,几年之内都只在操作模拟盘,没有任何收入,还要付出几乎全部的业余时间,从未置身实盘,但每天模拟盘的交易量惊人。他们不为眼前的小利所动,更不会为别人抢得先机而沮丧,其定性、耐心、与生俱来强烈的风险意识令人叹服,可以想见他们所追求的只是一种后发而先至的境界。风险厌恶者—合格操盘手—优秀操盘手—交易大师,这才是晋级的必由之路。

笔者注意到一个有趣的现象:越是穷人,其风险意识越差;越是有钱人,其风险意识越强。越是贫民,其风险意识越差;越是权贵,其风险意识越强。在大师的眼中,没有暴利,所以没有爆仓;没有快速致富,所以甘于平稳;没有富贵险中求的想法,所以选择用时间来证明一切。富人变成穷人的根本原因,只是失去了对风险的控制;穷人变成富人的根本原因,其中重要的因素是对风险的有效控制。

在贵金属市场,大多数人很快就会被消灭,金钱的损失、信心的丧失、坚持精神的消磨;少部分人可以坚持1年,金钱的损失不大,信心部分缺失,坚持精神所剩无几;极少数人3年后还能坚持每天看盘十几个小时,对于这些人来说,成功已经近在咫尺,不知不觉之中会有胜似闲庭信步的感受,此时,置身市场如同坐卧家中,熟悉其中的每一个角落,每一处旮旯。身处乱"市",却可以找到一方净土、一份宁静与安详。一般人眼中的一天,转瞬即逝,而他们却可以看成是连续24幅的图景,在这24幅图景中,居然还可以看出1 440(24×60)幅画面。在这1 440幅画面中,他们会看到一些安全的机会,只是某些不起眼的瞬间。强烈的风险意识促使他们选择特立独行的交易模式,这些不起眼的瞬间在他们的脑海中变成了猎物,其行为在众人看来简直是不可理喻、荒唐之极。

现在,笔者来算一算谁才是真正的智者:每个交易日,此类机会不要多,只算10个,如果每个机会可以平均获利200美元,一天就是2 000美元,那么一年呢? 2 000×

250=500 000（美元），约合 3 150 000 元人民币。所需要的保证金只是几手黄金或白银的保证金数量（1 手黄金的保证金数量约为 1 000 美元，白银 650 美元，以此经纪公司为例）。

　　套用雷凯投资的一句话："无比强烈的风险意识控制了你的行动，甚至扭曲了你的思想，改变了你的行为，那么大师之路，也就开始了。"

　　风险控制有以下两种方式：

　　（1）风险控制指标 RAROC（Risk-Adjusted Return On Capital）

　　① 风险控制指标的目的

　　出于控制风险的目的，西方大型对冲基金采用以风险为基础的考核盈利指标，即根据风险调整的收益（RAROC, Risk-Adjusted Return On Capital）。这样克服了传统绩效考核目标中盈利目标与风险成本在时间上的相对错位，实现了经营目标与业绩考核的统一。

　　对于贵金属投资或投机而言，是看资本的最大回撤，按照比例应该产生的净盈利数额。RAROC 采用的是按照即时的资产净值来计算回撤，不再使用平仓净值来计算。RAROC 考核交易员盈利的目标与付出的风险之间的关系，将未来可预计的风险损失量化为当期成本，使得收益与所承担的风险相挂钩。

　　这种考核方法，可以有效地回避魔鬼交易员的出现，不给他们以生存的空间。一般来说，当魔鬼交易员出现巨额亏损时，处理的方法就是死扛，然后持续增开新的头寸，以期行情向着有利的方向转化。如果行情真的反转，那么反败为胜，不过只是金钱的数量发生了量变；如果行情继续沿着不利的方向持续下去，那就有可能在几天之内输光整个"世界"，此时的改变却是一个质变。这就是以平仓净值为考核标准的重大缺陷。

　　② RAROC 的计算公式

$$RAROC=RAR（风险调整收益）÷ 经济资本$$

注意：

$$RAR= 净收入 - 经营成本 - 预期损失$$
$$预期损失（EL）= 违约率（PD）\times 违约损失率（LGD）\times 违约风险暴露（EAD）$$

　　（2）保证金比例 Margin Ratio、Margin Level

　　对于广大的一般投资者或投机者而言，使用 RAROC 对于风险进行控制没有必要，更没有条件，对风险的控制主要还是体现在保证金比例方面。保证金比例不得低于一个具体的数量标准并严格执行,如此,风险也就有了比较好的控制。

比如,和美私募基金对于交易员的硬性指标是:保证金比例不得少于2 000%(如图3-65所示)。如果达到这一指标,那么不得增开新的头寸,只对已有的头寸进行处理。

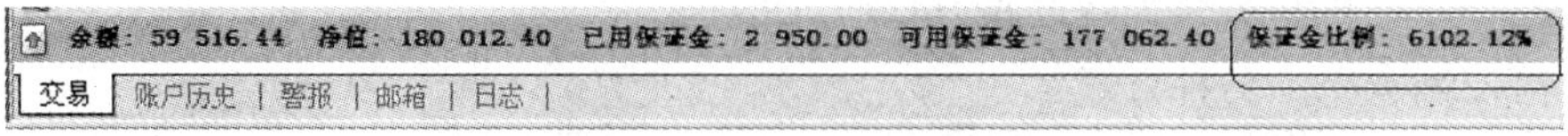

图3-65　保证金的比例

14. 交易记录查询

对于已经平仓了结的头寸,投资者或投机者可以在"账户历史"(早期称"交易历史")栏中查询到,以便了解交易记录,进一步改进自身的交易方式。

正常成交单:用灰色表示。

止损成交单:用红色表示(如图3-66所示)。

图3-66　止损成交单记录

止赢成交单:用绿色表示(如图3-67所示)。

注意:账户历史中显示的记录,不仅仅只记录下了已经平仓的头寸,还有一些未触发的条件单(此时还未成交)的记录号也会显示。这对于基金公司查看所属交易员的风险意识起到了积极的作用。

图3-67　止赢成交单记录

15. 寻求协助的方式

从形式上来看,可以分为"近程"与"远程"协助两种方式。

（1）近程协助，一般来说，就是指可以在当地或比较容易当面接触到对方的工作人员求得帮助的一种方式。

方式方法：可以去对方的经纪公司寻求帮助或接受上门指导。

（2）远程协助，一般来说，就是指无法在当地或较难当面接触到对方的工作人员，改用其他的方法求得帮助的一种方式。

方式方法：电话或通过远程QQ方式进行，图3-68为QQ方式，相当于经纪公司的客服人员可以进入投资或投机者的电脑系统中代为进行操作。

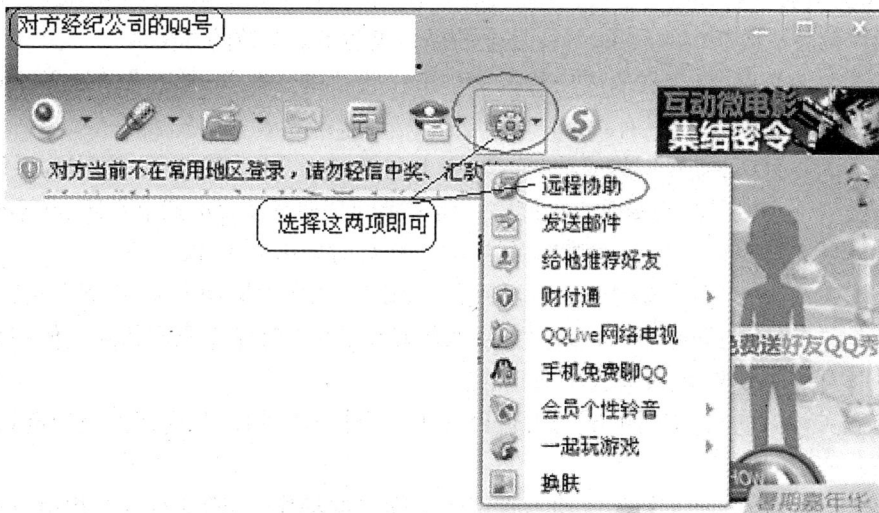

图3-68　远程协助方式

二、交易模式的确认（职业高手个性化交易方式的艰难抉择）

如果广开言路，让形形色色的投资者或投机者公开各自的交易方法（又称秘笈），那么可以展示的交易办法实在太多，必定花样百出、种类繁杂，令人目不暇接。

有人关注胜率，将交易的成功与否聚焦于大赚小赔。相信截断亏损，让利润奔跑的格言。譬如海龟系统、鸳鸯系统等。

有人关注趋势，将交易的成功与否聚焦于趋势的形成。相信趋势是交易者的朋友。努力地寻找流畅的市场，选择流畅的品种、流畅的时间周期级别，等待流畅的形态出现，做流畅的行情，立志做一名简单的操作工。

有人关注震荡,将交易的成功与否聚焦于长时间的震荡。相信市场大部分时间处于震荡状态。震荡是他的最爱。

有人关注跟随,将交易的成功与否聚焦于火车机动原理。相信市场的本质就是资金有判断能力的跟随,力求永远站在赢家一边。落井下石、锦上添花是他们的口头禅。

有人关注突破,将交易的成功与否聚焦于追市或者说回档入场型的黄金法则。相信顺势而为或者说顺大市逆小市的交易策略。

有人关注耐心,将交易的成功与否聚焦于自己的能力范围之内。相信等待、等待、再等待,努力去做一名聪明的猎人,只有当值得猎取的猎物非常靠近时才扣动扳机,任何多余的动作都会造成严重的后果,等待是他们提高成功率最有效的办法。

有人关注盘感,将交易的成功与否聚焦于盘感。相信直觉,所追求的境界就是一种对盘面直接的理解,无招胜有招,柳叶当飞镖。

有人关注系统,将交易的成功与否聚焦于系统方法。相信敌变我变,因为系统方法并不会随着现实状况的改变而自动调整。所追求的是拥有几套的武器系统,在不同的交易周期运用不同的交易工具,盘整时关注指标、趋势时采用道氏、波浪等。

有人关注协同,将交易的成功与否聚焦于和谐。相信大周期上涨,小周期在跌,忽略小周期的跌,等小周期起涨,做涨,只做主级推动浪;下跌时操作原理相同。他们会屏蔽掉一些正常的次级波动,没有大小通吃的想法。

有人关注开仓,将交易的成功与否聚焦于开仓技术。相信开仓即浮赢的良好感觉,彻底解决心态问题。

有人关注简单,将交易的成功与否聚焦于简单的动作,不断地重复。相信只有严格执行经过长期验证的交易策略,进行重复性的操作是实现稳定赢利的唯一途径。常说的一句话是:"你有始终如一的思想标准和执行标准吗?"

笔者看来,这些思想都闪烁着智慧的光芒,但为何有 90% 的人输得精光,最后黯然退出市场,其中并不缺乏赢家的操作系统呀?其实除了交易技术之外,最大的问题是使用技术的人。技术只解决了术的层面,在道的层面还有一个自己;好的交易系统只解决了获胜的可能性,然而输家却没有能力使可能性变成必然性。

追求真理的路没有止境,太多的人在孜孜以求,这并不奇怪。只是,多年后他们会发现交易技术重新又回到了起点,穷经皓首只为找寻一个最简单、尽人皆知的常识,不过,时光没有白白流逝。只有撞过南墙,才会明白:没有必要懂得太多,没有必要追求极致,没有必要面对太多的诱惑;也才会明白:只有在追求过后才会理解没有必要追求的道理。原来适合自己的才是最好的,面对其他的诱惑,才会真正地放弃。这是一个过程,是一个

让人长大的历程,虽然辛酸,不过人类从来如此,今后还将如此!

笔者进入贵金属交易市场,不觉已过数个年头,每天 10 个小时,但交易技术依然如故,数年的努力只是:将操作计划从一张 A4 纸变成了一行如蚓的文字;交易的心情由忐忑不安变成了麻木不仁,直至蜕变成了现在的随心所欲。窗外的莺在飞,心已淡泊如水!

(一)大级别的交易机会

大级别机会的把握是交易大师的标志,也是交易大师所追求的境界。这里是交易大师们的专用狩猎场!

1. 关于"月 K 线"理论:充分利用市场的连续性

如图 3-69 所示为黄金的月 K 线趋势图。若投资者从 2005 年 8 月持有黄金直至 2011 年 8 月卖出,其间,黄金价格由 429.53 美元 / 盎司升至 1 912.03 美元 / 盎司,上涨幅度达 345%,相当于年平均收益率达 57.5%。因此对长线投资者而言,月 K 线走势是很好的操作依据。

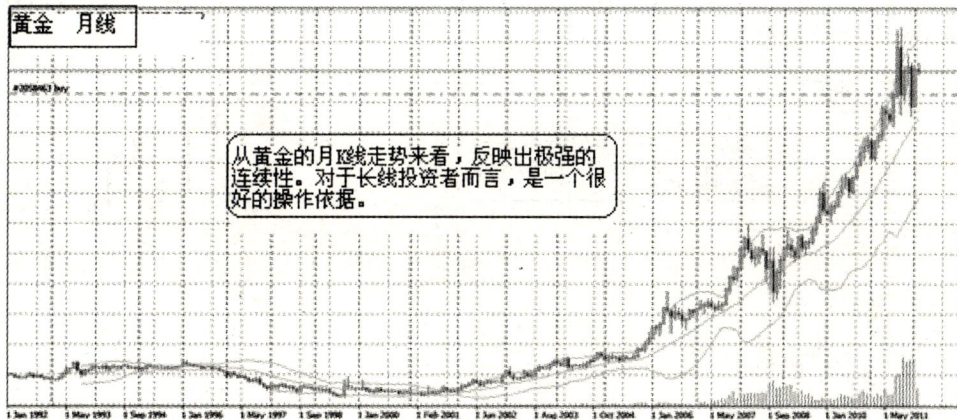

图 3-69 黄金的月 K 线

如图 3-70 所示为白银的月 K 线趋势图。同样若投资者从 2005 年 4 月持有白银直至 2011 年 4 月卖出,其间,白银价格由 7.11 美元 / 盎司升至 49.78 美元 / 盎司,上涨幅度达 600%,相当于年平均收益率达 100%。如此丰厚的投资收益在众多的投资品种中是不多见的。

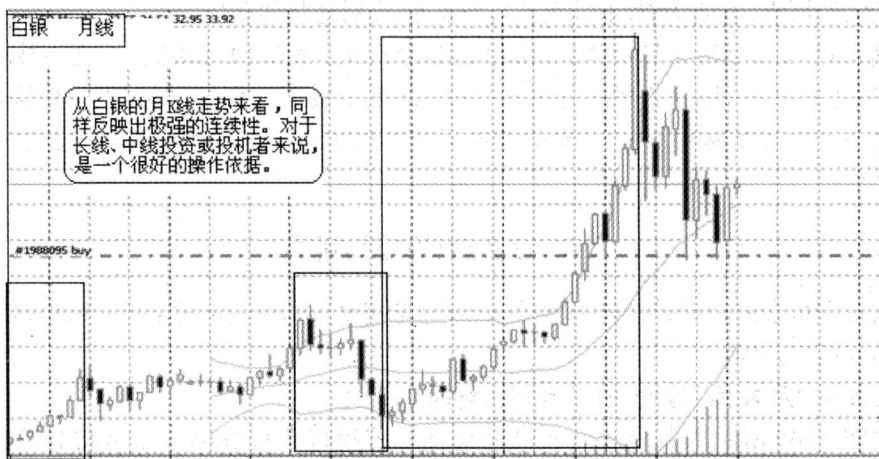

图 3-70 白银的月 K 线

2. 关于"周 K 线"理论：充分利用市场的连续性

如图 3-71 所示为黄金的周 K 线图。图中显示从 2009 年 4 月至 2011 年 7 月，黄金价格呈稳步上升趋势。

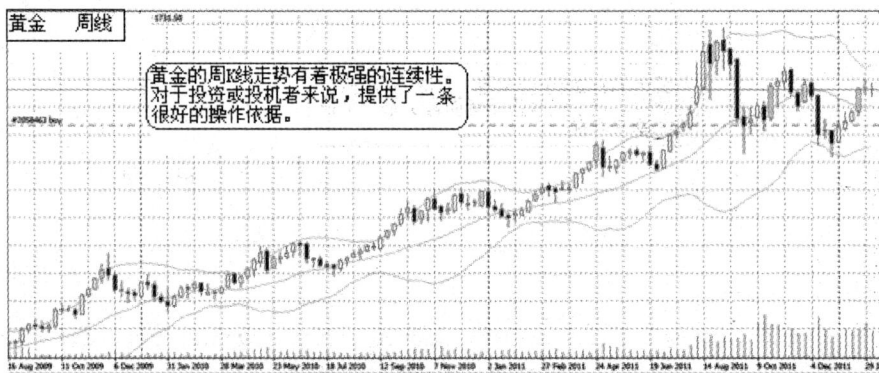

图 3—71 黄金的周 K 线

如图 3-72 所示为白银的周 K 线图。图 3-72 所标注的方框中显示出由数个连续性小趋势组成较大的趋势。因此，连续性是大级别交易的主要特征，周 K 线走势图也是投资者交易的长期投资的操作依据之一。

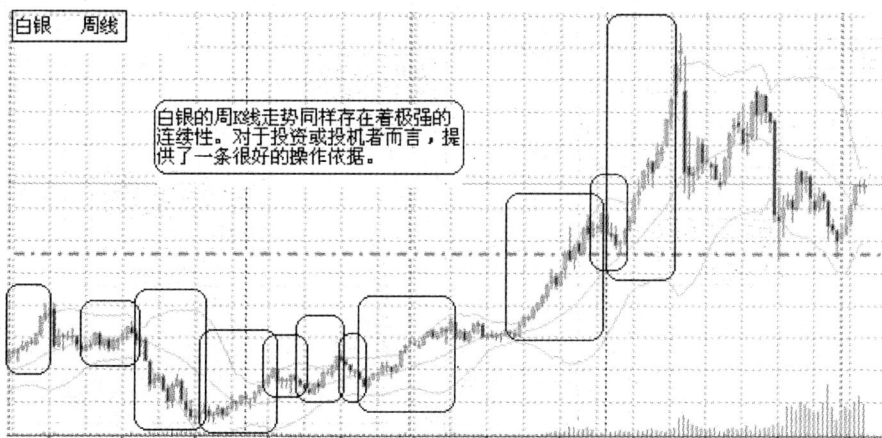

图 3-72　白银的周 K 线

3. 关于"K 线的布林线单侧运行"理论:布林线单侧运行是大级别的价格运行走势

如图 3-73 所示为黄金的小时布林线运行图。标注的方框中显示:当 K 线长时间运行在布林线的下轨时,黄金价格持续下跌,当 K 线始终运行在布林线的上轨时,黄金价格持续上涨。当 K 线在布林线的上、中、下轨之间游离时,黄金价格便处于震荡行情中。

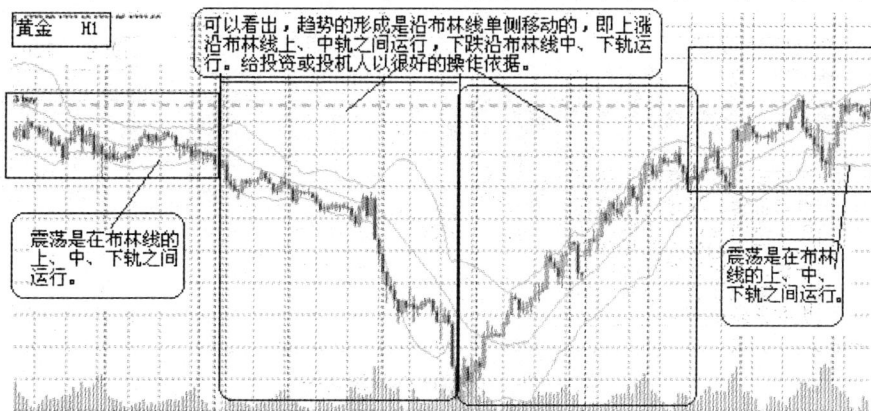

图 3-73　黄金的布林线

如图 3-74 所示为白银小时布林线运行图。标注的方框中显示:白银的布林线单侧运行下跌走势更加显著。"K 线的布林线单侧运行"理论也为投资者提供了良好的操作依据。

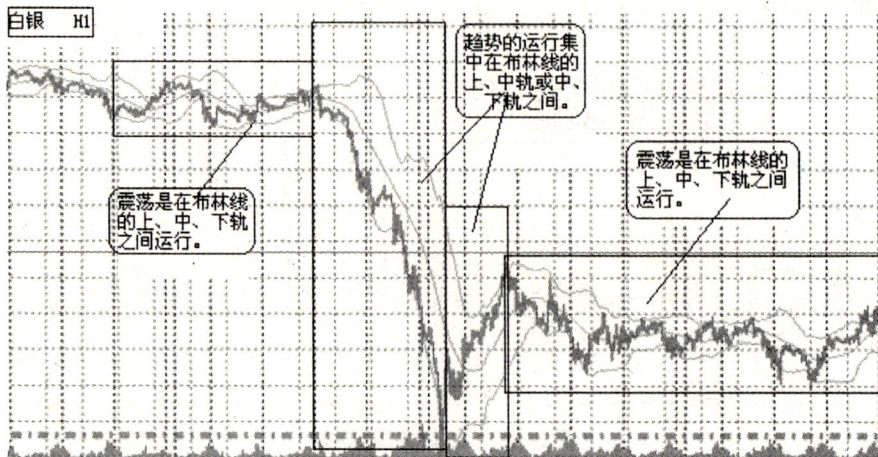

图 3-74　白银的布林线

4.关于几种阶段理论:阶段低点、阶段高点

(1)阶段低点:有较高的参与价值。

(2)阶段高点:有较高的参与价值。

如图 3-75 所示为黄金的 30 分钟 K 线阶段低点走势图。其标注的圈为数天的时间段走出的 5 次低点,也是给投资者多次逢低买入的机会。

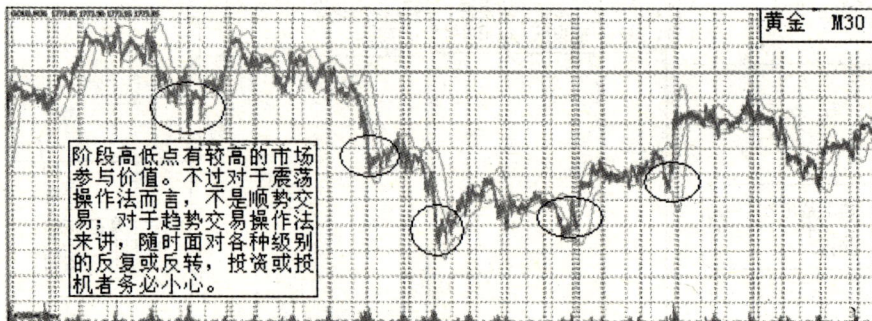

图 3-75　阶段低点分析之一

如图 3-76 所示为白银的 30 分钟 K 线阶段低点走势图。其标注的圈为数天时间段走出的 8 次低点,也是给投资者更多次较大级别参与的机会。

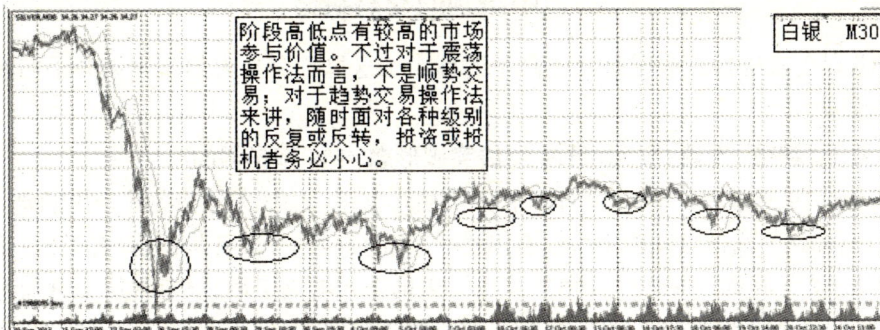

图 3-76　阶段低点分析之二

如图 3-77 所示为黄金的 30 分钟 K 线阶段高点走势图。其标注的圈为数天的时间段走出的多次高点,也是给投资者多次逢高卖出的机会。

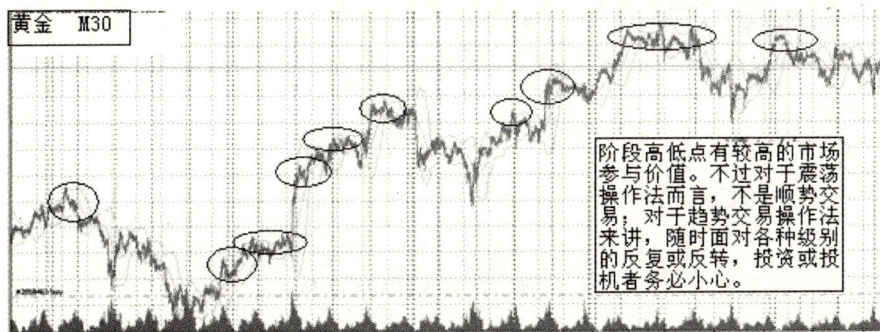

图 3-77　阶段高点分析之一

如图 3-78 所示为白银的 30 分钟 K 线阶段高点走势图。其标注的圈为数天时间段走出的多次高点,也是提示投资者更多次较大级别逢高卖出参与的机会。

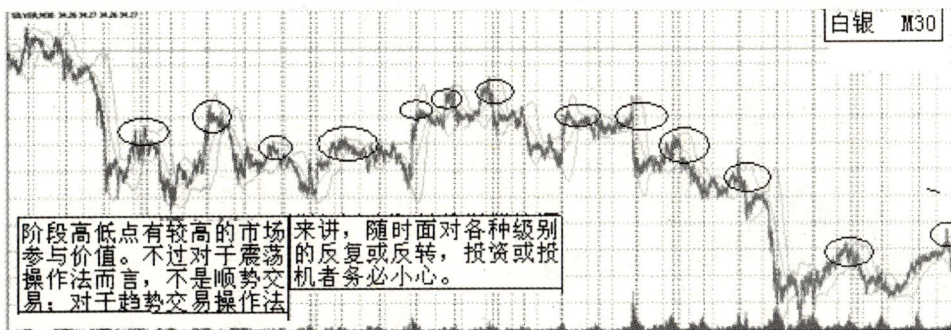

图 3-78　阶段高点分析之二

(二)中级别的交易机会

中级别交易机会的把握是职业高手的标志。这里是交易大师与交易高手们经常光顾的狩猎场!

1. 关于"突破"理论:日间、日内K线突破形态90%都是假的

如图3-79所示为黄金的30分钟K线突破形态图。前3天走势大体走出的是例"N"形,从给出标注的高低点的圈中可以看出,第一天的走势是:没有最低,只有更低;第二天的走势是:没有最高,只有更高;第二天在突破前一天的高点后,没有继续上升而是震荡下跌。因此在下降和上升通道中,有多次卖空和买多的机会。

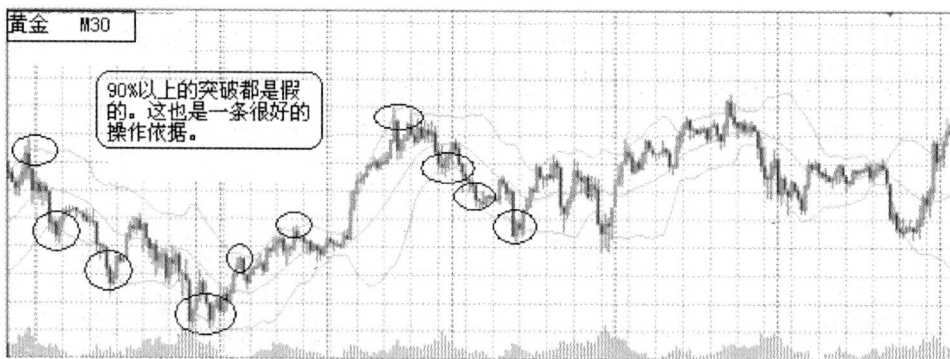

图3-79 黄金K线突破分析

如图3-80所示为白银的30分钟K线突破形态图。从图中可以清楚地看出,每一次突破都面临着更大级别的回调,给投资者提供了多次逢低买入、逢高卖出的机会。

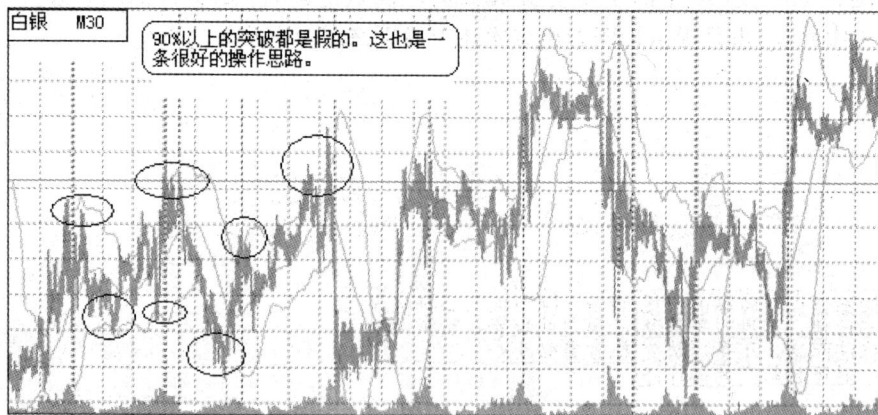

图3-80 白银K线突破分析

2. 关于 K 线时间与空间模式：相当长的时间与空间

如图 3-81 所示为黄金的 30 分钟 K 线走势图。当黄金跌破支撑进入下降通道后，会在一个较长时间（本例为 5 天）维持跌势，体现了时间与空间的对应性。

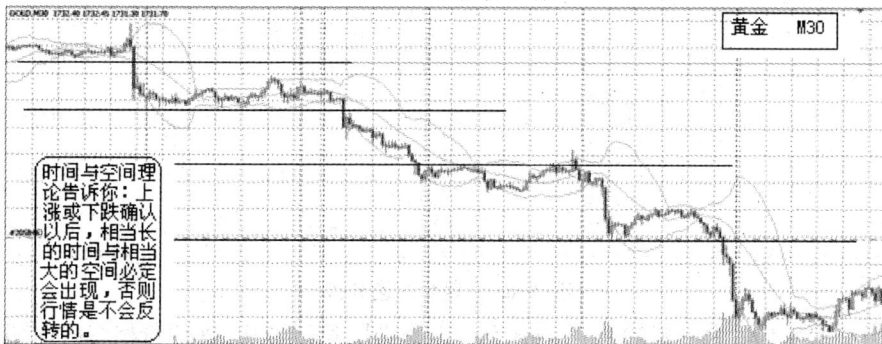

图 3-81　黄金 K 线的时空分析

如图 3-82 所示为白银的 30 分钟 K 线走势图。当白银经过一段时间的盘整，突破阻力位进入上升通道后，会有一个较大的上涨幅度（图例为 2-2.5 美元），再经过一段时间的振荡，再次突破，上升至又一高度。

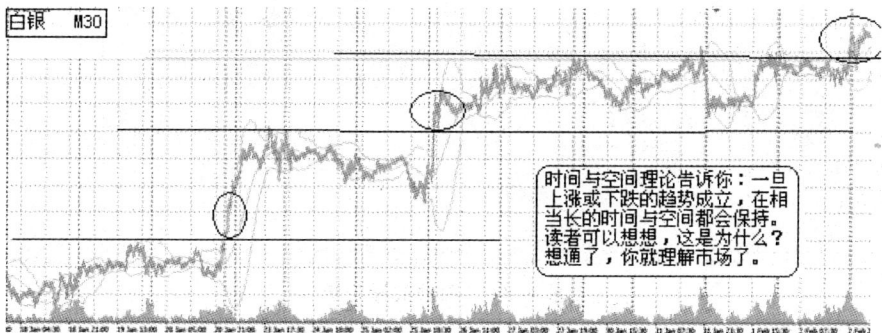

图 3-82　白银 K 线的时空分析

3. 关于日间、日内基于 K 线形态下的剧烈（越大越好）放量：标志着一个阶段的高低点的到来

如图 3-83 所示为黄金的 30 分钟 K 线成交量图。可以看出，成交量的放大意味着趋势的转换，同时也标志着高、低点的到来。这为投资者提供了参与的时机信息。

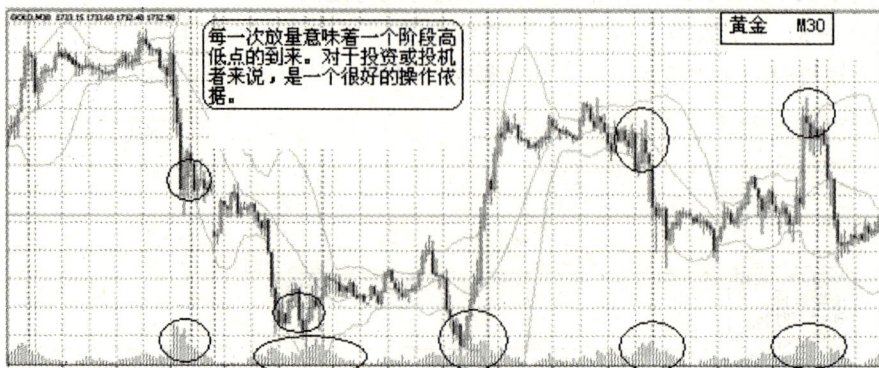

图 3-83　黄金放量分析

　　如图 3-84 所示为白银的 30 分钟 K 线成交量图。可以看出,即便价格突破前期高点,只要成交量在放大,意味着价格高低点已经到来,投资者需做好反向操作的准备。

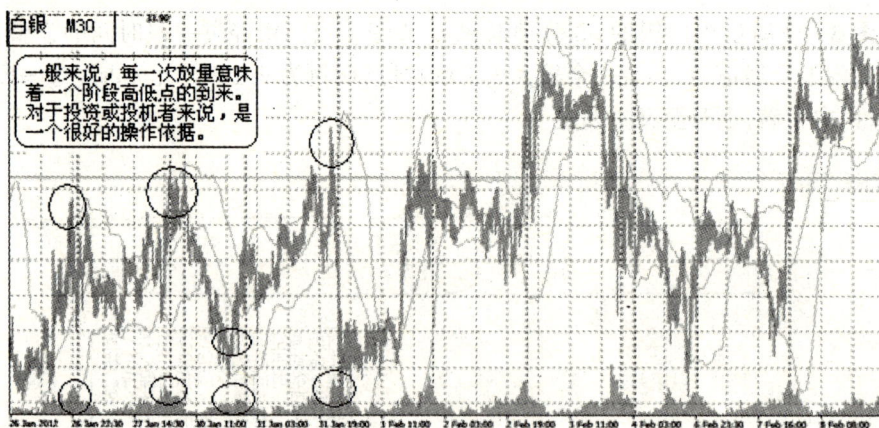

图 3-84　白银放量分析

4. 关于"正相关品种(众人心理趋同)"理论

　　当重大消息面出现,正相关品种价格的长期走势一致,中短期多数情况下也相似,当然中短期价格走势相反也有可能。交易者在众人心理趋同的状况下需要冷静。

　　(1)图 3-85 至图 3-87 说明了黄金与白银两个品种的中短期走势完全不一致。

　　如图 3-85 所示为黄金的 30 分钟 K 线走势图。2011 年 8 月 8 日,黄金跳空高开后延续上涨行情。

图 3-85　黄金与白银的走势分析之一

如图 3-86 所示为白银的 30 分钟 K 线走势图。2011 年 8 月 8 日，与黄金走势不同，白银跳空高开后反转直下。更明显的对比见下图 3-87 黄金与白银的日线图。

图 3-86　黄金与白银的走势分析之二

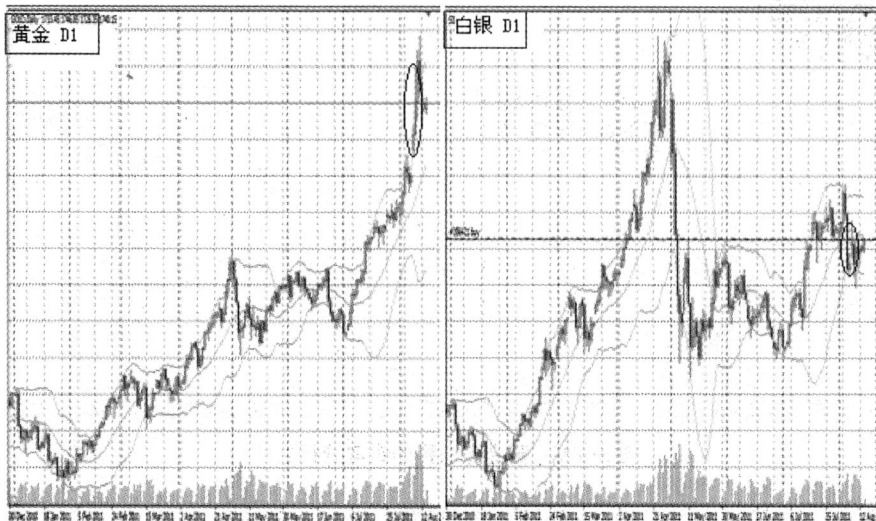

图 3-87　黄金与白银的走势分析之三

（2）图 3-88、图 3-89 说明了黄金与白银的中短期走势完全一致。

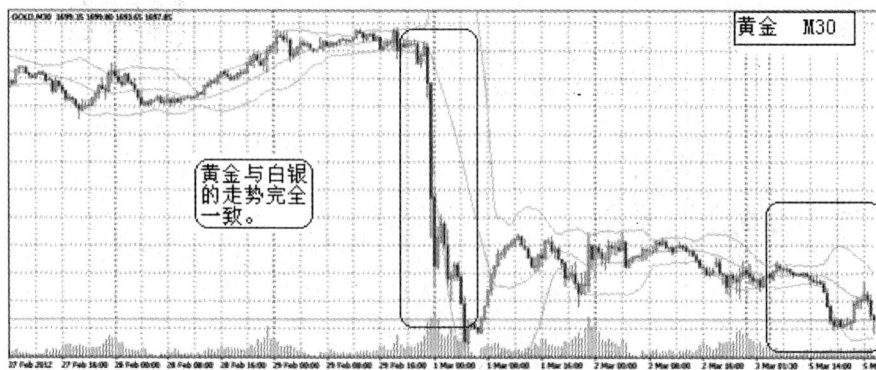

黄金与白银
的走势完全
一致。

图 3-88　黄金与白银的中短期走势分析之一

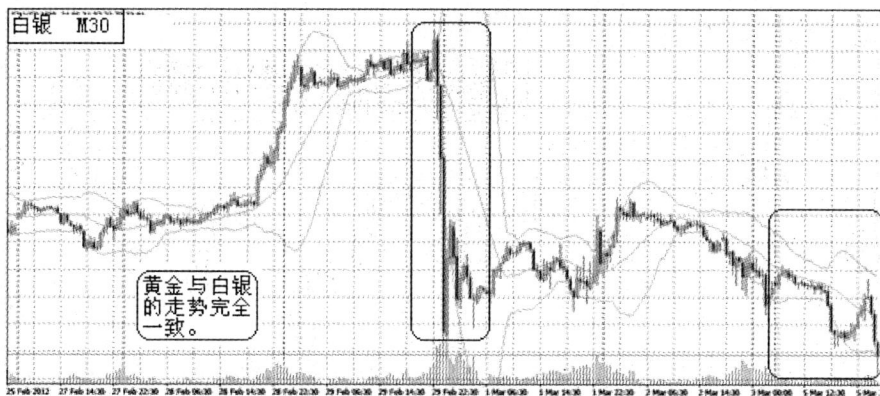

图 3-89　黄金与白银的中短期走势分析之二

5. 关于"复制某种指标"理论

以布林线为例,完全复制它也是可行的选择之一,如图 3-90、图 3-91 所示。

如图 3-90 所示为黄金的小时 K 线走势图。在不考虑其他因素的前提下,仅运用一种指标,以布林线为例,在其上轨做空,下轨做多,其正确概率可以达 70% 以上。

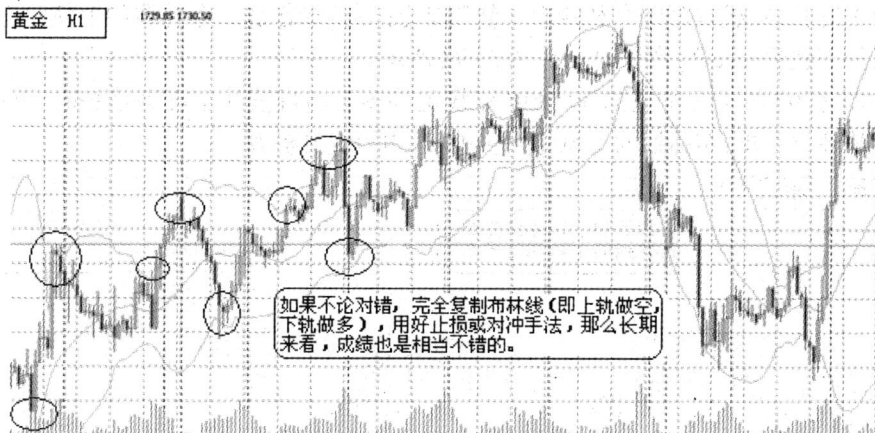

图 3-90　复制布林线分析之一

如图 3-91 所示为白银的小时 K 线走势图。若通过"复制布林线指标"理论,加之适当动用止损和对冲做保护,成功率会更高。

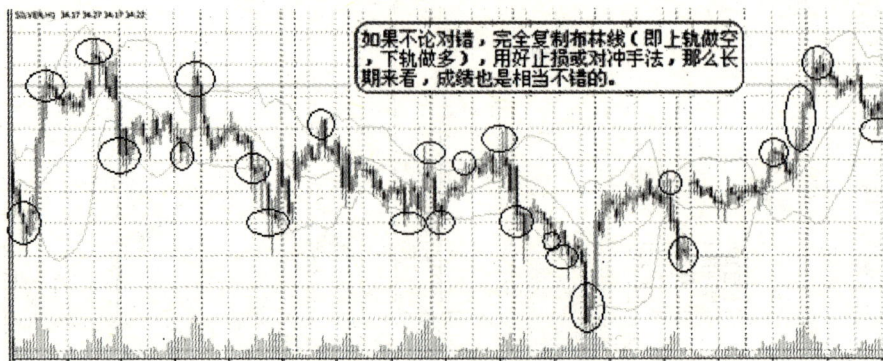

图 3-91　复制布林线分析之二

（三）小级别的交易机会

专注于小级别的交易机会是输家的标志。这里是交易新手、不入流的老手、输家经常光顾的哭墙！

（1）关于"K线震荡期布林线上下轨"理论：震荡操作法。布林线的上轨建立空单，布林线的下轨建立多单，如图 3-92、图 3-93 所示。

如图 3-92 所示为黄金的 30 分钟 K 线走势图。当行情处于震荡趋势时，可在布林线的上轨建立空单，布林线的下轨建立多单，适用短线投机者。

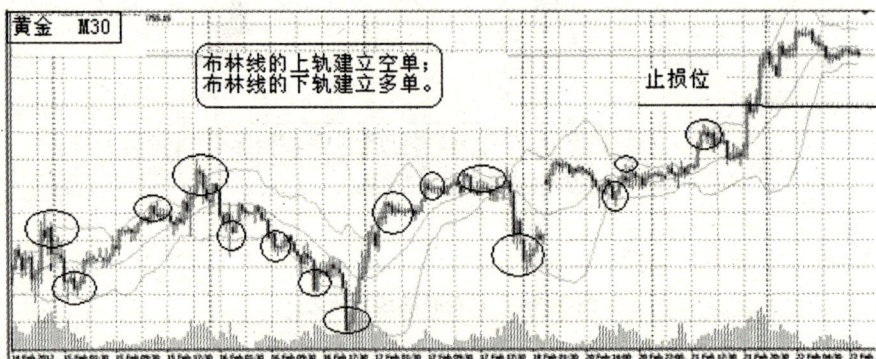

图 3-92　K 线震荡期黄金布林线上下轨的操作

如图 3-93 所示为白银的 30 分钟 K 线走势图。在震荡行情中,在布林线的上轨建立空单,布林线的下轨建立多单,操作性较强。

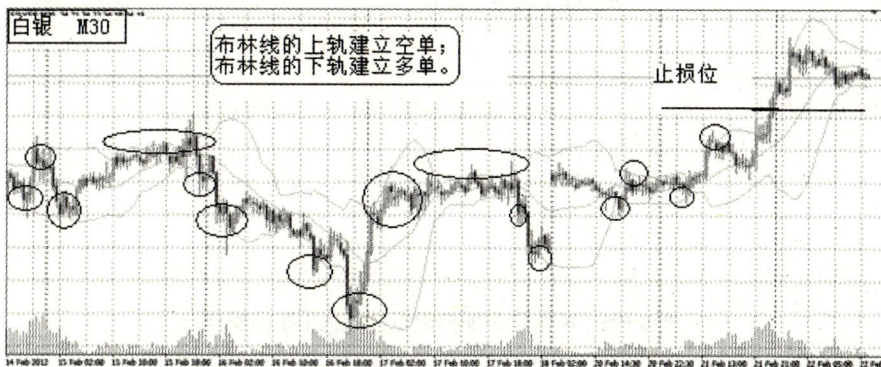

图 3-93　K 线震荡期白银布林线上下轨的操作

(2)关于"K 线趋势期布林线上下轨"理论:趋势操作法。布林线的上轨建立多单,布林线的下轨建立空单,如图 3-94、图 3-95 所示。

如图 3-94 所示为黄金的 30 分钟 K 线走势图。从图中可以得知:"K 线趋势期布林线上下轨"理论提示投资和投机者要设好止损位,一旦价格突破阻力或者形成趋势,要在布林线的上轨建立多单,布林线的下轨建立空单。

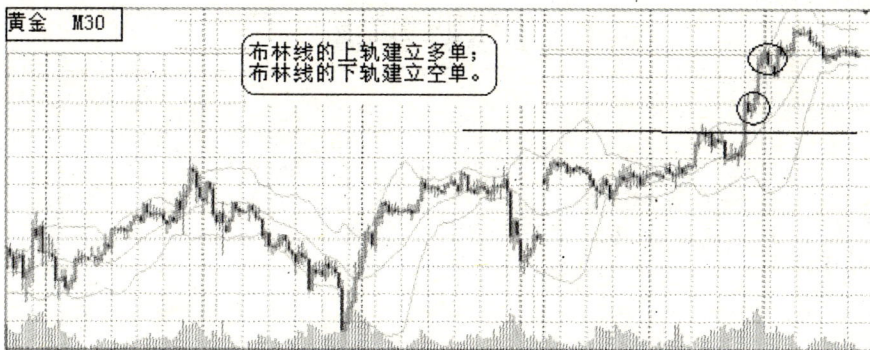

图 3-94　K 线趋势期黄金布林线上下轨的操作

如图 3-95 所示为白银的 30 分钟 K 线走势图。经过一段时间的震荡后,一旦价格突破阻力在形成趋势行情时,应及时变换操作方法,灵活运用使用"K 线趋势期布林线上下轨"理论,在布林线的上轨建立多单。

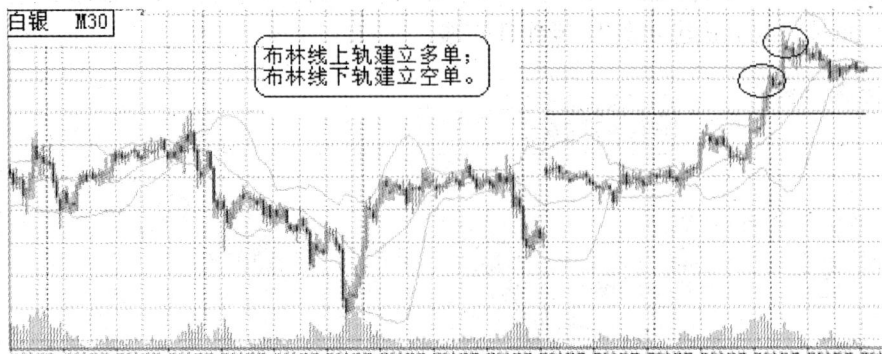

图 3-95　K 线趋势期白银布林线上下轨的操作

（3）关于"K 线趋势期 K 线组合（基于 M30）空间高度"理论：可以采用平均高度操作法。

具体上涨或下跌的价格幅度可以基于 M15、M30 作一个大致的了解，如图 3-96、图3-97 所示。

如图 3-96 所示为黄金的 30 分钟 K 线走势图。经过一段时间的震荡后，一旦价格突破阻力在形成行情时，其价格上涨的幅度可由投资者自行计算。

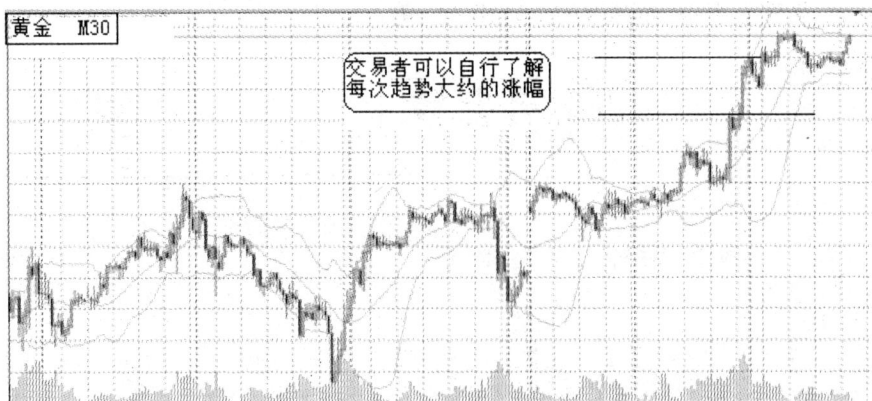

图 3-96　价格涨幅分析之一

如图 3-97 所示为白银的 30 分钟 K 线走势图。同样投资者或投机者可以注意观察不同级别的趋势突破后，白银价格上涨的幅度。

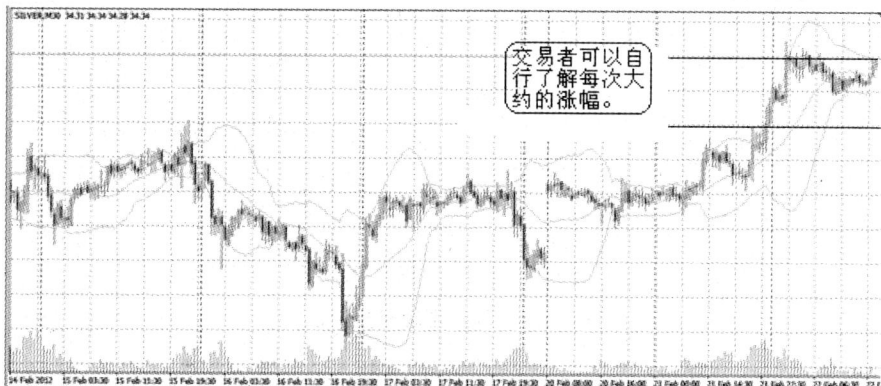

图 3-97 价格涨幅分析之二

（4）关于"K线趋势期K线组合（基于M30）时间"理论：缓升（跌）型耗时较多，急拉（跌）型耗时极少。具体上涨或下跌所耗时间可以基于M15、M30作一个大致的了解，如图3-98至图3-101所示。

如图3-98所示为黄金的30分钟K线走势图。从标注的价格趋势线中可以看出，黄金价格从左边低点到右侧的高点共花费了数天时间，其处于缓升型形态。

图 3-98 缓升型耗时分析之一

如图3-99所示为白银的30分钟K线走势图。同样也属于缓升型，白银花费了数天时间，上涨幅度还不及黄金。

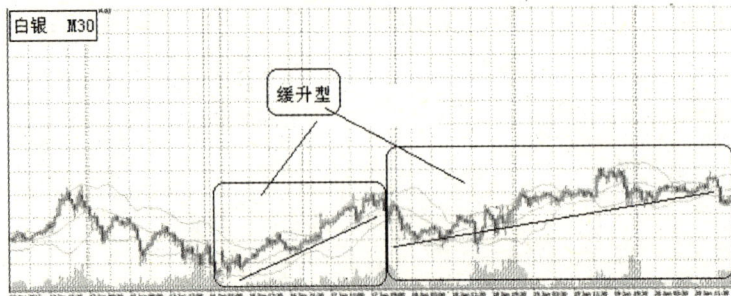

图 3-99　缓升型耗时分析之二

如图 3-100 所示为黄金的 30 分钟 K 线走势图。在标注的框中显示,其经过一段时的震荡整理后突破阻力,价格急拉升了 25 美元,用时仅数小时。

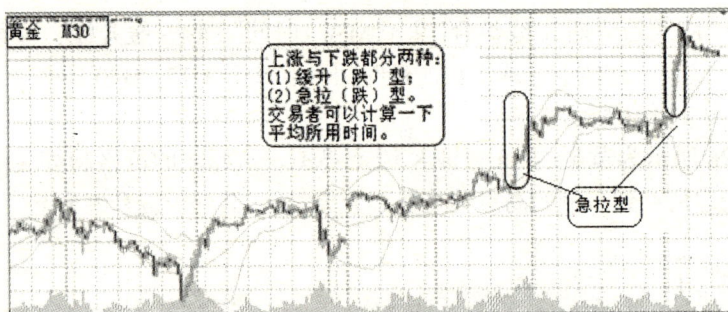

图 3-100　急拉型耗时分析之一

如图 3-101 所示为白银的 30 分钟 K 线走势图。在标注的框中显示,其经过一段时间的震荡整理后突破阻力,价格急拉升了 2.5 美元,用时仅数小时。

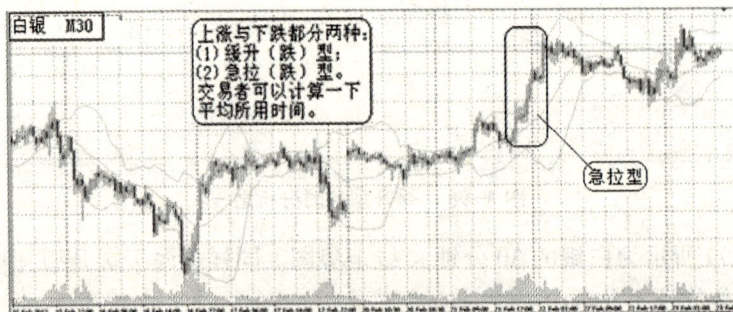

图 3-101　急拉型耗时分析之二

（5）关于"K 线形态下的缺口"理论：顺势操作法。除非重大原因，一般来说，延续上周的主要趋势，如图 3-102 至图 3-106 所示。

如图 3-102 所示为黄金的 30 分钟 K 线走势图。图中标注的圈中 K 线缺口显示的是周一黄金开盘后延续上周末上升行情跳空高开。

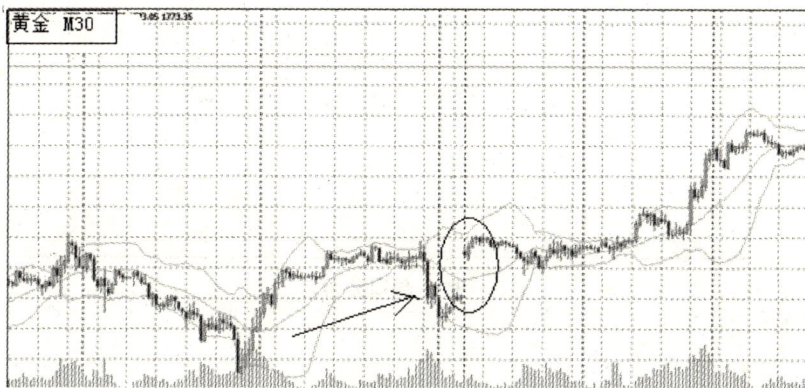

图 3-102　缺口分析之一

如图 3-103 所示白银的 30 分钟 K 线走势图。图中标注的方框中 K 线缺口显示的是周一白银开盘后延续上周末上升行情跳空高开的例子，这也给短线投资者和投机者的操作提供了参考依据。同样类型的参考图见图 3-104 至图 3-106。

图 3-103　缺口分析之二

图 3-104　缺口分析之三

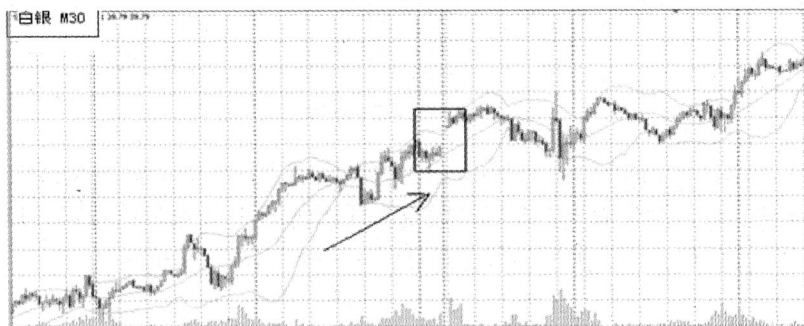

图 3-105　缺口分析之四

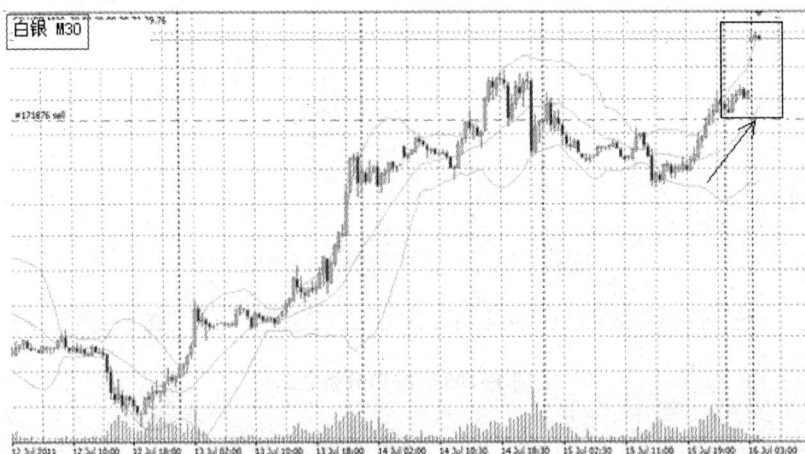

图 3-106　缺口分析之五

至此,笔者已给出了部分大级别、中级别与小级别的交易模式。当然,具体到每个级别的交易手法,读者均可以自行研究出更多、更有效、更适合自己的交易模式,此处不再赘述。

另外,特别需要指出的是,上述所有方法只是胜率超过 50% 的交易方式,并不具备放之四海而皆准的神奇效果,也绝非什么灵丹妙药,适当使用有益,过度依赖有害。

未来发生什么,全然不知;未来的结局,更是全然不顾。若获利,则看成是对自己的褒奖;若失败,就权当水平不够。不过,有一点永远也不会改变,那就是在任何情况下都不会背弃市场而去,因为基于数学科学的量化及程式化交易已经成为生活的有机组成部分。

金手指

交易机会与赢利指标

1. 全天的交易机会（见表 3-10）

表 3-10　　　　　　　　　　　交易机会

大级别的交易机会	平均每周（五个交易日）一次	折算成 0.2 次 / 天
中级别的交易机会	平均每个交易日一次	折算成 1 次 / 天
小级别的交易机会	平均每天理论上无限次	折算成 50 次 / 天 ~100 次 / 天

从表 3-10 可以看出,以每个交易日来计算,大、中、小级别的交易机会合计约 51.2~101.2 次。当然这也只是笔者大概的估算。

本书中的前三类人:交易的视野仅局限于小级别的交易机会;

本书中的第四类人:交易的视野局限于小级别与部分中级别的交易机会;

本书中的第五类人:交易的视野紧紧盯着中级别与部分大级别的交易机会;

本书中的第六类人:交易的视野拓展至所有级别的交易机会,将它们尽收眼底。

2. 职业化的可能性是否存在

从以上分析来看,每天的交易机会理论上是足够的,再加上单次获利的利润率比较高,所以贵金属交易市场具备了职业化的最低要求(前提),即"天获利指标"可以在 100 美元左右,约折合成 600 元人民币,以本金 2 万元人民币计算(按美元：人民币 =1:6 计算)。在和美看来,小额资金如果每天可以做到稳定 100 美元的净收入(收支相抵后),那么已经是交易高手。

比如 2 万元人民币的本金,单次可以投入的资金量很少,大概只能做最小的合约单位,最少的手数,单次短线的利润只有 2 美元,单次中线的利润只有 20 美元,单次长线的交易利润也只有 500 美元,那么每个交易日的平均利润为 220 美元(2×50+20×1+500×0.2),因此每个交易日 100 美元的纯利润相当于把握住了整个市场全天约 45%（100/220×100%）的交易机会,且没有考虑盘中出现亏损的情况。如果市场的参与人士以赌徒的方式近乎满仓地参与贵金属市场的交易,则不在本书的讨论之列。

在笔者看来,职业化首先是交易流程的标准化。即只有交易流程的标准化、制式化,才有可能做到获利的稳定性,再由获利的稳定性演变为职业化进程,如图 3-107 所示。

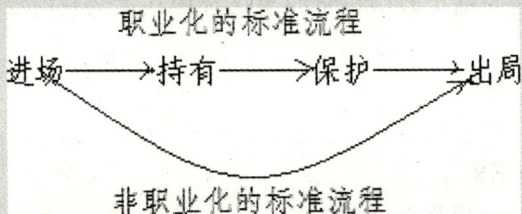

图 3-107   职业化和非职业化的标准流程

交易即交心,交易流程的标准化做到一次不难,难的是一生执行标准化的流程,对于前四类人来说,能否入门的标志并非赢利,而在于交易流程的制式化,否则离职业化只能渐行渐远。贵金属市场对于此类人士而言,永远是一个风险市场,哪怕已身处这个市场近十年。

三、笔者的交易战法

根据马斯洛原理,人的需求一般分为五个层次,即生理需求、安全需求、归属和爱的需求、尊重需求和自我实现的需求。笔者很小的时候看功夫片,见到过一种叫"童子功"的功夫,也听人说唯有苦大仇深的人才可以练就。笔者认为,在风云诡谲的贵金属交易市场,只有追求"自我实现需求"的人士方能"从容"面对前进道路中所遇到的重重阻碍。

话虽如此,但困难依旧如同举不动的大山。我们可以清晰地看出:投资者或投机者的成本＝账面操作不利的风险＋本金存在银行的无风险收益此时归零＋手续费用＋再加上按天收取的利息＋网络费用＋电脑等的折旧成本＋时间成本。再坚强的人也会束手无策、面色凝重。

参与市场者,其中大部分被市场无情唾弃;另一部分人身心俱疲,终日雾里看花;只有最后一小部分人为了追求自我实现的价值,为了人生的理想,为了梦中的情怀,不惜踏上遥远的旅途,不知何日才是尽头。他们倒下,爬起来;再倒下,再爬起来,虽历经坎坷,

依旧勇往直前！

　　笔者写到此刻，想起了自己所走过的路，不禁感慨万千，其间"鸟语花香、电闪雷鸣、袅袅兮秋风、正是霜风飘断处"等场景——在脑海里浮现。人是要有些精神的，人总是要有些精神的，正是凭借着这样的励志名言，笔者才得以走到今天。回首当年的同僚，却再也难觅他们的踪影，岁月如歌，他们都已"作古"。真是命运无常、造化弄人呐！

　　终于有一天，拨开沉沉的暮色，看到了一条清晰无比的操作线，遁着这条线，看到了一条无比宽广的通衢。这是一条什么样的大道呢？让我们从最基本的概念入手，来了解这条通衢的广度与深度吧。

　　（1）交易是什么？一言以蔽之——"交换"。如果公平交易可以理解为等价交换，那么不公平交易只能基于不等价交换。大多数市场参与者连这个最基本的概念都没有弄清楚，就已经贸然闯入贵金属交易市场；当然也有可能是他们根本不屑于搞清楚。

　　（2）交易的本质：逐利性。市场参与者都是为获利而来，无一例外，笔者也是如此，这并没有错，也没有什么可以值得指责的地方。只是相当多的人没有想明白的是，你的利润来自于何方，简单地说，你赚的是谁的钱。这钱会来自于全球顶尖的大型对冲基金吗？可笑之极！笔者相信，聪明之人不少，但巧妇难为无米之炊，这是一个资本角力的场所，适用丛林法则。你虽有智慧，但鳄鱼们有资本，所以你不能决定方向，哪怕只是瞬间的市场方向，这就是交易之道。

　　（3）互换角色：兵法云，了解自己的对手才不至于命悬一线。市场参与者要尽可能地互换角色，才可以了解大型对冲基金经理们的心思，因此"兵棋推演"是一个不错的方法。站在对方的角度去理解对方，可以比较清晰地看到自己何时才会身处风险之中。

　　（4）没有人控盘会形成多大的成交量？如果没有人控盘或者说只在关键时刻控盘，市场的波动主要源自于需求与供给，那么每个交易日的成交量会比现在少掉很多。以黄金品种为例，全球一年的实际产销量只占全年年成交总量的极少部分。

　　（5）索罗斯们的利润率来自于何方？索罗斯旗下的老虎基金与量子基金年平均复合增长率竟然达到了35%。不过现实告诉我们，没有任何一家实体经济可以有如此高的成长率，可见此位仁兄的超级利润率只能来自于高杠杆的资本市场。国际大型对冲基金长年游走于外汇、贵金属等杠杆交易市场，其身影出没其间必定有踪迹可寻。

　　（6）问题是索罗斯们如何才能够做得到呢？笔者当然知道。一般的投资者或投机者可以从合约生成的角度入手去研究。说得再明确些，你持有的多头合约必定对应着等量的空头合约，反之亦然。当群体的多头合约对应大型资本的空头合约时，那么短期来看价格的运行方向只能也只会向下无疑。

（7）市场参与者的对策：有人会说，我会用心地站对行列，那么好吧，市场乱七八糟的走势会使你眼花缭乱。还有人说：市场唯一的规律就是没有规律，市场唯一的法则就是没有法则，市场唯一的真理就是没有真理，市场唯一不变的就是它的变化。初闻道，觉得是"至理名言"，有"相"知恨晚之感。如今在笔者看来，"市场唯一不变的就是它的变化"是对的，其他都是错的。市场有一根线始终异常清晰，找到它，确立自身的介入点，由此明确参与者的交易模式。

（8）了解自己的能力并树立信心：鹰伏于丘，焉知其没有凌云之翼？鱼翔于溪，焉知彼无化龙冲天之时？笔者深信，生命同出一脉，由猿及人；进化时间也大体相当，几百万年罢了。索罗斯们并不比我等聪明，所有的人、所有的事情都有其内在的因果关系，再掩饰也有其显形的时候。聪明的市场参与者必定可以看到他们因巨大优势所必然具有的先天不足。

（9）利有多大？可以用惊世骇俗来形容。试想，一个人可以对比一家运行良好的中小型企业是何等之境界。相当于拥有了自己的土地、设备、设计、管理、车队、产供销体系……

曾经有一天，笔者输掉了40万美元的模拟资金（两次爆仓），此种经历却使我在巨大的风险面前看到了一幅波澜壮阔的人生远景。

（10）这是一条怎样的人生旅程？其实任何的限制，都是从自己的内心开始。眼前的路充满血水、泪水与汗水，但只要方向是对的，就不怕路途遥远。用内心的欲望以提升热忱，用无比坚毅的耐力以磨平高山。这是一条异常艰辛的旅途，一段挑战命运的历程。

（11）交易模式的确立：市场有一根线始终引领着方向，清晰异常。穷尽数年的光阴也要找到它，为此不惜掏干整个大海的水，并由此确立基于安全模式下的贵金属交易思路。

最后，投资者或投机者所需要做的事情就只剩下"忘记"二字，摆脱那些看似科学、符合逻辑，实际却复杂费时的交易技术，简单再简单。"闲云野鹤"的交易计划不超过一张A4纸，"随心所欲"的所有交易计划更只有寥寥数语。

（一）信心篇

落魄之境界：我本将心邀明月，奈何明月照沟渠。

此等境界用词曲作者朴树的《旅途》（节选）来形容是比较适当的：这是个旅途，一个叫做命运的茫茫旅途，在这条永远不归的路，我们路过高山，路过湖泊，路过森林，路过沙漠，路过幸福，路过痛苦，路过生命中漫无止境的寒冷和孤独。

贵金属市场的参与者,由于较大的杠杆效应,所以需要极强的心理承受能力,太多的人这一关是过不去的,落魄之感常伴左右(大约 90% 的人)。走过去,前面就是一片天。

执守之境界:不畏浮云遮望眼,所谓伊人,在水一方。

此等境界让笔者想起了电视剧《北京人在纽约》的主题曲《千万里我追寻着你》的歌词(节选):

> 千万里我追寻着你,可是你却并不在意,你不像是在我梦里,在梦里你是我的唯一。Time and time again you ask me,问我到底爱不爱你,Time and time again I ask myself,问自己到底是否离得开你。

面对困难,部分人选择了坚守,其内心的强大令人感慨。不过,在笔者看来,坚守下去并不容易,此时距离确立可行的交易模式还有很长的路要走。这一段历程所需要的时间无法估计,也许一年,也许十年,一生。走过去,前面便是峰回路转,驼铃清脆。

化外之境界:道外的你在看着道内的自己。人是被自己的伟大吓死的! 你就是智慧的"禹"!

明明如月,今夜可掇。失败只说明付出的还不够,那就再次付出。最困难的时候想想已经付出的代价,那必定有收获。再笨的人三十年也可以成功,何况你如同大禹般的智慧。

打败自己的唯有内心的魔鬼,起则胜之。只要实践自己的诺言,那你就一定可以成功。所有的人都无以为靠,只靠自己! 你就是你的底线,最后的依靠!

到了这一阶段,你可以发现"市场"并没有带给你任何伤害,所有的伤害只源自于内心的魔,那就是"过了度"的欲望、"过了度"的恐惧。前者让你过分追求效率,聪明之人深受其害;后者让你不知所措,愚钝之人深受其扰。从这个意义上说,索罗斯们并没有去掏大众的口袋,输家总是"心甘情愿"地将自己的辛劳所得双手奉送。

(二)基本面的再一次确认

国际:美联储的话要听,美联储主席的话更要听;欧洲经济共同体的相关信息也要掌握。

国内:关注贵金属、原油、外汇等市场的新闻速递、评级、突发事件(战争、爆炸)等。

投资者或投机者若关注以下几个网站(如图 3-108 至图 3-110 所示),对于贵金属及相关市场信息就可以有较好的了解。

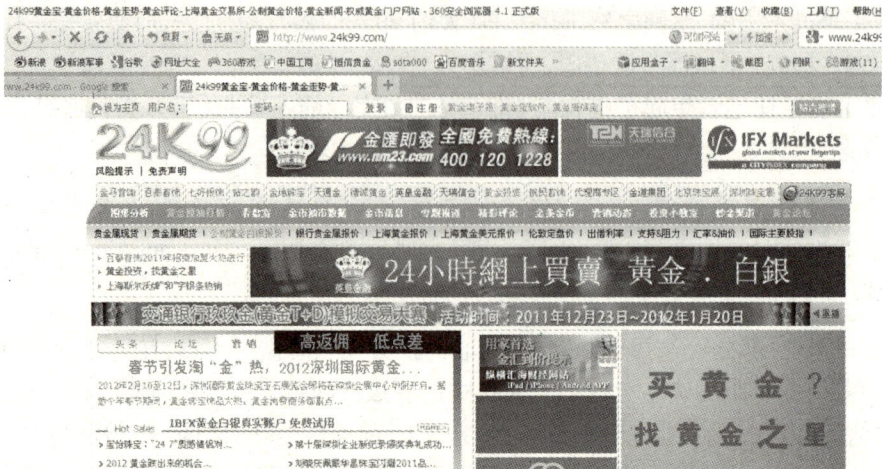

图 3-108 24K99 网站（www.24k99.com）

图 3-109 forex 网站（www.forex.com.cn）

图 3-110 fx168 网站(www.fx168.com)

笔者的建议是,了解基本面的变化是必需的,但是过分依赖基本面进行交易既无必要也没有可能,现在各类资讯早已泛滥成灾,且大同小异。

（三）看盘标准次序（即期精准定位）

依据自身的交易理论形成看盘的标准次序,并无固有模式,适合自己最好。一般来说,要在 1 分钟之内了解贵金属市场整体价格的运行状况（如表 3-11 所示）,然后进入交易状态。

表 3-11　　　　　　　　　　参与者需了解的信息

大级别	处于多空的何种状态
中级别	处于多空的何种状态
小级别	处于多空的何种状态

上述即期精准定位还不够精致。从专业角度看,总的来说,尚需要其他一些辅助决策手段与方法。读者可以自行分析研究,然后加以归纳总结。它是检验交易者水准的试金石。

在即期精准定位理论的指导下,市场参与者所有的交易行为就会变得不再盲目。所有的赢利都是有道理的,赚取的每一分钱都十分清晰;所有的亏损自然也就变得可以接受。如此,你已经悄然跨入了专业投资人的行列。

(四)进场

依据自身的交易理论进场操作。从表 3-12 所列内容的角度,建立自身的交易计划。

表 3-12　　　　　　　　　参与者需确定的事项

持有时间	长线、中线、短线(日内)
合约方向	多头、空头头寸
手数(量)	单次进场量的大小(请务必随时注意保证金的比例)

这三项内容,便是参与者所要确定的事项,简单而明确。从表 3-12 中的内容来看,只有 6 种组合,分别是:长线 + 多头 + 单量、长线 + 空头 + 单量、中线 + 多头 + 单量、中线 + 空头 + 单量、短线 + 多头 + 单量、短线 + 空头 + 单量。

(五)持有

依据自身的交易理论进行持有操作。从表 3-13 中选择其一,建立持有的依据。

表 3-13　　　　　　　　　选择持有的方式

看长线	不要做成中线或短线,否则赚钱也是错的
看中线	不要做成长线或短线,否则赚钱也是错的
看短线	不要做成长线或中线,否则赚钱也是错的

人类与其他灵长类动物的最大区别就在于具有更高的智慧,可以随机应变、专断处置,从交易的角度看,这种能力反而会成为亏损的根本原因。"交易你的计划,计划你的交易。"此类箴言,市场参与者务必时刻记在心头。

(六)止损位或对冲位的设置

依据自身的交易理论进行保护操作。从表 3-14 所列两项中,选择保护的方式。

表 3-14　　　　　　　　　选择保护的方式

亏损单止损	可行。不过,坚持止损操作,其一:要有狠心;其二:不要轻易改变;其三:交给机器执行,才是真正地执行。好处:简单干脆,不拖泥带水,以利再战
亏损单对冲	可行

这是投机市场交易行为诸多环节中必不可少的一环,也是每位交易者所必须面对的真实,敢亏才能赢。此环节中,行动果断才是最重要的,任何形式的优柔寡断都是投资市场的天敌。

注意到有两种截然相反的现象:一类投资者手中的持仓大部分为赢利单,还有一类投机者手中的头寸几乎全是亏损单。原因在于前者将所有的亏损单基本止损了;后者将大部分的赢利单都获利出局了,手中亏损的头寸都在等待反败为胜时刻的到来。在笔者看来,前者属于职业投资者,而后者基本上是些不入流的交易新手。

（七）出局（5分钟时间限定）

依据自身的交易理论进行出局操作。从表3-15所列内容的角度,建立了结操作的依据。

表3-15　　　　　　　　　　　　建立了结操作的依据

看长线	依照长线(非中、短线)的技术指标进行出局操作
看中线	依照中线(非长、短线)的技术指标进行出局操作
看短线	依照短线(非长、中线)的技术指标进行出局操作 注意:香港盘有5分钟时间的限定;内地无此限制

投机市场的参与者想要成为一位职业投资人,检验的重要标志就是能否依照事先的计划始终如一地执行,朝令夕改体现出输家的特质。比如,长线投资,那么任何的小亏小赢、小赢变亏、小亏变赢都绝非出局的依据。止赢位只能居于应当到达的点位或某种技术位,止损位只能依据另一个可能到达的点位或另一种技术位。在笔者来看,将杠杆市场中"不能将赢利单做成亏损单"的所谓真理,用来操作长线投资只能是荒唐可笑的。

【例一】图3-111为黄金品种M30（30分钟）K线走势图,从中你看出了什么信息？并填表3-16。

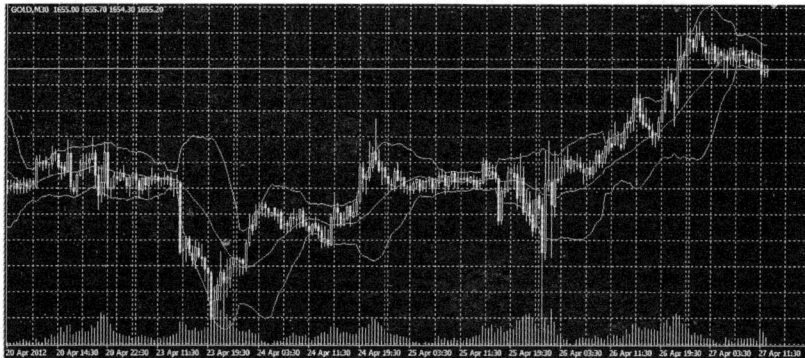

图3-111　黄金M30的K线走势图

表 3-16   K 线走势图分析之一

图的性质	短线操作依据
交易内容	"进—持—保—出"四项内容
1	
2	
3	
4	
交易小结	每次操作与盘后实际走势比对一下,看看操作是否正确,有无改进的地方

图 3-112 为黄金品种 H1(1 小时)K 线走势图,从中你看出了什么信息? 并填表 3-17。

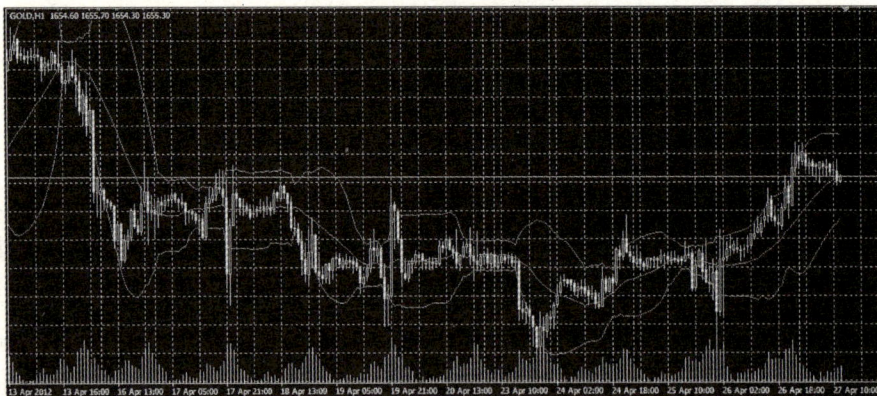

图 3-112   黄金 H1 的 K 线走势图

表 3-17   K 线走势图分析

图的性质	中线操作依据
交易内容	"进—持—保—出"四项内容
1	
2	
3	
4	
交易小结	每次操作与盘后实际走势比对一下,看看操作是否正确,有无改进的地方

图 3-113 为黄金品种 D1(日线)K 线走势图,从中你看出了什么信息? 并填表 3-18。

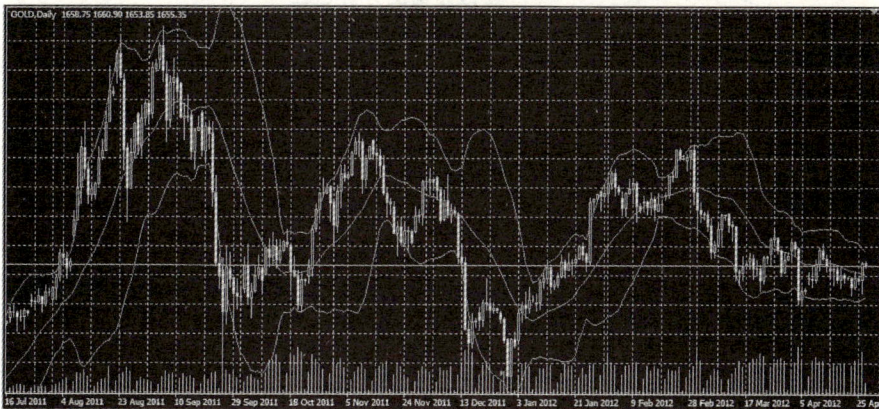

图 3-113　黄金 D1K 线走势图

表 3-18　　　　　　　　　　　　K 线走势图分析之二

图的性质	长线操作依据
交易内容	"进—持—保—出"四项内容
1	
2	
3	
4	
交易小结	每次操作与盘后实际走势比对一下，看看操作是否正确，有无改进的地方

例二：图 3-114 为白银品种 M30（30 分钟）K 线走势图，从中你看出了什么信息？并填表 3-19。

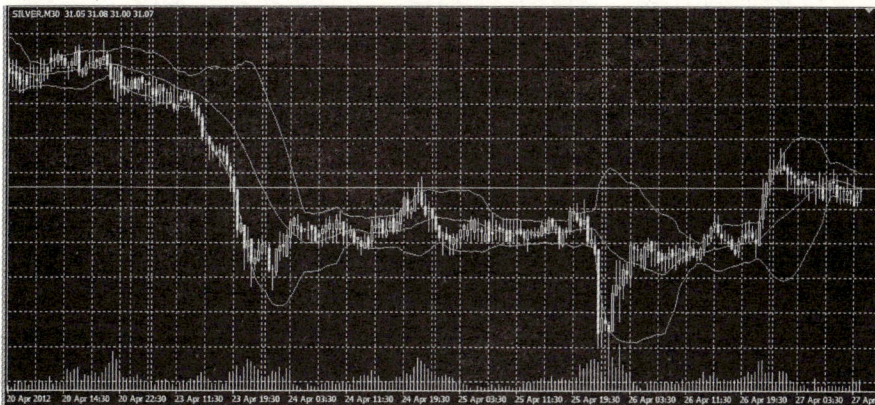

图 3-114　白银 M30K 线走势图

表 3-19   K 线走势图分析之三

图的性质	短线操作依据
交易内容	"进—持—保—出" 四项内容
1	
2	
3	
4	
交易小结	每次操作与盘后实际走势比对一下,看看操作是否正确,有无改进的地方

图 3-115 为白银品种 H1（1 小时）K 线走势图,从中你看出了什么信息？并填表 3-20。

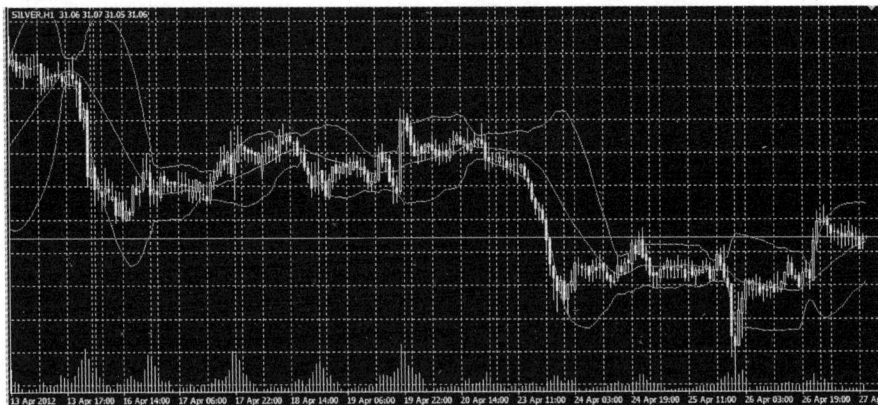

图 3-115 白银 H1 的 K 线走势图

表 3-20   K 线走势图分析之三

图的性质	中线操作依据
交易内容	"进—持—保—出" 四项内容
1	
2	
3	
4	
交易小结	每次操作与盘后实际走势比对一下,看看操作是否正确,有无改进的地方

图 3-116 为白银品种 D1（日线）K 线走势图，从中你看出了什么信息？并填表 3-21。

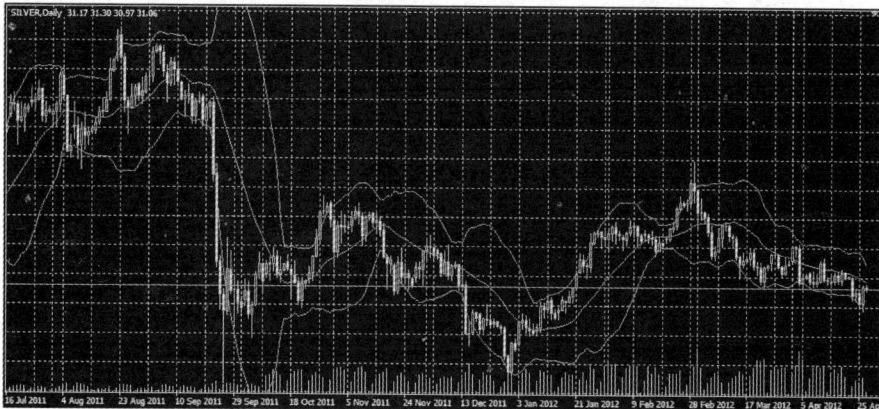

图 3-116 白银 D1K 线走势图

表 3-21   **K 线走势图分析之四**

图的性质	长线操作依据
交易内容	"进—持—保—出"四项内容
1	
2	
3	
4	
交易小结	每次操作与盘后实际走势比对一下，看看操作是否正确，有无改进的地方

图 3-117 是"短线"成交记录（单位：美元）。

图 3-117 短线成交记录

图 3-118 为图 3-117 放大后的成交显示（单位：美元）。

图 3-118 放大后的成交显示

图 3-119 是"中线"成交记录（单位：美元）。

时间	类型	手数	商品	价位	止损	获利	时间	价位	利息	获利
2012.04.24 19:29	sell	5.00	silver	30.92	0.00	0.00	2012.04.25 05:10	30.87	-16.05	1 250.00
2012.04.25 05:11	buy	5.00	gold	1641.65	0.00	0.00	2012.04.27 00:29	1658.50	-28.51	8 425.00

图 3-119   中线成交记录

图 3-120 为图 3-119 放大后的成交显示(单位:美元)。

商品	价位	止损	获利	时间	价位	利息	获利
silver	30.92	0.00	0.00	2012.04.25 05:10	30.87	-16.05	1 250.00
gold	1641.65	0.00	0.00	2012.04.27 00:29	1658.50	-28.51	8 425.00

图 3-120   放大后的成交显示

图 3-121 是"长线"成交记录(单位:美元)。

时间	类型	手数	商品	价位	止损	获利	价位	佣金	利息	获利
2011.12.29 18:47	sell	1.00	silver	26.63	0.00	0.00	33.51	0.00	-168.17	34 400.00
2011.12.29 18:47	sell	1.00	silver	26.53	0.00	0.00	33.51	0.00	-168.17	34 900.00
2011.12.29 18:48	sell	1.00	silver	26.45	0.00	0.00	33.51	0.00	-168.17	35 300.00
2011.11.30 18:01	buy	1.00	gold	1622.25	0.00	0.00	1732.50	0.00	-138.33	11 025.00

图 3-121   长线成交记录

图 3-122 为图 3-121 放大后的成交显示(单位:美元)。

价位	止损	获利	价位	佣金	利息	获利
26.63	0.00	0.00	33.51	0.00	-168.17	34 400.00
26.53	0.00	0.00	33.51	0.00	-168.17	34 900.00
26.45	0.00	0.00	33.51	0.00	-168.17	35 300.00
1622.25	0.00	0.00	1732.50	0.00	-138.33	11 025.00

图 3-122   放大后的成交显示

至此,读者应已深入地了解贵金属市场。请反复阅读、理解前文所述内容,充分掌握完备的知识体系,为今后的实盘交易做好理论上的铺垫,机会总是眷顾有知识准备的人。

在充分准备所需知识的前提下,所要做的事,只剩下"坚持"二字,"抱定三十年不动摇之决心",不成功上帝都会过意不去。太多的人输在了最后三个年头、最后三个月、最后三周、最后三天、最后三分钟,成功从来都只是姗姗来迟的最后一个客人。

成功=极其充分的知识准备+万世不变对于信念的坚守。笔者也常在想,有多少生命可以孤独地走完三个年头,更不用说是三十年! 市场真的没有多少风险,风险只存在于能力的缺失,坚持精神的丧失。

他山之石,可以攻玉。子非鱼,安知鱼之乐;子乃寻常之人,焉知"云之上"的人生。现在让我们看看成功人士的历程,也许会有所鞭策。不畏前路重险阻,吹尽黄沙始到金。

第四部分

步出夏门行

——绕树三匝　何枝可依

没有谁的参与是为了失败。不过,事实的结果是千百万的人投身到市场,真正成功者却寥寥无几。榜样的力量是无穷的,追踪成功者的足迹,会有所启迪。

国外基金业在形成之初就以私人所有制形式出现。从兴起至今已经有近两百年的历史。适合生长的土壤与环境,以及相当时间的历史积淀,使得杰出交易人士的出现成为可能与必然。

本书限于篇幅,表4—1只列示了为数很少的几位投资高手。在华尔街从事投资的高手实在是太多了,比如本杰明·格雷厄姆等。其中有几位是读者所十分熟悉的,也有近几年才涌现的新秀。不过,读者可以发现,其中大多数是美国人,或者说是生活在美国的外国人。内部不折腾、制度建设规范、美元国际货币地位、单一国家最大的经济体、开放的社会、远离战争的环境、英语全球通用的地位、鼓励创新的制度等都是造成此种现象的一系列根本原因。

表 4—1 杰出的交易人士简介

杰西·利维摩尔（Jesse Livermore）	
主要著作	《股票交易术》（ How to Trade in Stocks ）
	《股票作手回忆录》（ Reminiscences of A Stock Operator ）。记者埃德文·拉斐尔（ Edwin Lefevre ）根据采访稿撰写,系统阐述利维摩尔的操作理念。传世经典。
主要成就	华尔街传奇人物。1929 年 "股市大崩溃",做空赚 1 亿美元。在那个时代相当不易,达到了利维摩尔人生的最高境界。美国历史上最伟大的投机人之一。
生平简介	1877 年 7 月 26 日出生于美国麻省。赢得过少年天才的美誉,成年后转战华尔街,事业如日中天之时在华尔街拥有广泛影响力。一直是全世界投机客追捧和模仿的对象。1940 年 11 月 28 日操作失利举枪自杀,遗书写道:"我的一生是一场失败。"
威廉·D. 江恩（ William D. Gann ）	
主要著作	《股票行情的真谛》等
主要成就	美国证券、期货业著名投资家,技术分析大师。传奇人物。纵横市场几十年,经历第一次世界大战、1929 年股市崩溃、30 年代萧条和第二次世界大战,赚取 5 000 多万美元。

生平简介	1878 年 6 月出生于美国得克萨斯州。1901 年任棉花交易所经纪人。1902 年,第一次棉花期货合约买卖。1906 年,经纪及投资事业。1908 年,"主要时间因素"、"循环理论"出现。1909 年,《股票行情和投资文摘》杂志专访。1919 年,从事咨询和出版事业,出版《供需通讯》。1923 年,出版《股票行情的真谛》。1955 年 6 月去世,享年 77 岁。
沃伦·巴菲特(Warren Buffett)	
主要成就	2008 年《福布斯》排行榜名列世界首富。全球著名投资商、企业家、慈善家。被喻为"当代最成功的投资者"。无论经济繁荣抑或不景气,巴菲特在市场上的表现总是相当好,长期年平均收益率达到 28.6%。金融界人士将其言论视为投资领域的《圣经》,犹如念布道的经文一样背诵巴菲特的格言。
生平简介	1930 年 8 月 30 日出生于奥马哈市,美国内布拉斯加州。师从本杰明·格雷厄姆。波克夏·哈萨威公司(Berkshire Hathaway)的创始人。2006 年 6 月,巴菲特承诺将其大部分资产捐献给慈善机构。尽管拥有庞大财富,却生活俭朴。2007 年,巴菲特获选为《时代》(Time)杂志所评"世界百大最具影响力人士"之一。
乔治·索罗斯(George Soros)	
主要著作	《金融炼金术》
	《走在股市曲线之前》
	《超越指数》
主要成就	货币投机家、股票投资者、"金融天才"、慈善家。创下了令人难以置信的业绩,平均每年 35% 的综合成长率,让绝大多数投资专家都望尘莫及,好像具有超能的力量左右世界金融市场。被称为"打垮英格兰银行的人"。
生平简介	本名捷尔吉·施瓦茨(Gyoumlrgy Schwartz),1930 年出生于匈牙利,美国籍犹太裔商人。1968 年创立"第一老鹰基金"。1969 年与吉姆·罗杰斯(Jim Rogers)创立"量子基金"至今。1992 年狙击英镑净赚 20 亿美元,1992 年华尔街十大收入者排行榜名列榜首。1993 年荣登华尔街百大富豪榜首。1995 年获得意大利波伦亚大学最高荣誉—— Laurea Honoris Causa。1997 年狙击泰铢,为亚洲金融风暴的元凶之一。2011 年 7 月 27 日,乔治·索罗斯正式宣布将结束其长达 40 年的对冲基金经理职业生涯。索罗斯曾获得牛津大学、布达佩斯经济大学、耶鲁大学等名誉博士学位。索罗斯基金董事会的主席,量子基金集团的顾问。

续表

约翰·A.保尔森 (John A. Paulson)	
主要成就	2009年,身价约68亿美元,名列福布斯400富豪榜(The Forbes 400)美国排名第33位。2010年,身价约120亿美元,列福布斯全球第45位。亿万富翁。美国次贷危机中最大赢家之一,在次贷危机大肆做空,号称"华尔街空神",金融奇才。
生平简介	生于1955年12月14日。Paulson & Co.(大型对冲基金,总部位于纽约)公司总裁。纽约大学工商与公共管理学院毕业。哈佛商学院MBA学位。曾经任职波士顿咨询集团管理咨询师。1984年,于美国第五大投行贝尔斯登任职,专注并购业务。不久,加入格鲁斯合伙基金,成为合伙人,开始基金管理生涯。1994年,用200万美元创建对冲基金公司,初创时仅保尔森和助理两人。2007年以前,几乎无人知晓。在2007年上半年开始的美国次贷危机中,收获极其巨大。2010年,向母校纽约大学捐赠了2 000万美元。
乔·帝纳波利(Joe Dinapoli)	
主要著作	《帝纳波利交易法》,此书是"斐波拉契"交易方法的标准教科书。
	参与撰写《高效期货交易——大师们的宝贵经验》。
主要成就	有30余年的成功交易经验,交易大师,投资交易教育家。足迹遍及全球。应用"斐波拉契"比率进行投资交易的权威。美国"海岸投资软件公司"总裁。
生平简介	20世纪80年代起,从事帝纳波利黄金率交易法的教学和培训。2007年,培训地涉及澳大利亚、新加坡、越南、日本、意大利、美国。《帝纳波利黄金率交易法》现有日文、俄文、波兰文、意大利文和中文版等。
拉瑞·威廉姆斯(Larry Williams)	
主要著作	《短线交易秘诀》
	《选股决定盈亏》
	《选对时机买对股》
	《与狼共舞——股票、期货交易员持仓报告(COT)揭秘》

主要成就	威廉指标创始人。交易大师、作家、专栏编辑、资产管理经理人。曾获罗宾斯杯交易冠军赛总冠军,现就职于美国国家期货协会理事会。
生平简介	蒙大拿州两次竞选国会议员。优秀的投资顾问。《巴伦斯》、《华尔街日报》、《福布斯》、《财富》等著名杂志的被采访对象。

汤姆·迪马克(Tom DeMarker)	
主要成就	SAC 执行副总裁、债券基金合伙人、对冲基金特别顾问。曾任包括索罗斯、摩根财团、花旗银行、高盛集团、IBM 和 Union Carbide 等在内的大型金融机构的顾问。对技术指标背离的认识有创新,建立 TD DeMarker 指标。

斯坦利·克罗(Stanley Kroll)	
主要著作	《专业商品交易者》(*The Professional Commodity Trader*)
	《克罗谈投资策略——神奇的墨菲法则》(*Stanley Kroll on Futures Trading Strategy*)
	《埃尔文系列之期货市场指南》(*The Business One Irwin Guide to the Futures Market*) 与迈克尔·保莱诺夫(Michael J. Paulenoff)合著
	《商品期货市场指南》(*The Commodity Futures Market Guide*) 与埃尔文·西斯科(Irwin Shishko)合著 《评估方法——用于指导交易者在当前情况进行商品交易》(*Evaluates the Methods Presently Used to Guide Individuals in Commodity Trading*)
	《巨龙与公牛:股票、期货市场投资获利策略》(*Dragons and Bulls: Profitable Investment Strategies for Trading Stocks and Commodities*)

续表

	《新技术交易：运用新指标增加你的利润》(*The New Technical Trader: Boost Your Profit by Plugging Into the Latest Indicators*) 与图莎尔·S. 钱德(Tushar S. Chande)合著
	《欧洲内陆水域游记》(*Cruising the Inland Waterways of Europe*) 与贾勒特·克罗尔(Jarrett Kroll)合著
主要成就	期货交易大师,多产作家。名言:"除非在你看来行情已经简单得就像弯下腰捡起墙角的钱一样简单,否则什么也别做。"高明交易者的进场时机只在行情确认之后。"后发而先至。"
生平简介	出生于 20 世纪 30 年代。1960 年踏入金融中心华尔街。在 20 世纪 70 年代初的商品期货暴涨行情中,用 1.8 万美元获利 100 万美元。长期在期货市场寻找大行情的机会进行交易。1995 年曾短期来华传授投资经验。

威廉·J. 奥尼尔(William J. O'Neil)	
主要著作	《证券投资二十四堂课》
	《股海淘金》
主要成就	杰出的投资者。Hayden, Stone & Company, William O'Neil & Company, Inc. , O'Neil Data Systems, Inc., Investor's Business Daily 创办人或最大股东。开创"CANSLIM"选股模式。
生平简介	1933 年出生于俄克拉何马州俄克拉何马城(Oklahoma City, Oklahoma)。达拉斯大学毕业。1958 年踏入股票生涯,白手起家,30 岁获得纽约证券交易所席位。1963 年,创办威廉·奥尼尔公司。1973 年,建立奥尼尔数据系统公司,数据库出版业先驱人物。1983 年创办《投资者财经日报》(*IBD*),竞争对手是《华尔街日报》。全球 600 位基金经理人投资顾问。顶尖资深投资人士。

与国外情况相比，国内差距绝非一星半点。我国证监会、银监会的权力过分集中；制度建设不完备；人民币尚无全球化时间表，跨境人民币结算只是刚起步。

国内公募基金业兴起的时间并不长，20年左右；私募基金作为一个整体仍在黑夜中徘徊，至少整体阳光化还需要相当长的时间。沃伦·巴菲特（Warren Buffett）、乔治·索罗斯（George Soros）、约翰·保尔森（John Alfred Paulson）、斯坦利·克罗（Stanley Kroll），如果生在国内，那么只有一条路可以走。应聘国内公募基金从业人员，从执业资格考起，对了，还有一点不要忘记，还要考英文CET4、6级。想单干？绝无可能。可是想一想，伟大的投资者哪一位不是从极小的个人资金量开始辉煌旅程的！正规军才有战斗力吗？明朝的正规军打不过满清的农民；国民党的正规军也架不住吃小米的八路军。

如果对历史负责，就应当在公募基金业已经起跑了20年后加速私募基金的整体阳光化进程；如果对民族负责，深知高手在民间、赛马不相马的道理，就应当在扶持公募基金的时候些许考虑一下私募的生存情况，只要一缕阳光、一丝空气、一盆清水，私募基金就可以茁壮成长起来。笔者也常在想：没有帮助，才可以做大；无人喝彩，才可以做强；凡事亲力亲为，才是私募的正道。有人扶持，必懒；有人关心，必惰；有人引路，必瞎；有人体恤，永远长不大！夹缝中求生存，血战中求发展，此乃私募生死存亡之道也！

国内现阶段，公募基金的领军人物与国际知名人士的业绩还有着极大的差距。从公募基金的业内人士来看，其中有类似Warren Buffett、George Soros、John Alfred Paulson、Stanley Kroll的人物吗？可能会有，只是担心基数太小，让我们一起期待吧！

笔者的看法是，投资与投机市场确有大师存在，比如有的人天生就对音质的细微差别极度敏感，还有的人生来就对数字有与生俱来的悟性与直觉。当然大多数人需要通过后天的努力才可以得到相应的能力。相比较而言，国人还是比较适合参与投资或投机市场，并不缺少智慧，就拿姓氏来说，调侃之言如下：

老王：言必称王；	老孙：悟空显圣；
老李：赚钱合理；	老赵：兜底就捞；
老张：总能开张；	老徐：人人有余；
老刘：获利真牛；	老周：算计真周；
老胡：开牌就胡；	老许：亏损不许；
老吴：全归老吴；	老姜：决胜闯将；
老郑：来了就挣；	老余：总有盈余；
老杨：送尔光洋；	老毛：雁过拔毛；
老宋：只赢不送；	老郝：越来越好；
老陈：日增五成；	老黄：金市辉煌；
老钱：周周来钱；	老曾：钱寿俱增；

老丁：月进斗金；　　　　　　　　老姚：女挣百兆；
老郭：富可敌国；　　　　　　　　老朱：抱抱金猪；
老林：预测真灵；　　　　　　　　……
老苏：肯定不输；

　　本文把知名的西方人士放在这部分内容的前半段，只是因为他们现在的成就比较大，并不认同西方人士才具有较高的交易特质。东方人对于交易的兴趣一点不在西方人之下。笔者认定，不需要多少年，东方人士在交易方面所出现的大师级人物的业绩相比西方会毫不逊色，他们所需要的只是时间与合适成长的土壤。可以想见，在造假严重的当前内地大环境下，价值投资者缺乏成长的外部环境。除此之外，交易大师的出现，也需要积累，可能需要几代人的时间。由点及面，从而形成人才济济的局面。

　　笔者的感受是不出10年，国内基金业必将呈现爆炸性的增长。以美国为例，全美大约有几万家各类基金：有的基金主要投资于股票市场，还有的基金投资于债券市场、保险市场、外汇市场、贵金属市场、期货市场、期权市场等。此外，又分投资、投机于国外与国内市场，还可再细分为风险偏好型与稳健型投资风格等。以国内人士更加偏好风险投机的交易风格来看，交易量必将倍增。国内基金业在不久的将来，伴随着经济的迅猛发展，必将逐步形成全球资本投资与投机的一个主要市场，基金业将出现十万级别的数量级。

　　当然，主流的交易理念，软件的开发应用仍将是从西方单方面流向东方，此过程的结束需要几十年的时间。借鉴西方成熟的交易理念，借鉴西方最新的交易技术仍将是一个长期的过程，对此，要有十分清醒的认识。

　　至此，读者应已经深入地了解这一市场。反复阅读、理解前文所述内容，做一些知识准备，为今后的交易做好理论上的铺垫，机会总是眷顾有知识准备的人。理论与实践虽然有本质的区别，但是充沛的知识储备最终将使得投资者或投机者在最困难的情况下，心中有数。"不畏前路重险阻，吹尽黄沙始到金。"

后记

没有人能够随随便便成功,把生命中的每一分钟,全付我心中的梦。

不经历风雨,怎能见彩虹,此信念在我的胸中涌动!

全书已经接近尾声,笔者想要再次强调的有:

(1)不要因为感动而跳入一条河流,而要在理智的选择下投入一个市场(战场)。

(2)对于想投资或投机贵金属市场的人们,作一个简单的分类:

想参与香港盘(外盘)的人士,可以在百度中搜索关键词"香港金银业贸易场会员",然后选择其中的一家或几家贵金属经纪公司,再深入比对各项细节;

想参与内地盘的人士,可以寻找内地的商业银行、更小级别的交易代理经纪公司或期货公司。由于在内地,可以较为容易地当面与对方公司的理财人员或技术人员进行充分地沟通与交流。充分了解贵金属市场,然后再考虑下一步的行动。

(3)如果感觉交易是痛苦的,请暂停交易。此时,交易模式的确立必定有问题。

(4)如果在交易中作出的选择是艰难的,请暂停交易。交易应是快乐、轻松的。改进交易方式。

(5)只要交易系统经过长期的实践是成功的,那么一旦出现交易信号,就要毫不犹豫地进入交易状态。此时的片刻犹豫都是不成熟的表现。

经过数月的艰苦写作,终于接近脱稿。掩卷沉思,我想有必要提及上海财经大学出版社的总经理黄磊先生、副总编王芳女士以及美术编辑,是他们不厌其烦地反复校对清样,修改与增加图形的清晰度才使此书得以面市。读者是"贪婪"的,所以编辑也会变得更加"挑剔",认识到这一点,笔者也就不再对编缉的种种"刁难"加以质疑了。

本书读者的涉猎面较宽,社会各阶层的人士都有可能成为投资市场的参与者。战胜市场很难,但只要怀有一颗坚强的心,勇于探索,敢于实践,付诸行为,最后的成功是可以期待的。

岁月在你我的指尖滑过,也许我们都没有理由轻慢时光的流逝,今后的路还很长,但现在才是最重要的。

　　这是一片神奇的土地。总有那么一群人，即使没有背景，没有研究经费，没有资讯，仍然在恶劣的环境下坚守着自己永恒的理想。消耗着时间、精力、生命，在各行各业冲击着世界的最前沿。他们是一群了不起的人。

　　对于男人来说，真实的上帝就是你自己！

　　又是一年春来到。乍暖还寒，还是在一个春光明媚的下午，一个周末的傍晚时分，脑海中又十分清晰地浮现出了这个市场，惊艳无比，面若桃花。

王和美

公元 2012 年 5 月

于落日余晖下的北固风光

上财社·优秀投资类图书精选

短线点金·2008年全行业优秀畅销品种

短线点金（之一）
——揭开市场的底牌
定价：25.00元

短线点金（之二）
——破解股价的运行轨迹
定价：26.00元

短线点金（之三）
——逆破股价涨跌之玄机
定价：26.00元

短线点金（之四）
——股市实战中的17招技巧
定价：29.00元

短线点金（之一）（修订版）
——揭开市场的底牌
定价：31.00元

黄金游戏·2009年、2010年全行业优秀畅销品种

黄金游戏（之一）
——从A股获利
定价：25.00元

黄金游戏（之二）
——熊市能赚钱
定价：29.00元

黄金游戏（之三）
——交易靠自己
定价：29.00元

黄金游戏（之四）
——看透阴阳线
定价：29.00元

黄金游戏（之五）
——智慧赢财富
定价：32.00元

《五线开花》系列

五线开花❶
——稳操股市胜券的密码
定价：29.00元

五线开花❷
——股票最佳买卖点
定价：32.00元

五线开花❸
——倚天剑与屠龙刀
定价：35.00元

五线开花❹
——神奇的密码线
定价：36.00元

五线开花❺
——K线其实不简单
定价：42.00元

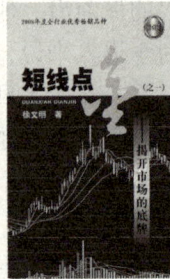

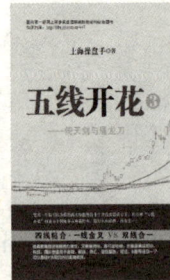

散户宝典 (之一)
——神奇买入
定价：28.00元

散户宝典 (之二)
——胜利大逃亡
定价：36.00元

吾股丰登
定价：28.00元

从零开始学炒股
定价：32.00元

金融交易学 (第一卷)
——一个专业投资者的至深感悟
定价：49.00元

金融交易学 (第二卷)
——一个专业投资者的至深感悟
定价：58.00元

从三万到千万
——短线盈利实战技法
定价：36.00元

5年1000倍
——外汇黄金交易技术
定价：32.00元

短线必杀技①
——股市K线操盘技法
定价：29.00元

操盘手 (壹)
——筹码分布操盘实战
定价：28.00元

操盘手 (贰)
——量价分析操盘实战
定价：30.00元

操盘手 (叁)
——散户斗庄的16个细节
定价：29.00元

从1万到100万①
——涨停18招
定价：38.00元

证券物理学 (第一卷)
——原理及应用
定价：35.00元

上海财经大学出版社有限公司
地址：上海市武东路321号乙　　　　邮编：200434
电话：021-65904895　　021-65903798　　021-65904705

网址：www.sufep.com
传真：021-65361973